高速铁路与超高速铁路的车隧气动效应

王英学　高　波　任文强　张子为◎著

中国铁道出版社有限公司

2024年·北　京

内 容 简 介

本书针对高速铁路和超高速铁路车隧气动问题进行介绍和分析。围绕车隧气动问题，介绍了开展研究的原理、方法以及工程问题的分析解决。全书分为5章，介绍了车隧气动效应发生的机理及对列车、乘客的影响，细致分析了高速铁路的车隧气动问题及解决对策，对超高速铁路及真空管道交通的车隧气动问题及系统设计也进行了介绍。

本书为作者多年从事车隧气动效应研究成果的总结，不仅包括了对车隧气动效应一般知识和理论的介绍，也包括了对车隧气动效应工程措施设计及具体的工程应用。本书对车隧气动问题的研究及工程设计有指导意义，可以作为高等院校土木工程相关专业的研究生教材，也可以供从事相关工程工作的科研、设计及施工技术人员参考。

图书在版编目(CIP)数据

高速铁路与超高速铁路的车隧气动效应/王英学等著. —北京:中国铁道出版社有限公司,2024.6

ISBN 978-7-113-31042-4

Ⅰ.①高… Ⅱ.①王… Ⅲ.①铁路隧道-空气动力学-研究 Ⅳ.①U459.1

中国国家版本馆CIP数据核字(2024)第018566号

书　　名: 高速铁路与超高速铁路的车隧气动效应

作　　者: 王英学　高　波　任文强　张子为

责任编辑: 李露露　　**编辑部电话:**(010)51873240　　**电子邮箱:** 790970739@qq.com

封面设计: 刘　莎

责任校对: 安海燕

责任印制: 樊启鹏

出版发行: 中国铁道出版社有限公司(100054,北京市西城区右安门西街8号)

网　　址: http://www.tdpress.com

印　　刷: 三河市燕山印刷有限公司

版　　次: 2024年6月第1版　2024年6月第1次印刷

开　　本: 787 mm×1 092 mm 1/16　**印张:** 11.5　**字数:** 263千

书　　号: ISBN 978-7-113-31042-4

定　　价: 48.00元

【前　言】>>>>

高铁便利了人们出行，加速了人员和物资的交流融通，促进了地方经济的增长，使铁路沿线成为重要的经济增长点。我国从20世纪末开始高铁技术的研究，并逐步开展高铁线路的建设，目前已经成为高铁建设里程和运营里程最长的国家。对于未来高铁技术的发展卢春房院士给出了许多高屋建瓴的科学预测，指出“更快、智能、绿色”是我国高铁技术发展趋势，并将超高速铁路及真空管道交通作为重要发展方向，这也正是各国科研团队研究和技术攻关的重点。

作者所在的科研团队，长期从事高铁车隧气动问题的研究和工程实践，积累了大量的科研成果和工程经验。近年来，依托国家自然科学基金项目，对真空管道交通开展了一些基础理论性研究，并将研究成果整理成书。

本书详细介绍了高速铁路及超高速铁路的车隧气动问题，共分5章。第1章为绪论，介绍高铁及超高速铁路的发展状况及相关的车隧气动问题的情况。第2章重点介绍高铁列车进入隧道所引起的车隧气动效应一般问题及其基本原理。第3章对高铁车隧气动研究的一般方法进行介绍，并给出几个工程分析案例。第4章对超高速铁路的车隧气动问题进行分析，并对真空管道的结构及气动参数的设计进行介绍。第5章对提出的一种真空管道结构形式——分隔真空管道的参数特性及气动特性进行分析。

本书由西南交通大学王英学、高波、任文强、张子为编写。具体编写分工如下：高波教授负责第1章的撰写及本书内容的总体规划，王英学教授负责第2章和第4章的撰写及各章内容审核，任文强负责第3章的撰写，张子为负责第5章的撰写。

本书得到国家自然科学基金项目（项目号：51778539）资助，在此表示感谢！

本书编写过程中，申玉生教授、周佳媚教授提供了很多帮助，古理全、孙浩程、刘恒源、金相海、章伟华等多位硕士研究生承担了主要的文稿整理工作，在此一并表示感谢！

由于著者能力有限，书中难免存在疏漏和不足之处，敬请广大读者批评指正！

著　者

2023 年 11 月

#【目 录】>>>>

1 绪　　论 …… 1

1.1 高速及超高速铁路的定义 …… 1
1.2 高速及超高速铁路轨道形式 …… 2
1.3 高速及超高速铁路车隧气动问题 …… 5
1.4 小　　结 …… 13

2 车隧气动效应基本原理 …… 14

2.1 车隧气动效应概述 …… 14
2.2 压缩波与列车压力舒适度 …… 15
2.3 隧道出口微气压波 …… 24
2.4 列车行车气动阻力 …… 37
2.5 小　　结 …… 43

3 高铁车隧气动研究方法及工程应用 …… 44

3.1 数值模拟 …… 44
3.2 模型实验 …… 73
3.3 现场测试 …… 90
3.4 工程应用 …… 91
3.5 小　　结 …… 114

4 超高速铁路车隧气动及结构特性分析 …… 115

4.1 超高速铁路气动问题 …… 115
4.2 真空管道系统车隧气动特性及设计要点 …… 118
4.3 真空管道静态气动—结构特性分析 …… 121
4.4 超高速列车真空管道气动参数及结构形式设计 …… 135
4.5 小　　结 …… 154

5 分隔真空管道(D-ETT)车隧气动特性分析 …… 155

5.1 D-ETT 系统介绍 …… 155
5.2 理论计算 …… 157
5.3 单真空段 D-ETT 系统气动特性数值验证 …… 163
5.4 D-ETT 系统的舒适性设计 …… 169
5.5 小　结 …… 172

参考文献 …… 173

1 绪 论

世界交通历史中，铁路运输远早于汽车运输，1825 年 9 月 27 日，世界上第一条铁路在英国斯托克顿和达灵顿之间开通。

1964 年 10 月，日本建成世界第一条现代化高速铁路——东海道新干线，运行速度为 210～230 km/h。法国、德国、意大利等多个国家也相继建成运行速度为 200 km/h 以上的铁路线路。

我国从 20 世纪末 21 世纪初开始高速铁路技术的研究和建设，目前已经成为世界上高速铁路线路建设和运营里程最长的国家。

高速铁路技术在世界范围内取得成功，并证明其在交通运输中的重要地位，人们对追求更高速度的陆地轨道交通工具的步伐从未停止，超高速铁路技术的研究应运而生，并日趋成熟，逐步达到可商业运营阶段。

从铁路运输的发展历程可以看到，其技术参数的重要特性就是运行速度的提高。而速度的提高必然引起相关的气动问题，尤其在铁路线路存在隧道时，气动问题将更加显著。

下面将对高速铁路、超高速铁路的发展及车隧气动问题作简要介绍和分析。

1.1 高速及超高速铁路的定义

1.1.1 高速铁路的定义

高速铁路，简称高铁，对于高铁中高速指标的界定，不同国家和地区标准不同。

1970 年 5 月，日本政府在第 71 号法律《全国新干线铁路整备法》中规定："列车在主要区间能以 200 km/h 以上速度运行的干线铁路称为高速铁路"。

1985 年 5 月，联合国欧洲经济委员会将高速铁路的列车最高运行速度规定为：客运专线 300 km/h，客货共线 250 km/h。

1985 年，日内瓦协议做出新规定，新建客货共线型高铁时速为 250 km 以上，新建客运专线型高铁时速为 350 km 以上。

1986 年 1 月，国际铁路联盟(UIC)认为，高速铁路定义包括高铁领域下众多系统，高速铁路是指组成这一"系统"的所有元素的组合，包括：基础设施(新建设计速度 250 km/h 以上，提速线路速度 200 km/h 甚至 220 km/h)、高速动车组和运营条件。

对于新建高速铁路，目前国际上大多将高速铁路列车最高运行速度定义在 250～350 km/h。

我国对高铁的定义为:新建设计开行 250 km/h(含预留)及以上动车组列车,初期运营速度不小于 200 km/h 的客运专线铁路。运营中的大部分 CRH 系列动车组以及 CR 系列中 300 和 400 级别动车组都属于高速列车。高速磁悬浮列车不纳入此范围,但属于广义上的高速列车。

1.1.2 超高速铁路定义

对于超高速铁路的最低时速要求,国内外并未给出明确的临界速度,德国磁悬浮列车和日本新干线轮轨列车的实测数据表明,时速超过 400 km 时,空气阻力占列车牵引力的比例超过 80%。现有高速铁路少有超过 500 km/h 的商用运行速度,故这里可以将超高速铁路定义为列车运行速度超过 500 km/h 的铁路。

国内外针对超高速铁路的研究表明,将超高速铁路列车与磁浮相结合是轨道交通发展的大势所趋。由于磁浮可以消减绝大部分的轮轨阻力,使列车最高运行速度突破轮轨的瓶颈。论技术可能性,轮轨可跑时速 600 km;论商业可行性,时速 500 km 可以作为轮轨的最高运行速度,时速 500～600 km 的空间,需要用磁浮来填补。

根据车辆选型时车辆种类的不同,超高速铁路列车可以分为轮轨列车和磁浮列车。

由于磁浮列车消除了轮轨摩擦,与轮轨列车相比,在牵引力相同的前提下,可以达到更高的速度,因此根据轮轨磁浮的个体特点,现今对超高速铁路的车辆选型多倾向于磁浮列车。

1.2 高速及超高速铁路轨道形式

1. 轮轨形式

根据交通运输部数据,2023 年底我国高铁运营里程已达 4.5 万千米,这些线路均为轮轨形式,如图 1.1 所示。

图 1.1 CRH 高速铁路列车

目前,世界上商业运行的高速列车运行时速在200～350 km之间,绝大部分采用轮轨形式。

对于高速列车,车轮与铁轨接触方式与普速铁路相同,但是精度要求更高。高铁采用的是无缝钢轨,而普速铁路铁轨则不完全是。由于工程精度的不同,高速列车所能达到的最高速度明显高于普速轮轨列车。

轮轨列车对轨道的作用也需着重考虑。沈志云院士指出:从轨道动力学的观点来看,列车的荷载以每延米的重量来衡量。高速轮轨和高速磁浮大体相同,均为20 kN/m左右,但是作用方式不同,致使轨道的动力响应不一样,且分布荷载优于集中荷载。对于轮轨列车,其较为合理的运行速度不超过500 km/h,与动力相应的研究结果显示,磁浮列车在桥墩上产生的最大动态作用力为轮轨型车辆所产生的75%,而且响应比较平滑。因此当轮轨列车速度超过一定量级,其工程适用性将大幅下降。

未来,当高速列车的速度进一步提高,采用轮轨接触的列车运行模式的弊端将会更为凸显,主要表现在:

(1)高速运行状态下,轮轨列车转向架对速度大小有明显的不良反应。最初,轮轨列车转向架多采用刚性连接的结构,当列车运行速度提高时,经常发生严重的振动。如果进一步提升列车运行速度,难以确保其工作的稳定性和安全性。

(2)轮轨间振动。轮轨列车的车轮和钢轨之间产生的猛烈冲击引起列车的强烈振动,发出很强的噪声,使乘客感到不舒服。

(3)轮轨间摩擦阻力。列车行驶速度愈高,阻力就愈大。

2. 磁浮列车形式

磁浮列车是一种靠磁悬浮力来推动的列车,它通过电磁力实现列车与轨道之间无接触的悬浮和导向,再利用直线电机产生的电磁力牵引列车运行。由于其轨道的磁力使之悬浮在空中,减少了摩擦力,列车运行时不同于其他列车需要接触地面,只承受空气阻力,高速磁浮列车的时速可达400 km以上,中低速磁浮列车则多数在100～200 km。

1922年,德国工程师赫尔曼・肯佩尔(Hermann Kemper)提出了电磁悬浮原理。20世纪70年代以后,随着工业化国家经济实力不断增强,为提高交通运输能力以适应其经济发展和民生的需要,德国、日本、美国等国家相继开展了磁浮运输系统的研发。

我国也在很早就开始了磁浮交通的研究与建设。我国第一辆磁浮列车2003年1月开始在上海磁浮线运行(图1.2),设计最高运行速度为430 km/h。2016年5月6日,我国首条具有完全自主知识产权的中低速磁浮商业运营示范线——长沙磁浮快线开通试运营,该线路也是世界上最长的中低速磁浮运营线。2018年6月,中国首列商用磁浮2.0版列车在中车株洲电力机车有限公司下线。

2021年12月14日,国内首条磁浮空轨车辆“兴国号”在武汉下线。2022年9月20日,中国中车面向全球发布时速600 km高速磁浮交通系统。

超高速铁路采用磁浮运行模式具有众多优点:

①超高速。磁浮列车的最高运行速度可达600 km/h以上,是目前可实现的、速度最快的地面交通工具。按实际旅行时间计算,在1 500 km运程范围内,高速磁浮列车是最快的交通方式。

图 1.2　上海磁浮列车

②多运用模式。长途运输，可在大型枢纽城市之间或城市群与城市群之间形成高速"走廊"；中短途客运，可用于大城市市域通勤或连接城市群内的相邻城市，提升城市通勤效率，促进城市群"一体化""同城化"发展。

③运能大。宽车体设计，单车载客量大；可高密度追踪运行。

④安全可靠。"抱轨"运行，无脱轨风险。分段供电，基本无追尾风险。自动驾驶，防护完善。

⑤维护量小。无轮轨摩擦，大修周期长，全寿命性价比高。由于无需车轮，不存在轮轨摩擦而产生的轮对磨损，减少了维护工作量和经营成本。运行安全、平稳舒适，可以实现全自动化运行。

⑥环境友好。磁浮运行模式无噪声，不排出有害的废气，有利于环境保护。

⑦摩擦阻力低。列车在铁轨上方悬浮运行，铁轨与车辆不接触，消除了轮轨摩擦阻力的不良影响，列车运行速度非常快，可以超过 500 km/h。

磁浮运行模式相较于常规轮轨高速铁路，在一些方面也限制了其发展：

①运行危险。磁浮列车不能通过轮子与轨道的制动力来克服惯性。磁浮列车没有轮子，如果突然停电，靠滑动摩擦是很危险的，在这种情况下，磁浮采取的是机械臂锁死轨道强制制动，这相对于轮轨滑动摩擦制动方式而言会更加危险。

②救援不便。磁浮列车多运行在高架上，发生事故时在 5 m 高处救援很困难，没有车轮，拖出事故现场困难；若区间停电，其他车辆、吊机也很难靠近。

③不能与已有高铁路网衔接。目前绝大部分的高铁线路均是采用轮轨交通形式，与磁悬浮线路不兼容。如在已经运营的线路上重新建设，必然造成巨大的浪费。

通过对列车车辆轨道制式比较可以看出，为了突破速度的限制，采用磁浮的形式是较为科学的选择，但是磁浮运行带来的安全性等相关问题亟待解决。

1.3 高速及超高速铁路车隧气动问题

与普速列车相比，高速列车的气动效应不可忽视，且在隧道内运行时，列车的气动问题将更为剧烈。

由于高速列车在隧道中行驶产生的空气动力效应（如瞬变压力、空气动力阻力、气动噪声等）将影响旅客和作业人员的安全舒适度、干扰隧道洞口附近的环境，以及增加牵引能耗量或者降低隧道通过能力。这是关系到改善运营条件、提高社会效益和经济效益的重要问题，因此，在隧道设计中必须认真考虑车隧气动效应。这也是高速铁路设计与一般隧道设计相比较的重要特点。目前，在高速铁路的隧道设计中，绝大多数的隧道在设计中考虑了修建减缓车隧气动效应的工程措施。缓冲设施的设计是高速铁路隧道设计的重要内容，它直接影响隧道断面的选取、车辆密封参数的选取，以及工程投资的大小、缓解气动效应的效果等多方面内容。

1.3.1 国外车隧气动效应研究

自 20 世纪 60 年代日本新干线投入运行后，日本和欧洲一些国家相继围绕高速铁路气动效应问题开展了一系列研究。其研究范围主要集中在压力波的变化梯度及乘客的舒适度、压力波和微压波的传播与形成机理及其计算方法、列车空气阻力、列车头型设计、削减压缩波和微压波的各种方案以及相关试验方法等方面的研究。

研究结果表明，高速铁路气动效应的影响因素主要有：

(1)列车方面：高速列车的运行速度、横截面面积、车头和车尾形状、编组长度及车辆的气密性等。

(2)隧道方面：隧道有效净空面积、隧道断面形状、隧道长度、复线间距、隧道坡度、线路曲线半径、隧道壁面粗糙度及辅助结构物形式（隧道口缓冲结构、通风通道、隔墙、道床类型）等。

(3)其他方面：列车在复线隧道中交会及相对运行列车各自进入隧道口的时间差等。

多种因素交织在一起，使隧道气动效应的研究远比明线空气动力问题复杂。其中，对车隧气动效应的研究主要集中在：

(1)乘车舒适度标准研究

欧洲各国、日本主要采用“七分法”调查表，运用现场实车试验调查和室内压力仓调查的手段，针对本国人种制定舒适度标准。20 世纪，世界各国的舒适度标准主要为单一型指标，主要根据运输类型、气压波动频繁程度、运输服务舒适度等级，对车内 3 s 或 4 s 内的气压变化提出控制标准。21 世纪以来，为了更好地保证旅客乘车舒适度，欧洲铁路联盟、德国、荷兰等提出了更为全面和严格的复合型舒适度标准，即分别对车内 1 s、4 s、10 s、……、50 s 内的气压变化提出控制标准。同时，从医学角度出发，为保证旅客和乘务人员的健康，国外规定车内气压变化幅度最大允许值为 10 kPa，并且要考虑列车密封性完全丧失的最坏情况。

(2)瞬变压力波动程度与隧道参数相关性研究

国外一些专家在瞬变压力研究时,认为对于瞬变压力存在“最不利长度”隧道,如法国专家认为隧道长度为列车长度的0.8倍、1.2倍、3.5倍时较为不利。国外在修建高速铁路隧道时,为控制车内瞬变压力基本采用了两种模式:一是以欧洲各国为代表,采用大断面隧道降低对列车密封性能的要求,减少运营成本;一是以日本为代表,采用密封性能较高的列车减小隧道断面面积要求,降低工程投资。

德国、英国、瑞士等国均开展过隧道中辅助坑道设置对瞬变压力影响的理论计算和现场试验研究,并发现在长度1 000～2 000 m的隧道中,通过合理设置辅助坑道可以将瞬变压力降低50%左右,如瑞士的Emmequerung隧道。但国外的研究主要针对具体隧道,没有给出不同长度隧道中辅助坑道如何设置的普遍规律。

(3)隧道洞口微气压波研究

隧道洞口微气压波现象是于1975年日本山阳新干线在冈山和博多间进行新干线试运行时首次发现的。微压波使得列车高速进入隧道时,在另一侧出口产生突然爆炸声响,对隧道出口附近的环境构成危害。日本由于采用的隧道断面较小,在列车速度较高时,微气压波问题特别突出。针对隧道出口微气压波释放问题,日本铁道技术研究所等在现场测试、模型实验、理论分析及工程措施等方面进行了全面地研究,并取得了许多成果。

日本在其长隧道中通过现场试验发现了无砟轨道对微气压波的激化作用,如时速200 km、隧道长度8 km、碎石道床隧道洞口20 m处微气压波为7 Pa左右,而板式道床隧道洞口20 m处微气压波为120 Pa左右。

Ozawa首次解释了微气压波的基本特征,同时也描述了日本对四条板式道床隧道和四条碎石道床隧道的现场测试结果,另外还通过模型实验对微气压波现象进行了模拟。测量结果显示,微气压波的压力峰值近似与列车速度的3次方成正比,并且板式道床隧道出口的微气压波峰值比碎石道床的隧道出口微气压波峰值大得多。随着测点距离隧道出口越远,微气压波峰值越小,而且,微气压波的峰值基本与方向无关,即微气压波近似以球形向外传播。通过模型实验研究得知,在隧道入口添加缓冲结构(开口和无开口),将能获得很好的微气压波缓减效果。Yamamoto和Maeda的研究表明,沿着隧道轴向合理分布的竖井对于微气压波的缓减也具有很好的效果。

1.3.2 国内车隧气动效应研究

我国在20世纪90年代初期第一次提出高速铁路的研究、建设,经过30余年的发展,已经解决了轮轨高铁列车及磁浮列车车隧气动特性的一系列问题,并形成了可用于工程设计、实施的成套技术。下面结合国家及省部级有关车隧气动问题的研究项目,说明国内车隧气动问题的研究状况。

1.“八五”攻关计划——高速铁路隧道断面优化(1991～1995年)

“为了不使交通成为制约国民经济发展的‘瓶颈’”,“八五”攻关计划在交通上把重点放在高速铁路的建设、运营管理的现代化、高等级公路修筑成套技术和内河航道的整治等方面。”

其中，中铁西南科学研究院有限公司(简称“中铁西南院”，原铁道部科学研究院西南分院)的王建宇研究员牵头，承担了《高速铁路隧道断面优化》的科研项目，开展了有关车隧气动效应的一些原创研究。

研究表明，在隧道有效净空面积为 100 m^2 时最大行车阻力只比明线增大 15%～30%，会车时隧道内的空气阻力比明线的增大值也不超过 30%。

由此可见，增大隧道净空面积对空气动力学效应有整体减缓作用。当行车速度提高时，必要时还可以修建洞口缓冲结构等辅助措施。

2. 国家级项目(NSFC)——《隧道缓冲结构空气动力学分析方法(2002～2004 年)》

2001 年至 2004 年，西南交通大学高波教授申请获批了国家自然科学基金项目(NSFC)——《隧道缓冲结构空气动力学分析方法》。依托该项目，组建了高速铁路车隧气动研究团队，开展了有关缓解车隧气动特性的深入研究，并形成了一系列成果：

(1)建立了国内首座以高压空气为动力的车隧气动研究试验平台，填补了国内研究手段相对单一的技术空白；

(2)综合采用理论、试验和数值计算方法，比较验证了国外车隧气动研究成果；

(3)培养和锻炼了一批从事车隧气动研究的队伍和人才，为国内开展高铁车隧气动的研究和设计输送了大量急需人才。

3. 中国铁路总公司(原铁道部)**相关车隧气动项目**(2002～2012 年)

作为高速铁路规划、建设的直属部门——中国铁路总公司(原铁道部)，为了加强技术储备，尽快推进高速铁路建设，设立了多个有关高铁车隧气动效应的研究项目，这些项目的开展为我国高铁安全、健康发展，提供了重要技术支撑。

由于所涉及的科研项目众多，这里仅列举本书作者参与的一些科研项目。

(1)高速铁路隧道空气动力学相关技术的研究与试验，主持单位：中铁西南科学研究院有限公司(2003～2005 年)

(2)狮子洋水下隧道气动效应及缓解措施研究，主持单位：中铁西南科学研究院有限公司(2006～2008 年)

(3)高速铁路隧道关键技术研究，主持单位：中铁西南科学研究院有限公司(2008～2010 年)

(4)高速铁路双线隧道缓冲结构深化研究，主持单位：中铁第四勘察设计集团有限公司(2010～2012 年)

这些项目依托具体的高铁线路，对高铁车隧气动问题进行了细致研究，重要成果包括：

(1)应用模型试验、数值模拟方法，对缓解气动效应的缓冲结构、竖井、横通道等措施的参数进行研究，提出建议参数，并提出了多种新型缓冲结构形式；

(2)对车辆密封特性与舒适性影响分析，提出舒适度指标及车辆密封参数；

(3)分析了车速、阻塞比、车头形式等对微气压波特性的影响，提出了微气压波强度与阻塞比的相关规律；

(4)揭示了隧道斜切式洞门、缓冲结构和隧道出口地形对微气压波效应的影响规律，提出了适用于中短双线隧道的优化洞门形式、缓冲结构形式及设计参数(缓冲结构长度、开口率、开口数量、开口位置等)；

(5)针对时速 300～400 km 的单列车及重联动车组通过隧道和在隧道内交会，揭示了列车车内外压力峰值及瞬变压力峰值随列车速度、列车密封指数、列车长度、隧道长度和纵向位置的系统性变化规律，获得了各速度下最不利压力变化峰值及运营需要的最小列车密封指数；

(6)针对单车、重联列车通过中短隧道，系统揭示辅助设施受到的气动力与列车速度的相关关系，得出了横通道防护门、水沟盖板等辅助设施承受的气动力，为辅助设施提供了设计依据；

(7)采用三维数值模型和经验模型相结合的优化计算方法，系统揭示了单车、重联列车在中短隧道内交汇时列车附加空气阻力的变化规律，为降低附加空气阻力提供理论支持，为隧道坡度折减提供了设计依据。

4. 磁浮交通车隧气动特性研究

在中国开展磁浮交通建设初期，就将车隧气动特性分析作为重要研究内容之一。在 2003 年的国家“863”项目及“十一五”国家科技支撑计划的研究项目中，都对磁浮交通的车隧气动问题开展了一系列研究。

(1)国家“863”项目——磁浮交通沪杭线越黄浦江隧道的工程技术问题研究，主持单位：上海市隧道工程轨道交通设计研究院(2004～2005 年)

该项目设定的行车速度为 100～550 km/h，隧道气动问题的研究内容为：

通过磁浮系统穿越隧道产生的空气动力学效应和舒适度指标的分析，对不同速度条件下单洞双线、双洞单线阻塞比的研究，确定磁浮列车以不同速度穿越隧道时，隧道断面的净空尺寸。同时，通过对列车进出洞时产生的压力波的研究，确定隧道洞门的合理结构形式和洞口的拆迁范围，并对洞口喇叭形入口缓冲段、多孔壁入口缓冲段以及隧道出口膨胀室等对减缓微压波的作用进行研究，此外，对竖井的减缓微气压波的作用及联络通道形式等进行研究。

(2)“十一五”项目——高速磁浮交通系统关键技术攻关与创新研究，主持单位：上海市上海磁浮交通发展有限公司(2008～2009 年)

该项目设定的行车速度为 100～550 km/h，重点对磁浮高速列车穿越长大隧道空气动力学问题开展研究，内容主要包括：

①对单洞单线和单洞双线隧道情况下，纵向分段长度、中间风井和中隔墙的设置进行研究；

②对列车穿越隧道的速度场及存在地下车站内的气动情况进行评价；

③研究列车以不同速度条件穿越长大单洞单线、单洞双线隧道(考虑隧道内会车)时压力波形成、幅度及其传播规律；

④对列车穿越隧道时隧道内空气温升以及活塞风的影响进行分析，并根据压力波、舒适度指标等条件确定长大隧道合理的断面积；

⑤研究隧道洞门的合理结构形式及中间井、联络通道的设置形式、参数；

⑥对洞口缓冲泄压装置的构造、形式及竖井减缓微压波的作用等进行相应的研究。

通过这些研究，明确了磁浮交通车隧气动特性、规律，为分析解决车隧气动问题、开展磁浮交通隧道及缓解气动措施的设计提供了重要支撑。

5. 有关关车隧气动项目的新方向(2012～2024 年)

(1)国家高技术研究发展计划(863 计划)资助(2011AA11A103-3-3-2)(2011～2016 年)

该项目是铁道第三勘察设计院集团有限公司牵头的国家“863 项目”——《高速铁路减振降噪关键技术》项目的一个子课题,主要针对时速 350 km 高速铁路列车通过隧道的降噪技术进行研究,主要内容包括:

①隧道内噪声产生的机理及降噪工程技术措施研究。

研究隧道内噪声的传播及衰减机理;研究隧道内结构降噪方法;研究适应隧道环境的新型吸声材料技术。重点研究适合高速铁路隧道内吸声材料的吸声机理、技术指标、综合性能、敷设方式、样品研制、敷设位置、敷设面积、评价方法、相关试验及现场考核。

②隧道出口音爆的空气动力学效应研究、结构设计及现场考核。

研究隧道音爆产生机理、传播及衰减原理;分析隧道内结构物及参数对控制音爆产生的影响;研究隧道洞口音爆控制工程措施;吸声材料控制音爆的适用性研究。重点研究列车速度在 300 km/h 以上路段及隧道断面积为 100 m^2 情况下,隧道洞口结构物抑制音爆的机理、结构物的形式、结构物的断面积、结构物上开口形式、开口率等对控制音爆效果。

隧道音爆控制材料适应性研究及隧道洞身结构控制音爆研究:研究对隧道音爆控制有效的敷设材料,并对其音爆控制性能进行研究。

研究洞身结构对音爆控制的影响隧道洞口音爆控制结构设计:以理论研究及实验成果为依据,形成音爆控制结构及措施的设计方法,并用于相关工点设计及现场考核。

(2)中国国家铁路集团有限公司重大项目——时速 400 km 高速铁路基础设施适应性关键技术研究(2021～2024 年)

该项目由中国国家铁路集团有限公司设立,中国铁道科学研究院集团有限公司牵头。项目在国内高铁以 350 km 时速运行多年的情况下,针对更高速度下的高速铁路列车相关基础设施进行研究。针对时速 400 km 高速铁路隧道气动效应适应性关键技术研究要点有:

①既有缓冲结构对微气压波缓解效果研究。

深化研究不同隧道长度、隧道净空面积、空间立体角、轨道型式等对隧道洞口微气压波的影响。分析时速 350 km 条件下既有高速铁路隧道缓冲结构对微气压波的缓解效果。

②时速 400 km 高速铁路隧道洞口微气压波影响因素研究。

研究列车在时速 400 km 运行条件下,惯性效应、摩擦效应等因素对压缩波传播过程中首波压力梯度的影响,研究上述效应对微气压波的影响。

③时速 400 km 高速铁路隧道洞口微气压波综合缓解方案研究。

研究隧道洞口缓冲结构对微气压波缓解效果,优化隧道出口处缓冲措施的结构形式,提出适用于时速 400 km 高速铁路的微气压波缓解方案。

1.3.3 超高速铁路气动问题特点

列车的超高速运行所带来的问题涉及流体动力学、车辆动力学、声学以及人体生理学等多学科,同时也要考虑列车线路及附属设施的施工工艺、结构安全、信号控制等多方面的问题，因此，超高速列车的设计、运营等是一项复杂的系统工程。

超高速铁路可能引起的问题是多方面的，这里仅做简要分析：

(1)明线运行问题

明线条件下列车处于常压的大气环境，行车阻力大，明线运行的气流噪声、列车运行的平顺度以及行驶安全隐患也会对周围的建筑等产生不良影响。

(2)管道交通问题

管道—列车系统的设计较为复杂，如真空度、管道阻塞比等问题都需要系统科学地进行考虑。此外保持真空度还需要真空泵以及管道气密性的要求。

(3)系统设计问题

列车超高速运行对轨道路基、车体结构、供电系统、通信设备等均有较高要求，需要结合各个学科进行分析。

(4)车辆问题

现有研究表明列车附属结构引起额外的气动阻力，因此如何设计车辆型式，如何省略附属结构做到节能的效果亟待考虑。

1.3.4 车隧气动效应的治理方法

高速列车在隧道中行驶产生的车隧气动效应涉及多个方面，而目前重点解决的是隧道出口的微气压波释放问题和列车内乘客的压力舒适性问题。所采取的应对措施，主要包括如下几种：

1. 扩大隧道断面，减小阻塞比

增大隧道断面、减小阻塞比是降低车隧气动效应强度、提高列车舒适性的有效途径。在隧道断面扩大到一定程度以后，车隧气动效应可以达到缓解，甚至完全消除。

压缩波和微压波释放现象首先由日本学者提出并开展研究工作，一方面是日本高速铁路建设时间较早，另一方面也主要由于日本在高速铁路隧道选取的断面较小，容易引发压缩波和微压波释放现象的发生。

比如，日本山阳新干线设计行车速度为 260 km/h，隧道断面积较小，为 63.4 m^2，而德国汉诺威—维尔茨堡高速铁路线的设计速度为 250 km/h，隧道断面积则是直墙为 82 m^2，曲墙为 94 m^2。

增大隧道断面对于降低隧道气动效应会取得明显效果，但工程造价也提高很多。当然，隧道断面的选取不仅要考虑工程造价，还需要考虑车辆的制造水平、密封性能、线路情况、人员对舒适度要求水平及体质情况等多种因素。

另外，在既有线路提速的情况下，扩大隧道断面将带来更大的施工难度和投资，对线路的运行也会造成很大影响。

因此，线路断面的选取不仅要考虑现有的运营状态，还要考虑远期的规划。

2. 改变隧道入口形式

为了降低瞬变压力和微气压波引起洞口附近的噪声干扰，可以在隧道入口处采取一些缓解压力的工程措施。

在传统的隧道入口处，外接一段明洞，并在其墙壁上开设通气孔(图 1.3)。英国和美国有些专家认为，对这种入口边墙上的最佳开孔率为隧道横断面的 25%，沿边墙等距离排列。

图 1.3 隧道洞口外接的开孔明洞

3. 设置通风竖井

第七届国际铁路联盟(UIC)试验研究报告中，采用 Vardy 教授的方法从理论上研究两列列车在有通风竖井和无通风竖井的隧道中交会时，列车速度以及列车进入隧道后的运行对瞬变压力的影响。

计算表明，通风竖井数量和位置的合理布置，会使瞬变压力降低达 50%。德国铁路(DB)在 Ueberlinger 西部单线隧道中进行的试验，验证了通风竖井对瞬变压力的影响。

当考虑修建竖井(或斜井)时，应尽可能利用施工中留下的竖井，因此在确定施工竖井的位置时，最好能兼顾高速列车中对降低瞬变压力的要求。

4. 修建平行辅助隧道

对于特长隧道，往往因埋深很大，不宜设置竖井，则可在行车的主隧道旁修建一座小断面的平行辅助隧道，且每隔一定距离用横通道与主隧道连通。

列车在这种情况下运行时的主要特征是，每当列车经过一个横通道口就产生一次压力脉冲。虽其瞬变压力变化频繁，但强度较弱，使旅客较易承受。

5. 提高列车密封指数，改善列车性能

列车进出隧道产生的压力波动最初反应在列车表面，通过列车车厢的空隙，压力才能进入车厢内部，引起乘客的乘坐舒适度降低。因此，对于具有一定密封性能的列车，车厢内外的压力波动是有一定的滞后效应的，通过改善列车性能，采用高密封指数的列车车厢可以明显改善列车车厢内的压力舒适性。同时，优化列车车型也可以使压力波动的强度有所缓解。

在解决车隧气动效应的问题上，从列车车辆与隧道工程角度都可以进行解决，到底选取哪种措施才能取得更为有效而且经济的效果呢？日本的新干线列车与隧道工程的优化问题可以提供一个很好的范例。

日本的东海道新干线隧道净空断面用得较小（隧道面积 $A_{tun}=60.5\ m^2$，阻塞比 $\beta=0.22$）。在试验段进行试运行时暴露了瞬变压力问题。由于当时整个东海道新干线的隧道横断面已经确定，于是只能在车辆方面采取措施来满足旅客的舒适度要求。这种车辆不仅要求密封，防止瞬变压力传入车内，而且要求能提供新鲜空气。

山阳新干线（隧道面积 $A_{tun}=63.4\ m^2$　阻塞比 $\beta=0.20\sim0.21$）在冈山—博多间进行试运转时，发现了微压波产生爆破噪声，并危害洞口建筑物，这成为高速铁路运行引起的一种公害。日本铁路对此十分重视，在进行一系列试验研究的基础上，采取了以修建洞口缓冲棚为主的工程措施，并制定了设置标准，取得了良好的效果。

尽管如此，鉴于制造和维护密封车辆和修建洞口缓冲棚所产生的费用相当可观，还会带来运营的一些麻烦，在日本，仍然有人提出"是不是还是把隧道断面放大一些好"的议论。

根据计算，只要将净空断面从目前 $A_t=63.4\ m^2$，放大到 $82.4\ m^2$（同德国 NBS 一致），阻塞比相应降至 0.153，最大压力变化值至少将降低至目前的 75%，即可满足 JNR/JR 的舒适度标准（发生列车交会时除外）。从统计角度看，隧道造价粗略地同横断面积成正比。

于是，有人将放大隧道断面同密封车辆两项措施作了经济比较，考虑车辆和隧道的寿命，得出的结论是：

对于东海道—山阳新干线（由于两条线是联营的，所以合在一起考虑），加大断面或多或少要合适些。对于东北和上越新干线，则还是密封车辆好。当然，这种比较的结论，主要同隧道在线路中所占的比重以及线路运营的繁忙程度（即投入运营的车辆总数）有关（表 1.1和表 1.2）。

表 1.1　新干线隧道数量和投入运营的车辆

线路	隧道数量(座)	隧道总长(km)	隧道占线路比例(%)	车辆数(辆)
东海道—山阳	208	348.3	30	2724
东北	111	112.3	24	332
上越	22	106.7	39	368

表 1.2　密封车辆与增大隧道断面附加成本的比较

线路	最大速度(km/h)	扩大隧道断面附加成本(美元)	密封列车附加成本(美元)
东海道—山阳	270	1.17×10^9	1.05×10^9
东北	240	1.42×10^8	3.37×10^8
上越	270	1.58×10^8	3.20×10^8

由此可以看出，车隧气动效应是结构工程师与车辆工程师共同应对的问题，其最终的治理和解决也依赖于双方共同的努力和配合。

6. 控制微压波的其他工程措施

（1）在隧道中密集喷水

为了研究在长的风管中由于部分反射和部分传播而导致入射压力波的强度降低，曾经用过喷洒水和水帘幕法。在隧道中，压缩波传播通过密集喷洒水滴使其波前的压力梯度下降也是可能的。为了调查这个方法的效果，1990 年 9 月和 11 月在新干线隧道的一个竖井中进行了现场试验,图 1.4 为现场试验布置示意图。压缩波从隧道中分流到竖井排出,传播通过了 30 m 密集喷洒水滴的距离。

密集喷水装置有 60 个喷嘴,其操作情况由空气、水滴双相流的计算机模拟确定,图 1.5 表示现场试验结果。

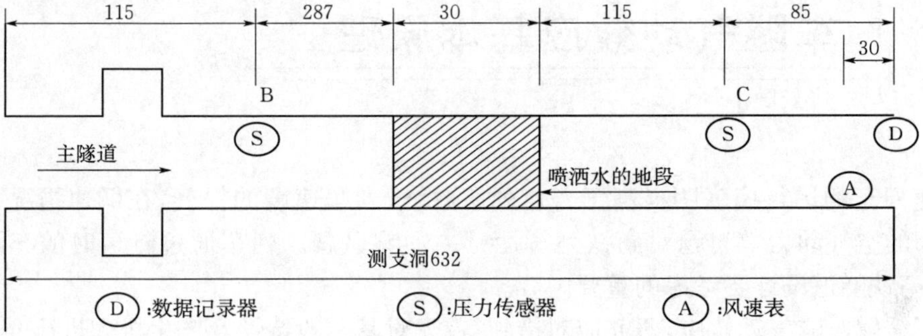

图 1.4 在隧道内密集喷洒水滴的现场试验布置图(单位:m)

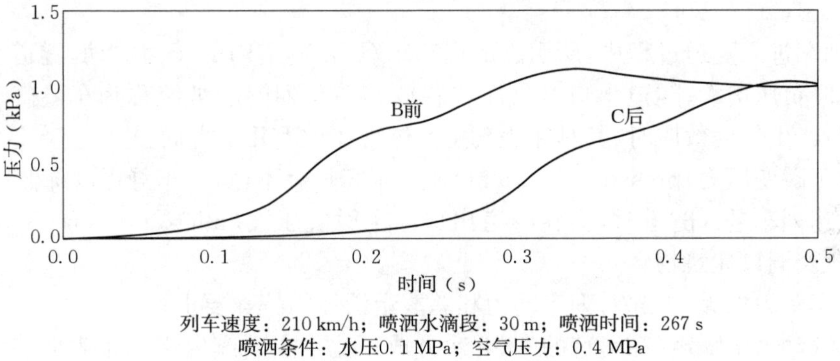

图 1.5 经过喷洒水滴段前、后压缩波的形状

(2)主动控制法

微压波可通过主动控制装置产生的负微压波来减弱。这种方法已进行了模型实验,也使用了类似用于隧道入口棚罩试验的装置。由装在模型隧道出口附近的扬声器产生负微压波,此扬声器由微型计算机和扩大器组成的主动噪声控制系统控制。在小型模型实验中,用此法能降低微压波。

1.4 小 结

本章介绍了高速铁路、磁浮以及超高速铁路的发展历程,明确了各自的速度界定、轨道形式等技术特征,并简要介绍了高速铁路及超高速铁路运行下的车隧空气动力学问题的研究历程及一般防治措施,后面几章将对一些车隧气动问题做深入分析。

2 车隧气动效应基本原理

高速列车的运行速度明显高于普速列车，由于列车速度的提升，在低速情况下对列车影响较小的空气动力学问题对高铁列车运行中影响显著。列车通过隧道时的车隧气动效应，成为高铁隧道设计要考虑的重要内容。

为了缓解车隧气动效应，研究应对措施，首先对其一般特性及产生机理进行介绍分析。

2.1 车隧气动效应概述

高速列车进入隧道过程中，所引起的列车车厢内、隧道内的压力波动，隧道空间内的牵弋风速增加、负压增大，隧道出口微气压波释放等一系列问题被统称为车隧气动效应。列车高速运行产生气动效应时，其具体表现主要体现在如下几个方面：

(1)由于瞬变压力(pressure transient)造成旅客耳朵不适，乘车舒适度降低；

(2)高速列车进入隧道时，会在隧道出口产生微气压波(micro pressure wave)，引起爆破噪声并危及洞口建筑物；

(3)行车阻力加大，引起对列车动力和总能量消耗的特殊要求；

(4)空气动力学噪声(和车速的6～8次方成正比)，主要产生于列车表面装置和特殊结构的特定位置，按其产生机理不同，大致可归纳为由于气流流经结构表面产生的噪声和紊流流动产生的噪声两类；

(5)列车风加剧，并在列车尾部形成较大负压，影响隧道内人员作业及水沟盖板安全；

(6)行车与隧道之间的环状空气绕流摩擦，引起隧道内热量积聚和温度升高。

这些问题有些可以通过优化隧道设计参数、改变隧道出入口的形式来解决，但有些问题则需要与列车性能的提高和优化来解决。

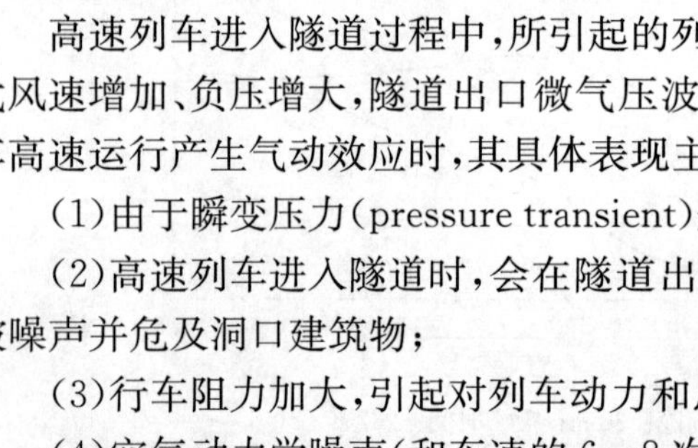

图 2.1 压缩波与微气压波产生机理

当列车由隧道外明线以较高速度进入隧道时，由于列车周围空间突然受到限制，列车周围的空气受到挤压，会在列车前方产生压缩空气波，即压缩波，此波沿着隧道向前传播。到达隧道出口洞门处，此压缩波转向进口反射成膨胀波，与此同时，一个脉冲波自隧道出口向周围地区辐射出去，从而产生一个新的环境问题，即对附近居民造成影响。此脉冲波被称为微气压波(图 2.1)。微气压波的压力与压缩波到达隧道出口时波前的压力梯度大致成正比。

压缩波和膨胀波在隧道内以声波的速度(340 m/s)往复传播,压缩波、膨胀波及微气压波的产生传播过程曲线如图 2.2 所示。

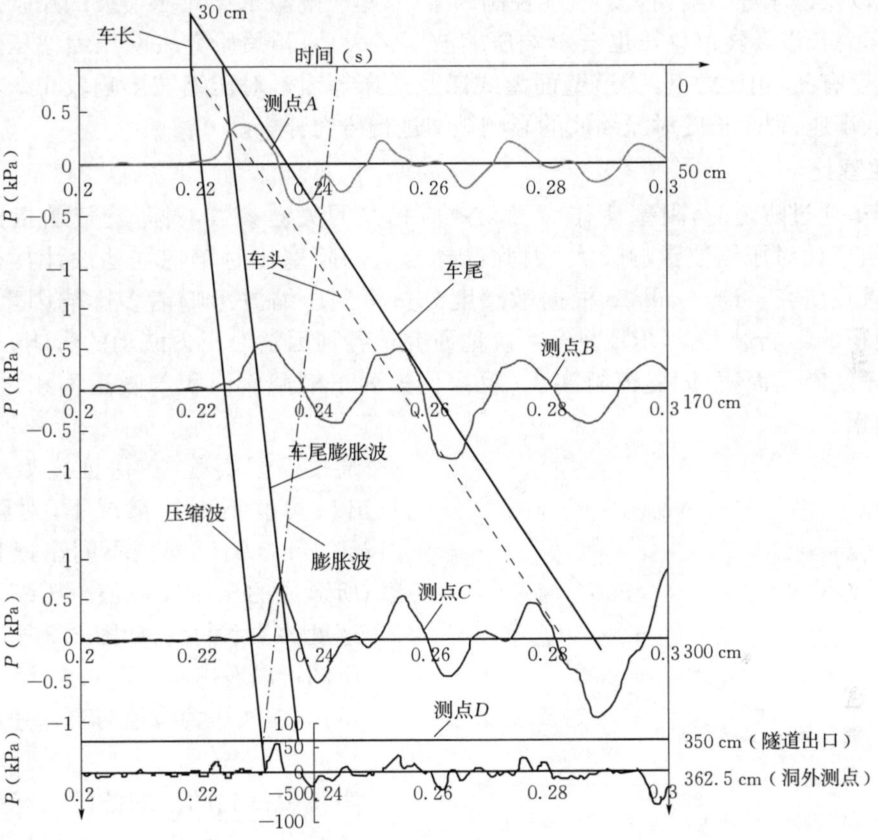

图 2.2 压缩波、微气压波传播过程示意图($\beta=0.2, v=51$ m/s)

压缩波和微气压波均为列车穿越隧道所产生的主要气动效应。压缩波由列车与隧道空间内的空气挤压作用直接产生,称为原生波;而微气压波是由压缩波到达隧道出口,再次向周围辐射二次诱发形成的,所以可以称为诱发波。

压缩波和微气压波的传播对车内、隧道内和洞口附近的环境以及对于行车阻力和人员舒适度等造成不良影响,因此解决高速铁路隧道空气动力学问题,是工程设计以及运营过程中的重要问题。

2.2 压缩波与列车压力舒适度

高速列车突入隧道过程中,产生的压缩波在隧道内传播,当波动位置接近高速列车车体,会引起列车周围的气压波动,压强发生变化。该过程中,列车内人员需逐渐适应这种压强变化,如果压强变化过于剧烈,则会造成乘客的不适感。

2.2.1　压缩波的影响因素

隧道内空气压缩波的影响因素是多方面的，往往与列车运行阻塞比、车长、车速、隧道壁面型式以及道床等因素相关。上述控制因素中，车—隧阻塞比对压缩波的压强规律影响最大，列车总长以及隧道总长也会影响压缩波压强大小，相关研究表明压缩波压强也与列车运行速度有关，相比之下，隧道壁面型式以及道床等因素对压缩波影响较小。本节将针对阻塞比、车速、列车长度对压缩波的影响规律进行研究分析。

1. 阻塞比

当列车通过隧道时，阻塞比作为气动效应相关的关键参数，对车隧气动指标影响较大，同样阻塞比对压缩波影响较大，因此选择合适的阻塞比对车隧气动设计具有重要价值，需要重点研究。Dr. Gaillard 根据敏感度分析得到压缩波影响诸多影响因素中，隧道横截面面积的影响最大。ORE 曾经系统地研究了各种因素对压力波动的影响，结果也表明，隧道净空断面面积，即隧道阻塞比（阻塞比为列车横截面面积与隧道面积之比）是最主要的因素。

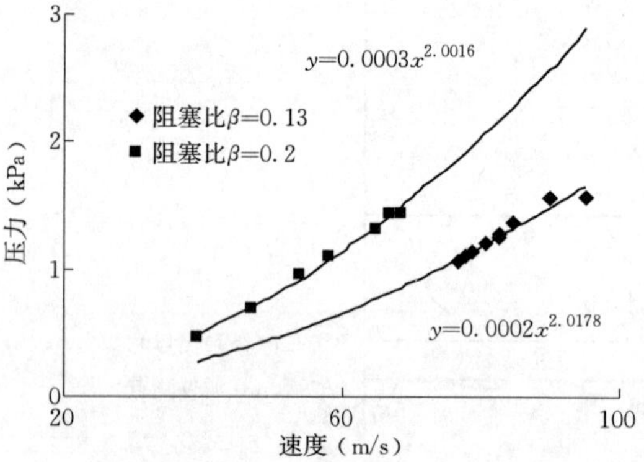

图 2.3　压缩波峰值与列车速度关系曲线

通过模型实验，在保证模型隧道的材料、出口角度不变的情况下，对阻塞比为 0.13、0.2 时，测试得到不同车速列车进出隧道所形成的压缩波峰值。压缩波峰值与列车速度的关系曲线，如图 2.3 所示。

由图可以看出：

（1）压缩波压力峰值与列车速度的平方成正比。

实验中得到的压缩波压力峰值与列车速度基本服从二次幂分布，在不同阻塞比的情况下，这种规律并没有变化。

（2）根据实验结果，可以确定出阻塞比对压缩波压力峰值影响的幂指数值。

根据计算分析，压缩波峰值 $p_{\max}$ 与隧道阻塞比之间有下列关系：

$$p_{\max}=k\beta^{N}v^{2} \tag{2.1}$$

式中　k——条件常数；

β——阻塞比；

v——列车速度；

N——压缩波峰值对应的阻塞比幂指数系数，单一列车在隧道中运行时，$N=1.3\pm0.25$。

在该模型实验的两种阻塞比情况下，所采用列车模型和隧道模型的材质一致，可以认为两种条件下的条件常数相同。但是，在实验中得到的拟和曲线的速度指数不完全是二次幂，在分析时应该考虑其影响。

经整理得到系数 N 的计算公式：

$$N=\frac{\ln(p_{\max}^{1}/p_{\max}^{2})+(\alpha_1-\alpha_2)\ln v}{\ln(\beta_1/\beta_2)} \tag{2.2}$$

式中 β_1, β_2——阻塞比，$\beta_1=0.2$，$\beta_2=0.13$；

v——列车速度；

α_1, α_2——拟和函数中，列车速度 v 的幂指数；

$p_{\max}^{1}$——在列车速度 v 时，β_1 对应的压缩波峰值；

$p_{\max}^{2}$——在列车速度 v 时，β_2 对应的压缩波峰值。

根据模型实验的拟和曲线分析，将得到的参数带入方程得到 $N=1.1$。可以看出与已有的规律是一致的。

2. 列车速度

当列车自明线以不同的速度进入隧道过程中，列车压力波幅值与列车速度相关。

随着列车速度的提高，压缩波幅值逐渐加大，列车车头前方产生压缩波的机理在于，列车突入隧道过程，周围的空气受到挤压，排开的空气受到压缩，从而导致车头前方空气压力突然升高，受压缩的空气与未受压缩的空气间形成压缩波的波阵面。压缩波以当地声速沿隧道长度方向向隧道的出口端传播。如果列车速度较快，那么列车周围的气体就会在较短时间内挤压至特定的状态，那么这种挤压效果就会十分强烈，导致压缩波的幅值极大。

由于篇幅限制，对于列车速度对压缩波峰值的影响结果如图 2.3 所示，其结果规律显示，当车隧形状固定的条件下，隧道气动压缩波峰值可近似与速度的平方成正比，即（$p_{\max}\propto v^2$）。

3. 列车长度

列车长度对压缩波的主要影响在于，当列车车头经过测点的过程，该位置的空气面积从隧道内净空面积突然减小到列车与隧道之间的环形面积，当列车通过后又恢复至隧道内净空面积。列车车体通过某个测点过程中，测点处的压力维持在一定的常数值，并且列车长度越长，维持这一常数的时间也越长。

列车长度变化也会对车隧气动效应强度造成影响。当高速列车的运行速度以及车辆类型不变，列车车厢数量增加从而引起列车总长增加，此时隧道内测点的压缩波压强峰值升高。两种列车长度下隧道内某一位置的测点压强均沿着相同的梯度升高，即不同列车长度下的压力梯度相同，因此对隧道出口所引起的微气压波强度不会造成影响。

针对车长对压缩波的影响，本书采用三维数值方法，计算不同列车长度下（列车长度为 200 m 和 400 m 时）隧道内测点所监测到的压力及压力梯度的变化情况。测点压强与压力梯度结果如图 2.4 所示。

由图可以看出，不同车长情况下，隧道内测点的压力波动峰值有很大差异，而压力梯度峰值保持不变。出现这种现象的原因与列车经过隧道所引起的压力波动的产生机理息息相关。

可以将上升区段总压力（ΔP）可以分为两段：快速上升区段（ΔP_1）和缓慢上升区段（ΔP_2）。实测结果也表明，列车突入隧道会产生一个压力突变，在列车在隧道运行时，仍然会产生一定的压力升高，如图 2.5 所示。

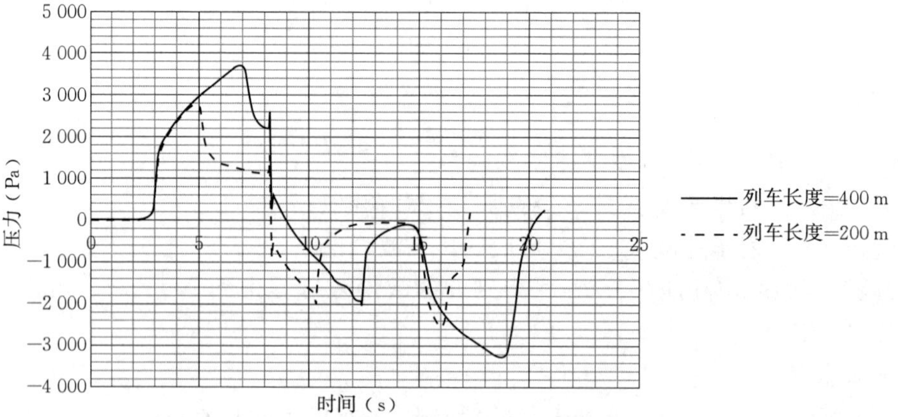

（a）列车长度对隧道内测点压力曲线的影响

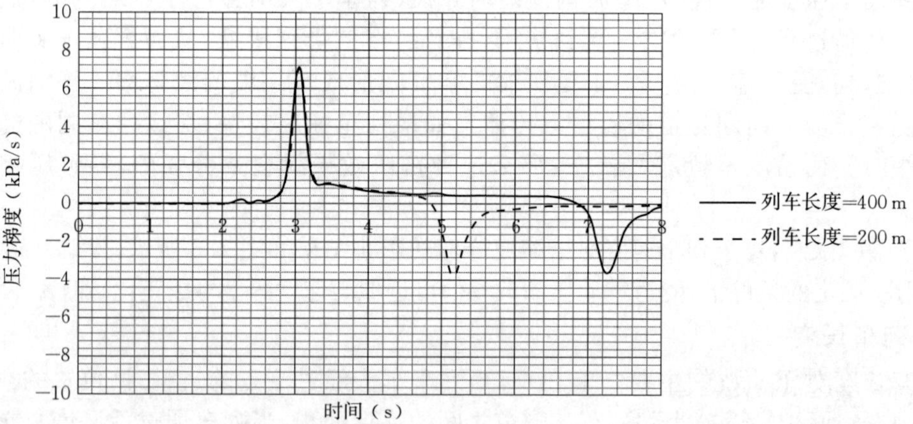

（b）列车长度对隧道内测点压力梯度曲线的影响

图 2.4　列车长度对隧道内压力与压力梯度影响

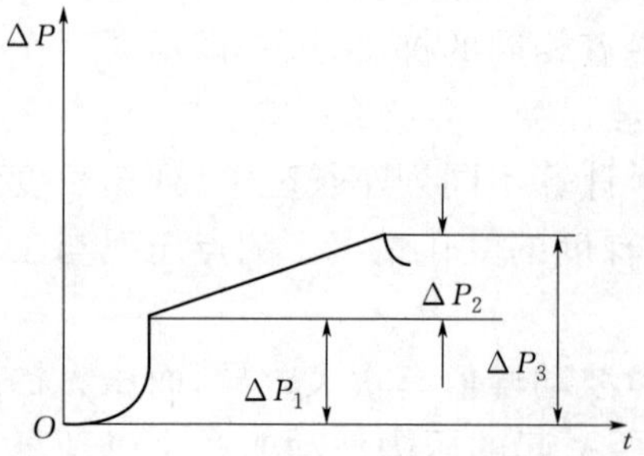

图 2.5　实测隧道内测点压力变化曲线

从上述分析可以明确，列车通过隧道的车随气动总压力与车长直接相关，通过缩尺模型实验方法研究与压力峰值相关的舒适性问题时，应结合现场实测，分析、预测在列车车身进入隧道时所引起的压力增加。

参考隧道内压力测试曲线（图 2.5），可将压力上升分为两个区段。快速上升区段（ΔP_1）是列车突入隧道会产生一个压力突变，该区段在列车冲入隧道时的很短时间完成，压力梯度变化较大，是诱发隧道出口微气压波释放的决定因素。

缓慢上升区段（ΔP_2）是列车进入隧道时位于车身和隧道之间的空气摩擦等因素引起的压力增加，与车长直接相关，也与隧道内压力波动的最终峰值相关。

2.2.2 压力舒适度

1. 概述

在很多情况下，压力波动的绝对值较大，但它的上升时间较长，人们会逐步适应外部压力的变化，不会对乘客造成很多影响。相反，虽然压力波动绝对值相对较小，但它的上升时间较短，人们必须很快适应外部压力变化，这样会对乘客造成很多的影响和伤害。

2. 压力舒适度评价

1)评价方法

压力舒适度通过评价乘客周围的压强变化剧烈程度从而判断对人体的影响。目前气压变化环境下人体舒适度评价有两种方法：

(1)从压力变化幅值和压力变化率两个指标来进行评估；

(2)考核某一段时间内的压力变化幅值，这一段时间是根据人耳对外界气压变化幅值和压力变化自我调整所需时间来确定的。

其中，后一种方法不仅考虑了压力变化幅值和压力变化率，还考虑了人体生理的需要，被大多数国家采用。这里引入两个概念：一是压力变化最大值，指最大正压与最大负压之差，单位为 Pa；二是瞬变压力最大值，指一段时间内，任意时刻间压力差的最大值，单位为 Pa/ns(n 为常数)。目前在压力舒适度统计标准中，计算瞬变压力的时间段有 1 s、3 s、4 s等。

采用 3 s 或 4 s 的主要原因是：当外界压力增高时，鼻咽腔不会随着增高的压力自动传到中耳，于是在耳膜两边产生压差。在此情况下，可以通过吞咽、打哈欠或挤捏鼻子等动作人为开启耳咽管，以消除耳膜两边的不平衡压力。而完成这个动作的时间一般在 3～4 s 的时间，因此，以这个特定时间内压力单调变化值作为瞬变压力波动特征参数。

目前世界各国对人们能忍受多大的瞬变压力还没有统一的卫生标准。英国规定，在 3 s 内最大的压力变化值不得超过 3 000 N/m^2(合 306 mm 水柱)。美国运输部建议，在压力变化值超过 689 N/m^2 的情况下，每秒钟的压力变化率不得大于 414 N/m^2(例如，在 3 s 内压力变化值不得超过 1 242 N/m^2)。美国标准是针对压力可能在几秒内连续地增高或降低的地下铁道而言，所以其与英国铁路平线隧道的卫生标准不同。

2)评价标准

目前，世界许多国家都制定了列车压力舒适度标准，通过实际列车运行实验以及车厢压力的模拟实验得到了许多结论，进而归纳出人们对压力舒适程度感觉的一般结论：

(1)对于同样的压力变化，人们对此的反应相差很大。

(2)同一个人对于同一个压力变化在不同时刻反应也不一样。这表现出这些反应与人的健康、疲劳情况情绪、环境等因素有关。然而，这种差别要比不同人之间的差别要小得多。

(3)人们承受压力升高时会感到很不舒适，而在压力降低时则不那么明显，这与人耳的生理结构有关。

(4)在车厢中感觉到的因快速压力变化而引起的不舒适水平主要与压力的幅度有关，而对人体舒适度更重要的是压力变化率。

(5)除了一个瞬时的压力特征之外，在一个长的时间里，压力的连续或重复性也是非常重要的。

列车运行中，隧道数量很少时的不舒适程度要好于有多条隧道的线路。因此，隧道占比高的线路压力舒适度标准应该需要更严格的压力限制。

(6)人们对压力具有短期记忆性。行程中，记忆中严重的压力感觉会很快被后期行程中的压力感觉所代替。

(7)对采用密封型列车也有一些应该关注，即尽管舒适度水平有了大幅度提高，但在该水平上人们对压力的极端情况也更为苛刻。也就是说，给乘客提供的环境越舒适，他们对该条件下的任何恶劣情况的要求就越严格。

国外压力舒适度标准见表 2.1。

表 2.1　一些国家采用的压力波动临界值

国家	铁路类型	单双线	阈值				车速(km/h)
			ΔP(kPa)	变化率(kPa/s)	[p](kPa/ns) kPa	[p](kPa/ns) n	
英国	城际铁路	双线	—	—	3.0	3	160
					4.0	4	200
	海峡道联络线	单线	—	—	2.0	4	225～300
		双线	—	—	3.5	4	
美国	地铁	—	—	0.41	0.7	1.7	80～100
日本	新干线	双线	1	0.2	—	—	210、240、270
				0.3～0.4			
意大利	FS	—	1.5	0.5	—	—	高速
韩国	—	单线	—	—	0.8	3	高速
		双线			1.25	3	
瑞士	Rail2000		—	—	1.5	4	—
ERRI C218/RPI	—	单线	—	—	3.0	4	—

注：表中，ΔP——压力变化最大值；[p]——瞬变压力，即 $\Delta P/\Delta t$。

参照国外经验，中铁西南科学研究院有限公司提出了我国高速铁路舒适度准则(建议)，见表 2.2。

表 2.2　我国高速铁路舒适度准则(建议)

铁路类型		隧道长度(占线路比例)	关系	隧道密集程度(座/h)	瞬变压力(kPa/3 s)
A(平原)	单线	<10%	且	<4	2.0
B(平原)	双线	<10%	且	<4	3.0
C(山丘)	单线	>25%	或	>4	0.8
D(山丘)	双线	>25%	或	>4	1.25

3. 压力舒适度的影响因素

影响旅客舒适度的因素是多方面的，不仅与外界因素有关，而且与乘客的体质、自身所处的位置等也有很大关系。一般认为，在列车车头位置所受压力波动最大，在分析时，常以列车车头压力作为考察部位。

除了乘客自身因素外，影响车厢内压力舒适性的因素也还有很多，下面重点对隧道长度、车辆密封指数的影响进行分析。

(1)隧道长度影响

为了说明隧道长度对瞬变压力的影响，下面给出两种不同隧道长度时，车体的压力波动波动曲线，如图 2.6 所示。

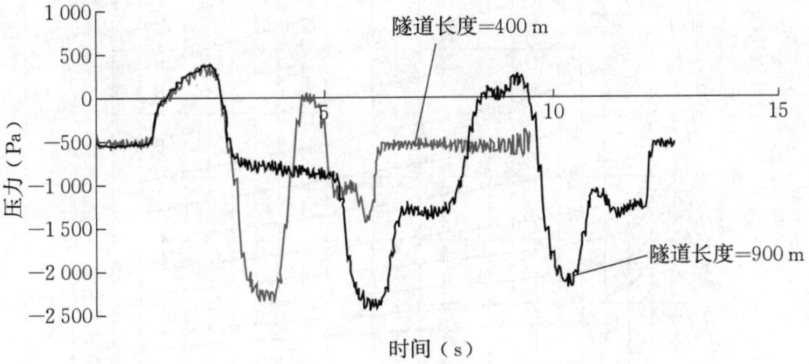

图 2.6　不同隧道长度情况下车体压力波动曲线

(v=300 km/h，阻塞比 β=0.13)

两条曲线对应的压力峰值及瞬变压力见表 2.3。

表 2.3　隧道长度对车体压力波动影响对照表

工况参数			压力峰值(kPa)		瞬变压力峰值(kPa/ns)	
隧道长度(m)	列车长度(m)	列车速度(km/h)	正压	负压	1 s内	3 s内
400	100	300	0.38	2.3	2.6	2.8
900			0.38	2.3	1.6	2.7

可以看出，虽然两种工况的压力曲线压力峰值基本一致，但是按照 1 s 内的瞬变压力进行对比，曲线 1(隧道长度=400 m)要比曲线 2(隧道长度=900 m)大很多，乘客的压力舒适度状况也要差很多。这也说明，隧道长度对瞬变压力有很大影响。

在 UIC(779-11)标准中，给出了隧道长度与瞬变压力峰值之间的相关曲线，如图 2.7 所示。

(2)密封指数

列车的密封情况决定了车外压力传递到车内时，传输的快慢以及车厢内压力的大小。在很多主干线路上，采用密封指数较高的车辆。这些车辆维护成本高，舒适度标准也要求较高。而密封指数差的车辆一般用于支线线路，车辆维护成本低，舒适度标准也要求较低。

因此，在制定列车舒适度标准时，需要考虑列车的密封性，并结合线路等级，制定适当的压力舒适度标准。

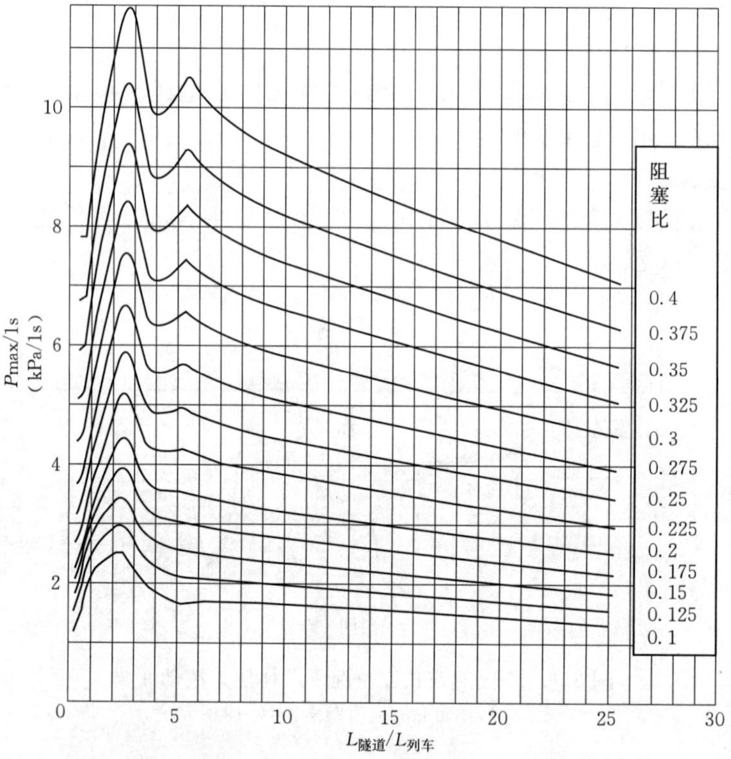

图 2.7 高速列车瞬变压力峰值与隧道—车长、阻塞比相关曲线

（单线隧道 v=300 km/h）

图 2.8 是两列车同时相对进入隧道时的车体压力波动曲线（v＝300 km/h，隧道长度 L＝978 m，β＝0.13）。

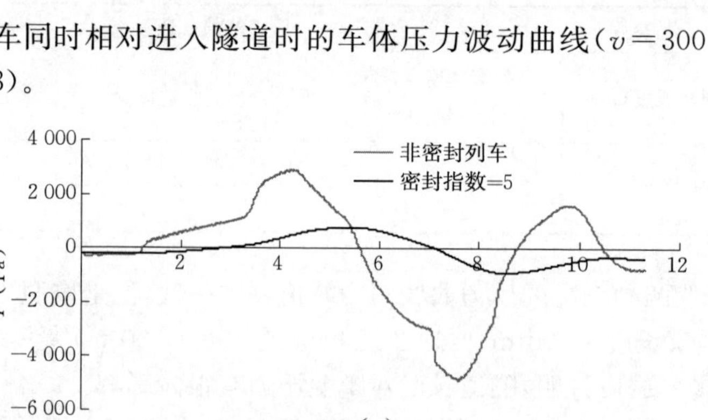

图 2.8 列车车体压力波动曲线（v＝300，β＝0.13）

由图可以看出，在密封指数为 5 s 和非密封列车两种工况下，车体上的压力差异明显。说明，提高车辆密封指数对降低车内压力波动效果明显。

为了说明密封特性对列车舒适度的影响，下面对车内外压力传播规律进行分析。

当车辆完全不密封，即车内外空气质量交换完全无阻尼时，车外压力与车内压力相等。

当车辆完全密封，即车内外空气无质量交换、车体的刚度又较大时，车外压力变化对车内无影响。在实际中，车辆一般都有一定的密封性，并随着时间的延续，车内外压力逐渐达到平衡，这个延续时间的长短与车辆的密封特性有关。

为简单起见，可以假定车内压力的变化率与内外压差成正比。

采取基于线性假定的泄漏模型，假定车内压力梯度与内外压差成正比，即

$$\frac{dP_i(t)}{dt}=-C_0[P_i(t)-P_e(t)] \tag{2.3}$$

式中 P_i——车内压力；

P_e——车外压力；

C_0——与车辆密封性有关的常数。

假定 P_e=常数，以 $t=0$ 时 $P_i=0$ 作为边值条件，对式(2.3)积分得

$$P_i=P_e(1-e^{-C_0t}) \tag{2.4}$$

由式(2.4)可知，根据这种泄压模型，如果将车辆内部抽成真空，则车内的气压将呈指数规律逐渐上升，最终同车外压力相等。这就是国外文献中广为采用的描述车内压力衰减的公式。

取公式(2.4)中 C_0 的倒数，得到一个具有时间量纲的常数 τ，称为“密封指数”，即 $\tau=\frac{1}{C_0}$。

而实际上车辆的密封性通常是由充气试验来检验的。对式(2.3)进行积分时以 $t=0$ 时 $P_i-P_e=P_0$ 作为边值条件，则得

$$P_i-P_e=P_0e^{-\frac{t}{\tau}} \tag{2.5}$$

$$\tau=\frac{t}{\ln\frac{(P_i-P_e)_f}{(P_i-P_e)_0}} \tag{2.6}$$

式中 t——车内压力泄漏的时间；

$(P_i-P_e)_0$——初始车内外压差；

$(P_i-P_e)_f$——泄漏 t 时刻后车内外压差。

由式(2.6)可以根据试验测试数据，分析计算车体的密封指数。

令$(P_i-P_e)_f=0.38P_0$，求得 $t_{0.38}=0.97\tau\approx\tau$，从而得出 τ 的物理意义：将车内外压差降低到初始值的38%所需要的泄露时间。2001年铁道部《200 km/h及以上速度级列车密封设计级试验鉴定暂行规定》将车内压力从3 600 Pa降低到1 350 Pa所需泄漏时间定义为密封指数。很容易证明，两种定义实质是一致的。

传统非密封车辆的时间常数为 $\tau=0.4\sim0.8$ s，而新一代密封车厢的 $\tau=3.0\sim8.0$ s，这说明现代建造及车辆密封技术有了很大提高。

国外给出了车辆密封指数情况见表2.4。

表 2.4　车辆的密封程度

车辆类型	密封指数	车辆类型	密封指数
不密封车辆（例如用于支线）	$\tau<1$ s	密封很好（例如 ICE3，Transrapid）	10 s$<\tau<$20 s
最低密封性（例如 Eurocity）	1 s$<\tau<$6 s	完全密封	20 s$<\tau<\infty$
密封较好（例如 ICE1，TGV）	6 s$<\tau<$10 s		

2.3　隧道出口微气压波

2.3.1　微气压波概述

以高速磁浮列车为例，列车以很高速度通过隧道入口的过程中，列车车头还未完全进入隧道时，洞内的压力已经升高，随着车头进入隧道的过程，原来隧道中的空气受到挤压被排开，由于空气的可压缩性以及列车壁面和隧道壁面的摩擦作用导致隧道内的空气排开时的运动不像在明线上那么及时顺畅，故在列车周围形成绕流情况，使得列车行驶前方的空气被压缩，形成了初始压缩波，这种压力波动又会以当地空气之声速沿着隧道向前传播至隧道出口，且在传播过程中受到了隧道壁面的摩擦效应和隧道内辅助设施等的影响其波形会发生变形，一部分压缩波传播至隧道出口反射后会形成膨胀波沿着隧道向隧道入口方向传播，而另一部分压缩波传播至隧道出口由于洞口截面面积的突变导致骤然膨胀向四周辐射出去，形成了“微气压波”的脉状冲击次声波。

当列车高速进入隧道或封闭声屏障时，在车前会产生压缩波，压缩波沿着隧道传播到出口后大部分以膨胀波的形式反射回来，小部分以脉冲形式从隧道出口向外辐射，形成脉冲状压力波，称为微气压波，并伴随有爆炸声响，对隧道出口附近的环境有不利的影响。

欧洲直到 2005 年才开始评估和重视微气压波问题，2005 年 12 月，在为 2006 年德国足球世界杯准备的 Nuremberg—Ingolstadt 高速铁路线上进行首次试运行时，长度为 7 700 m的 Euerwang 隧道和长度为 7 260 m 的 Irlah 隧道口处发生了重大的音爆现象。这两条均是断面净空面积为 92 m^{2}的双线隧道，最初设计是采用有砟轨道建造，而后决定改变为板式道床隧道，故产生微气压波的原因是由于无砟轨道对微气压波的激化作用。在欧盟标准 EN 14067-5 中，不仅包括初始压缩波的计算方法，也包括微气压波辐射的计算方法。

2.3.2　微气压波的产生机理

微气压波现象的发展分三个阶段：

（1）列车进入隧道产生压缩波；

（2）压缩波通过隧道向前传播；

（3）微气压波出隧道口后向外辐射。

第一阶段是压缩波产生的阶段。通过测试得到压缩波峰值与车速关系曲线，发现隧道压缩波峰值与列车移动速度的二次方成正比（图 2.9）。

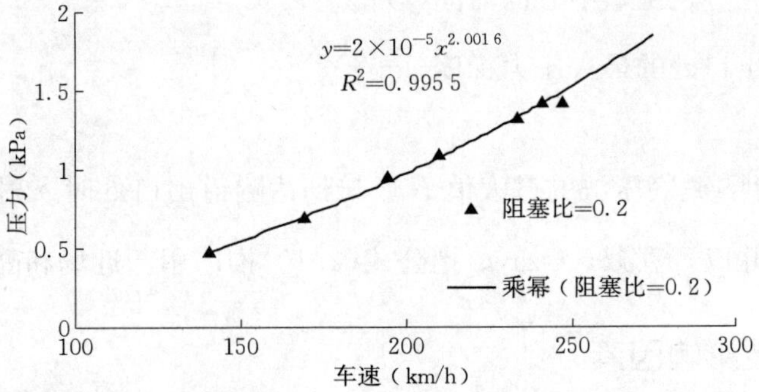

图 2.9 压缩波峰值—车速关系曲线(西南交大试验数据)

根据日本学者小沢智的研究分析，得出压缩波的最大值 p^* 及压缩波随时间变化的曲线 $p(t)$，可以分别表示为

$$p^*=\frac{1}{2}\rho v^2\frac{1-(1-R)^2}{\left(1-\frac{v}{c}\right)\left[\frac{v}{c}+(1-R)^2\right]} \tag{2.7}$$

$$p(t)=p^*\left(\frac{1}{2}+\frac{1}{\pi}\tan^{-1}\frac{Ut}{0.3d}\right) \tag{2.8}$$

波前最大压力梯度由公式进行计算：

$$\left(\frac{\mathrm{d}p}{\mathrm{d}t}\right)_{\mathrm{EN,max}}=\frac{1}{2}\rho\frac{v^3}{\tau d}\frac{1-(1-R)^2}{\left(1-\frac{v}{c}\right)\left[\frac{v}{c}+(1-R)^2\right]} \tag{2.9}$$

式中 v——列车进入隧道的速度；
R——列车与隧道横断面的面积比；
c——声音速度，取 340 m/s；
d——隧道水力直径；
ρ——空气密度；
τ——参数，表示压力上升的时间；
EN——脚注，表示隧道的进口。

第二阶段为压缩波在隧道内的向前传播过程。压缩波作为一种能量存在形式，在由隧道入口向隧道出口传播过程中，隧道壁和底板会对隧道出口微气压波的强度造成一定的影响。

第三阶段为微气压波的形成阶段。压缩波到达隧道出口，一部分能量向隧道外空间辐射形成微气压波，另一部分成为膨胀波，向隧道入口传播。

Yamamoto 使用线性声学理论对微气压波进行了研究。通过采用低频远场假设，得到了微气压波强度 $P(r,t)$ 的近似计算公式。

$$P(r,t)=\frac{2A}{\Omega_{\mathrm{cr}}}\left[\frac{\mathrm{d}p}{\mathrm{d}t}\right]_{\mathrm{EX}} \tag{2.10}$$

式中 A——隧道净空断面面积(m^2)；
Ω_{cr}——出口形状的一个立体角；
r——测点到隧道出口中心的距离(m)；

t——测点到隧道出口中心的时间(s)；

$\left[\frac{dp}{dt}\right]_{EX}$——隧道出口处的最大压力梯度(Pa/s)。

其他符号同前。

公式(2.10)表明：微气压波的最大值 P_{max} 与到达隧道出口处时入射压缩波最大压力梯度 $\left[\frac{dp}{dt}\right]_{EX}$ 成正比，并以 $\frac{1}{r}$ 衰减。Ozawa 把公式(2.10)推广用于近场和高频范围。

2.3.3 微气压波影响因素

现有工程实践以及研究表明，隧道微气压波受到多方面因素影响，如隧道阻塞比、列车速度、道床形式、隧道洞口形状(缓冲结构敷设)、隧道内部结构条件(如轨道的路基结构、有无竖井、器材坑、斜井和横通道等)等。其中相关规律表明：

(1)隧道阻塞比越大，洞内首波压力梯度越大，引起的压缩波压强幅值越大。

(2)列车速度越大，洞内的压缩波越剧烈，此时引起的压缩波压强幅值急剧增加，引起的微气压波幅值较大。

(3)工程实践表明，相同条件下的碎石道床隧道可以大大降低压缩波的强度，相比板式道床，碎石道床可以对波动产生气动摩擦，且具有较好的波动吸收作用。

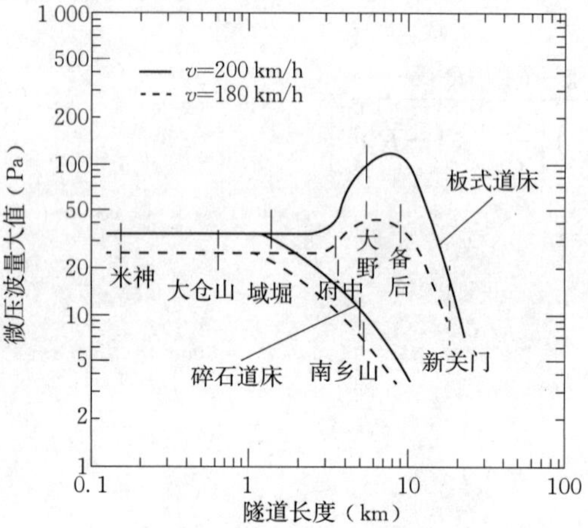

图 2.10 微气压波日本测试数据情况

(4)隧道几何形状优化也可缓解微气压波，如敷设缓冲结构、施加竖井斜井横通道等均会使压缩波传播路径增加，从而降低压缩波梯度大小，并减缓微气压波。

由于微气压波现象对人类环境的危害性较大，日本专门成立了研究隧道噪声的组织，根据微气压波的形成机理，并针对性地采取一系列缓冲结构一类辅助物加以消减治理。对于微气压波的影响因素研究可以参考日本高速铁路的实测数据，图 2.10 列举了新干线的微气压波数据以及各条线路的长度和道床型式相关信息。

经过对工程实践和理论分析的总结，微气压波的产生传播和影响程度等因素与以下几方面有关。

1. 微气压波的激化效应以及衰减

由于微气压波压强峰值与压缩波压力梯度成正比，故一般可通过控制压缩波洞内传播相关规律缓解微气压波剧烈程度，微气压波压强峰值与隧道长度具有密切联系。图 2.10 中的实测数据显示：

(1)对于板式道床隧道，当隧道长度达到 4 km 时，压缩波的波前在通过隧道向前传播中比短隧道的压缩波强度更大，压力梯度以及微气压波强度快速增加。这是因为压缩波在传播过程中，会发生压力梯度随传播距离逐渐增加的激化作用。

(2)对于碎石道床隧道，当隧道长度达到 1.5 km 左右时，压力梯度及微气压波峰值逐渐降低，这是由于碎石道床隧道单位里程都会对压缩波进行吸收缓解。

在微气压波产生的第二阶段，即压缩波在隧道内向前传播过程中，隧道长度对隧道出口微气压波的强度有一定影响。

在短隧道中（“新干线”上长 1 km 及以下的隧道）微气压波最大值与 v^3 成正比（v 为列车进入隧道的速度），与轨道结构类型（道砟轨道还是板式道床）无关（图 2.10），因为压缩波波前形状在向前传播中几乎没有变化。$\left[\frac{\mathrm{d}p}{\mathrm{d}t}\right]_{\mathrm{EX}}$ 的最大值大致与 $\left[\frac{\mathrm{d}p}{\mathrm{d}t}\right]_{\mathrm{EN}}$ 最大值相等，根据式（2.9）可知，它大约与 v^3 成正比。

此时微气压波的规律与道床类型有关，板式道床长隧道的微气压波最大值比短隧道要大。

马伟斌等人研究了隧道长度对洞口微气压波的大小的影响：在洞口空间立体角不小于 $3\pi/2$、隧道断面面积 100 m^2 及阻塞比为 0.11 的情况下，当列车以 350 km/h 通过时，洞口外 20 m 处微气压波值小于 50 Pa，隧道临界长度为 1.6 km。对于无砟轨道，随隧道长度增加，微气压波相应增加，当隧道长度达到 4 km 时增长明显，在 7 km 左右达到最大值，其后随长度增加逐渐减小。

近几年，也有许多学者对更高速度轨道交通的压缩波传播规律进行研究。

王宏林在研究隧道压缩波演化特性的过程中，得到首波在惯性作用和摩擦作用共同作用下总体上随传播发生了激化作用的结论。洞内气体受到列车车体压缩，其压力、温度和声速升高，导致压缩波波后的传播速度比波前大，随着压缩波的传播，波后逐渐追赶波前，使压缩波越来越陡；同时，考虑到壁面摩擦一方面减小压力幅值，另一方面降低波前速度，总体得到壁面摩擦难以抵消惯性作用的结论，压力梯度随传播会有所增加。

刘金通等针对列车车速以及阻塞比大小等因素对压力提速激化的效果进行了研究，列车运行速度的提升对压缩波波前的影响效果十分显著，当列车速度由 320 km/h 升高至 600 km/h，最大压力梯度提升了 7 倍以上，且产生位置大大提前，说明对于更高速度运行的列车，即使隧道较短，过大的压力梯度也是不可忽视的；此外在 500 km 运行速度下，当阻塞比由 0.16 提升至 0.24，压力梯度提升 2 倍多，产生位置也更加靠近隧道入口。

梅元贵等对时速 600 km 的磁浮列车突入 140 m^2 隧道的初始压缩波洞内传播的激化和衰减特征进行研究，对于 2 km 短隧道的首波压力梯度产生了激化，对于 15 km 隧道的 2～15 km 范围内压力梯度逐渐降低。有缓冲结构与无缓冲结构的激化速度与激化临界长度各有不同。

Stefan Adami 等对列车突入隧道的压力情况进行了现场实测，对列车以 330 km/h 进入 92 m^2 的双线板式道床隧道的 1 460 m 区段内不同里程压力进行监测，得到压力梯度随传播产生了激化作用，梯度增加了 10 倍，如图 2.11 所示。

更有其他实测结果表明，当隧道足够长时，波前压力梯度最大值会出现先逐渐增大再减小的现象，有些学者将其称为隧道内压缩波传播过程中的非线性效应。

由于压缩波的激化效应，当隧道长度逐渐增加，压缩波在传播过程中梯度持续增加，即会导致长度较大的隧道洞外微气压波峰值逐渐增加，进而引起环境问题。

许多学者将压缩波随着传播距离的增大波形会逐渐变陡的原因归为非线性因素作用，即压缩波波阵面上各点的速度并不相同，波后的传播速度大于波前，所以随着传播距离的增加其压力梯度也增大，导致出现激化现象。

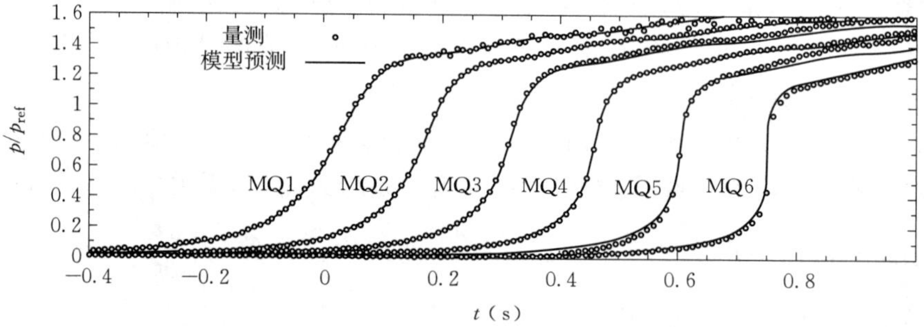

图 2.11　Stefan Adami 论文中的隧道压强实测曲线

2. 隧道道床型式对微气压波的影响

当压缩波在隧道内传播并在出口产生微气压波的过程，道床形式也与微气压波密切相关。

(1)板式道床

在铺混凝土轨枕板轨道的长隧道中，图 2.12 表明采用混凝土轨枕板轨道的长隧道中压缩波的波前及微气压波变陡。

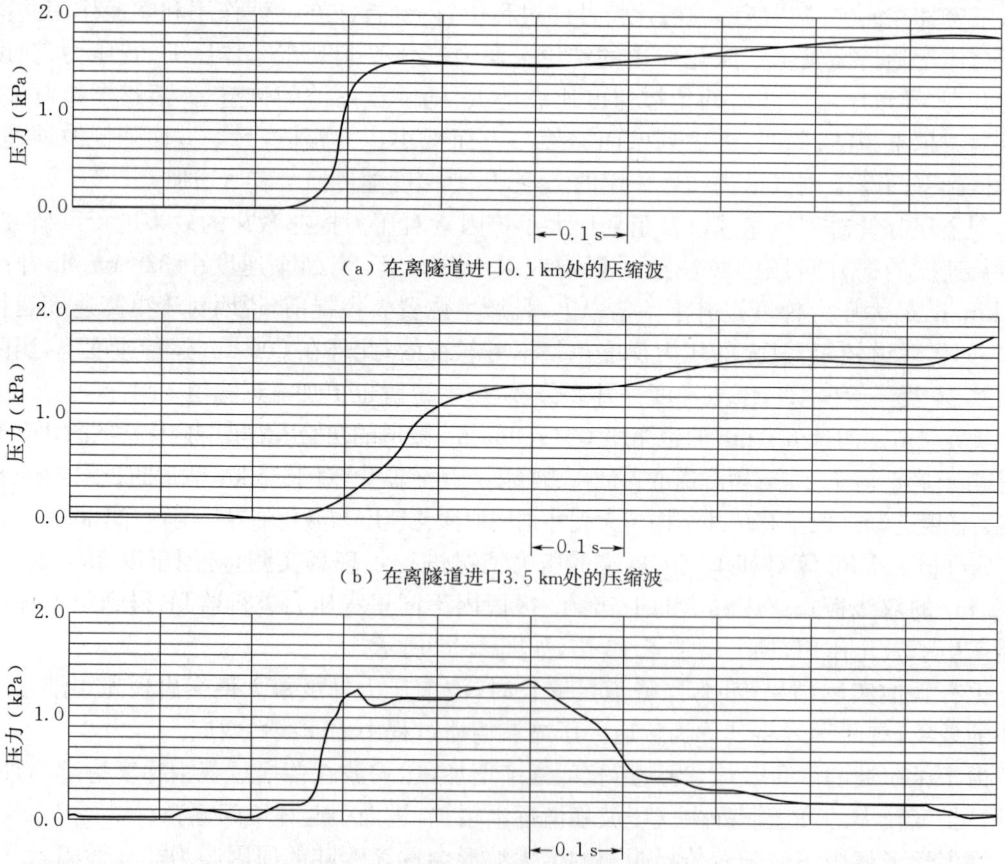

图 2.12　压缩波通过板式道床长隧道时的变形(隧道长 6.82 km，车速 225 km/h)

板式道床长隧道的微气压波最大值比短隧道要大。因为铺轨枕板轨道的隧道的整个周边是平滑的，压缩波的能量在隧道内表面上损失较大，因而压缩波的非线性效应是主要的。

图 2.13 和图 2.14 分别为列车以车速 225 km/h 通过总长 6.82 km 的板式道床长隧道过程中，不同位置的压缩波、微气压波以及压力梯度变化规律。

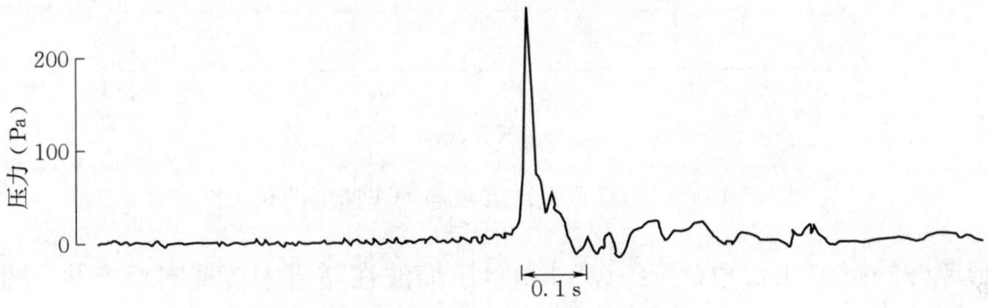

图 2.13　板式道床隧道出口微气压波

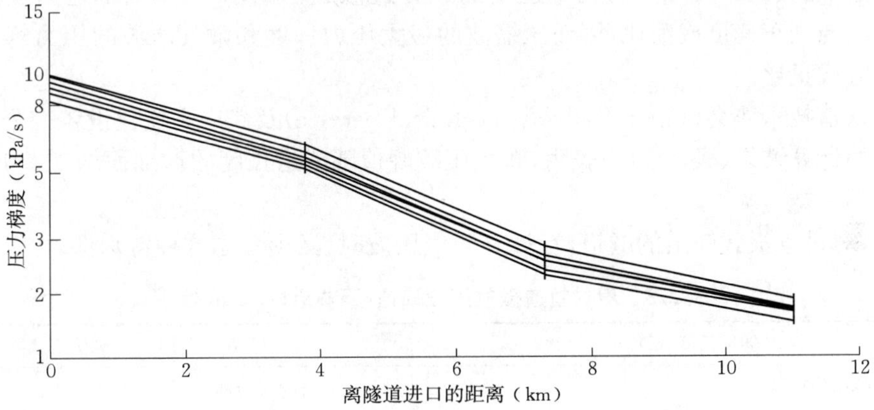

图 2.14　波前压力梯度的变化

日本的现场量测数据表明，压缩波波前压力梯度是传播距离的函数，一系列与曲线连接的点表明压力梯度的变化。每个隧道入口处的初始压力梯度取决于每次列车进入隧道的速度。压缩波波前的压力梯度用式(2.11)表示。

$$\left[\frac{\mathrm{d}p}{\mathrm{d}t}\right]_x=\left[\frac{\mathrm{d}p}{\mathrm{d}t}\right]_0\exp(-\alpha x) \tag{2.11}$$

式中　$\left[\frac{\mathrm{d}p}{\mathrm{d}t}\right]$——波前压力梯度；

α——衰减参数；与车速的关系如图 2.15 示。

x——传播距离。

当列车速度为 200～220 km/h 时，衰减参数 α 接近于一个常数，其平均值为 1.81×10^{-4}。道砟轨道的特点是空气能渗入道砟内，从而导致压缩波波前高频成分的能量被损耗。

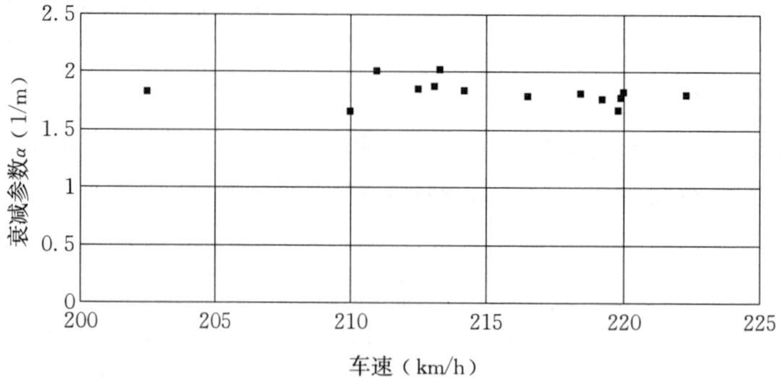

图 2.15　压力梯度衰减参数与列车速度的相关性

假设所考虑的隧道比较短(小于 1.5 km)，压缩波在隧道中传播时所产生的非线性变形不足以对压缩波的压力曲线产生明显的影响，因而其影响可以被忽略，近似认为压缩波在传播至隧道出口的过程中无变形。根据这个假设和前面得出的微气压波和压缩波的基本特性可知，压缩波的压力峰值与列车速度的平方近似成正比，而列车头部进入隧道入口所需要的时间与列车速度成反比，因而压缩波的最大压力梯度和微气压波的压力峰值和列车速度的立方成正比。

日本铁道技术协会(Japan Railway Technical Service)及武广高铁建设咨询公司提供的板式轨道的计算结果(表 2.5)均表明，微气压波峰值随隧道长度的增加而增加，和碎石道床的情况很不一样。

因此，对设置板式轨道的隧道，在计算微气压波时，必须考虑这种特殊性。

表 2.5　板式轨道微气压波峰值(距隧道口 20 m 处)

列车速度(km/h)	隧道长度(m)	200	500	1000	2000	2800
	A_1(m^2)	微气压波峰值(Pa)				
350	100	150	160	170	210	300
	70	190	220	250	360	660
200	80	30	30	30	30	30
	52	40	40	45	45	50

注：本表由日本铁道技术协会(Japan Railway Technical Service)提供，计算参数为 A_v=11.2 m^2，L_v=400 m(日本新干线 E2 系车)

(2)碎石道床

在碎石道床的长隧道内，微气压波压强峰值小于短隧道。其中碎石道床长隧道内的压缩波在传播过程中波前并不变陡，而波前的压力梯度则下降，如图 2.16 和图 2.17 所示。

现今高速铁路新建线路多采用板式无砟轨道，隧道内必须为无砟轨道，致使板式道床大量应用。虽然该型式道床难以吸收空气压力波，导致隧道内压力环境较差，但是可以通过优化截面、降速等一系列操作避免不良气动效应。

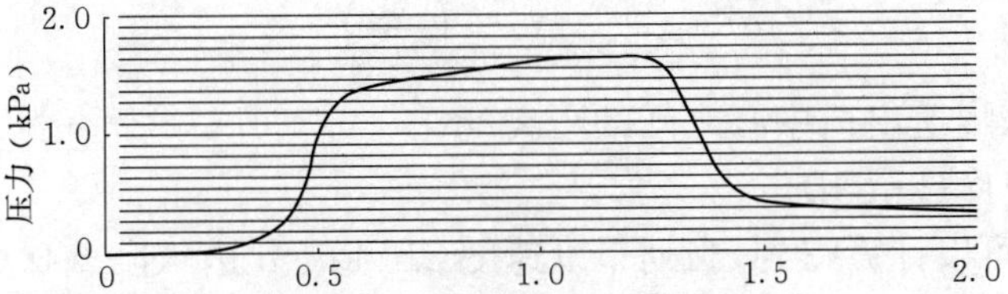

（a）在离隧道进口0.07 km处的压缩波

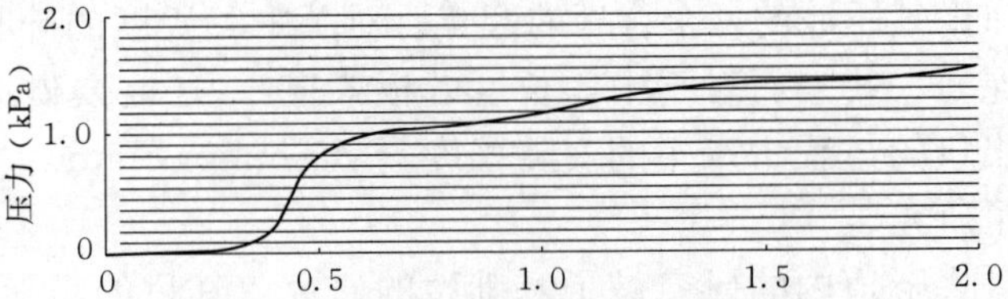

（b）在离隧道进口3.60 km处的压缩波

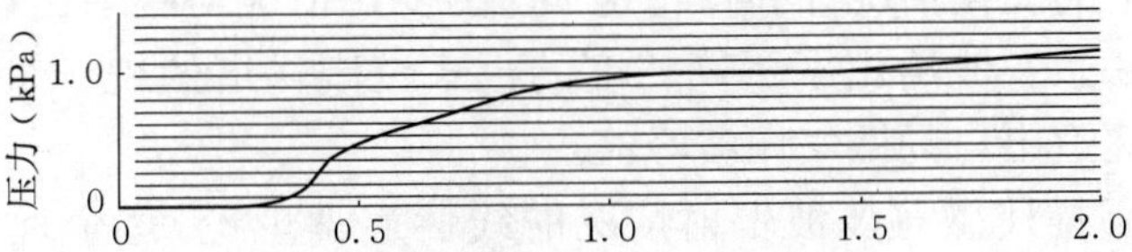

（c）在离隧道进口7.25 km处的压缩波

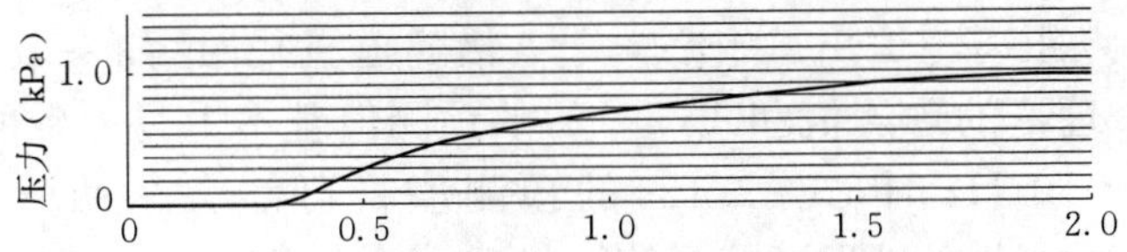

（d）在离隧道进口11.05 km处的压缩波

图 2.16　压缩波在通过碎石道床隧道时的变形

（隧道长 16.25 km，列车速度 222 km/h）

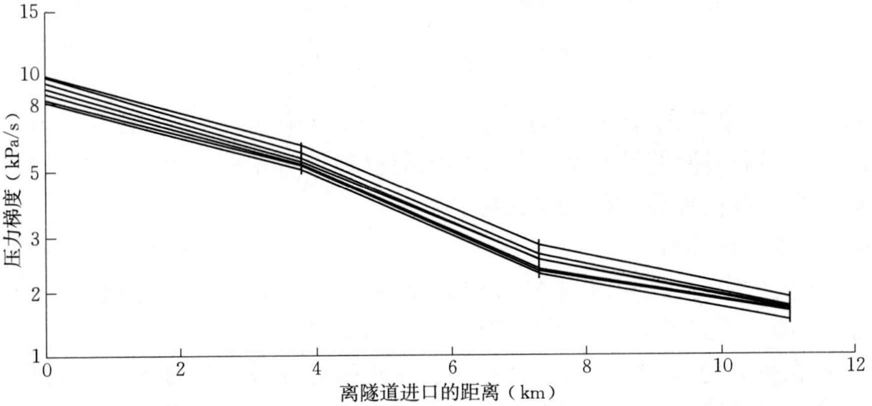

图 2.17　波前压力梯度的变化

Yamamoto 相关结论得到了一个近似的微气压波压力峰值的预测公式。对于日本新干线 0 系列列车，在一条日本典型的短隧道(阻塞比在 0.216 左右)出口产生的微气压波峰值可以计算如下：

$$\Delta P_{\max}=\frac{785}{r}\left(\frac{v}{210}\right)^3 \tag{2.12}$$

式中 r——测点和隧道出口中心之间的距离(m)；

v——列车速度(km/h)。

通过式(2.12)可以计算得到，当列车以速度 210 km/h 进入阻塞比为 0.216 的隧道时，距离隧道出口中心 20 m 的测点处的微气压波的压力峰值大约在 40 Pa。式(2.12)可以作为研究铁路隧道出口微气压波的一个合理的起点。对于中等长度的碎石道床的隧道，它给出的值可能要相对保守一些。而对于中等长度的板式道床，还需要做进一步的研究，以确定压缩波到达隧道出口的过程中产生的变陡程度。Mashimo，Fukuda，Ozawa 和 Vardy 分别对这个问题进行了研究。

Ozawa 对压缩波在隧道内的研究做了基础性的研究。其目的是弄清楚压缩波向隧道出口传播时压力波形的变化情况，同时，将这一压力变化情况与隧道出口 20 m 远处的微气压波压力峰值进行联系。他给出了不同长度的板式道床隧道的现场量测压力曲线和数值预测压力曲线以及隧道出口的微气压波峰值。

Ozawa 还发展了描述微气压波辐射情况的线性声学理论，这个理论能够从更深层次揭示微气压波的产生原理和更精确地预测到微气压波的压力峰值，但是，预测的过程要更加复杂些。当测点距离隧道出口中心大于 1 倍隧道直径时，如果微气压波的主要频率小于 10 Hz，则这个理论的预测值和式(2.12)的预测值基本上是一致的。但是，当微气压波的主要频率大于 10 Hz 时，式(2.12)的预测值将可能大于微气压波的压力峰值。Ozawa 对于这一理论的发展过程进行了简要描述，并通过对一个简化的压缩波的压力波形进行研究。

Kashimura 采用了 Yamamoto 提出的用反正切函数形式表达的压缩波压力分布函数对微气压波问题进行理论探讨的研究思路与 Matsuo 比较相近。该压缩波的压力分布函数为

$$p=p^*\left\{\frac{1}{2}-\frac{1}{\pi}\tan^{-1}\left[\frac{\pi}{L}\left(x+\frac{10}{3}D\right)\right]\right\} \tag{2.13}$$

其中，p^* 为压缩波的最大压力值，L、D 分别为压缩波的近似波长和隧道直径。Kashimura 同时还通过激波管对微气压波的辐射机理进行了一系列的模型试验研究，得出的理论计算结果与数值计算结果符合良好。

(3)板式道床结合碎石

由于高铁线路中采用板式道床形式较为普遍，结合碎石道床的波前梯度衰减特性，考虑将二者结合，即在板式道床中放置道砟块，如图 2.18 所示。

日本学者在板式道床中放置道砟块，开展试验研究和进行现场实测，结果表明该措施可缓解压力波动。并以一定的摩擦系数模拟碎石的摩擦效应，得到了该方法可以降低首波压力梯度以及微气压波的结论。

通过选取在隧道断面内敷设不同占比的新型道床形式(占比为 0～1.8%)，选取了 4 种测试方案，确定新型道床的降低微气压波的效果见表 2.6。

（a）方案1　（b）方案2　（c）方案3　（d）方案4

图 2.18　日本新型道床缓解波前压力梯度实测方案

表 2.6　工况说明（每延米）

工况	缓冲材料敷设面积(m^2)	敷设面积/隧道断面面积(%)
无道砟	0	0
2	0.19	0.3
3	0.58	0.9
4	1.14	1.8

日本学者通过实车测试得到上述各个工况下的隧道的压强时程曲线以及压力梯度曲线如图 2.19 所示。

测试结果表明:采用新型道床结构对于缓解波前压力梯度效果明显,可以结合洞口缓冲结构设置,实现对微气压波的有效控制。

3. 阻塞比对微气压波的影响

在保证模型隧道的材料、出口角度不变的情况下,对阻塞比为 0.13、0.2 时,不同车速下,列车进出隧道所形成的微气压波压力的模型试验进行测试。拟合曲线如图 2.20 所示。

在无缓冲结构时,微气压波压力与列车进入隧道速度的拟和曲线分析表明,微气压波压力与列车进入隧道速度的三次幂成正比。

为了确定微气压波压力与列车速度阻塞比之间的关系,参照模型实验得到的拟和方程对不同速度时,微气压波压力与阻塞比的关系进行了分析,如图 2.21 所示。

从拟和曲线可以看出,不同速度下,微气压波压力与阻塞比的关系服从幂次关系,幂指数接近于 2.4。参照最大瞬变压力的方程,微气压波的方程可表示为

$$p_{\max}^{\mathrm{mic}}=k^{\mathrm{mic}}\beta^{N_{\mathrm{mic}}}v^{3} \tag{2.14}$$

式中　$p_{\max}^{\mathrm{mic}}$——微气压波最大压力;

N^{mic}——微气压波对应的阻塞比幂指数。

微气压波对应的阻塞比幂指数的确定还需要大量的实验验证，考虑到模型实验，并考虑可能的测试误差，初步确定 $N^{\mathrm{mic}}=2.4\pm0.25$。

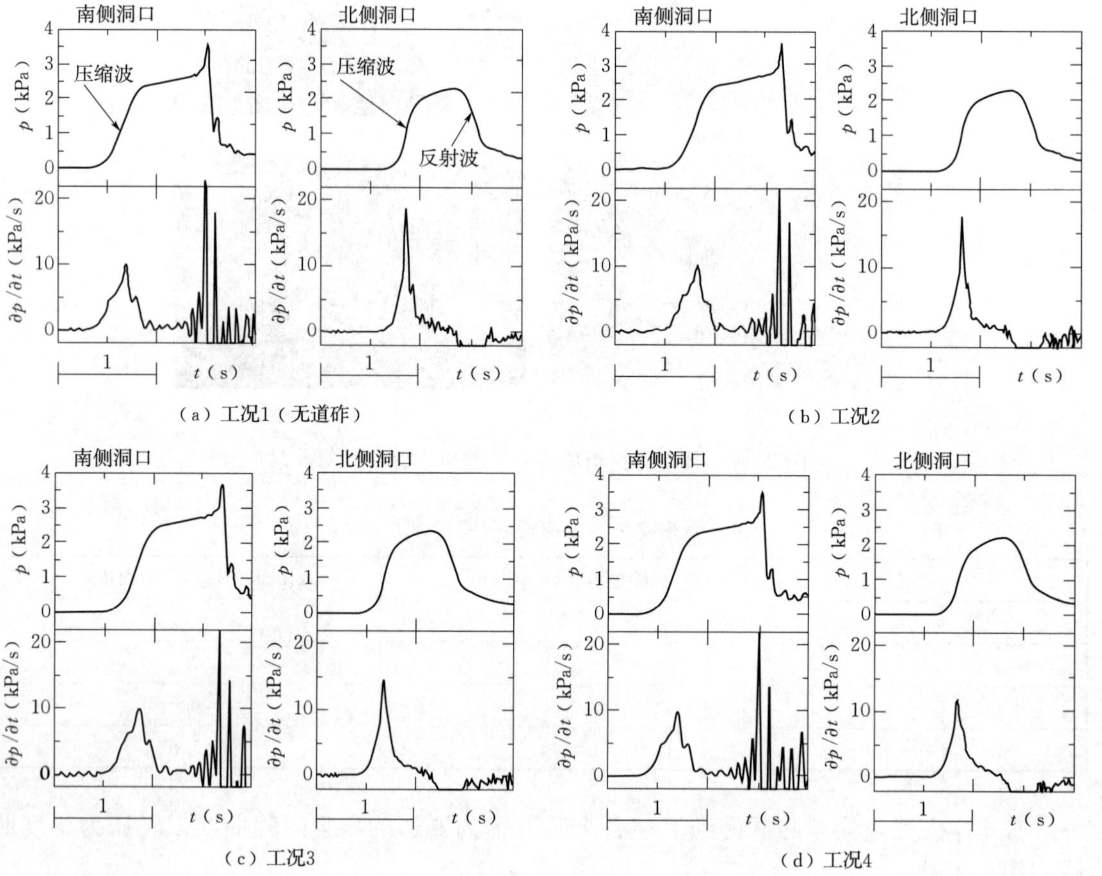

图 2.19　不同工况下的波形曲线（$v=315$ km/h）

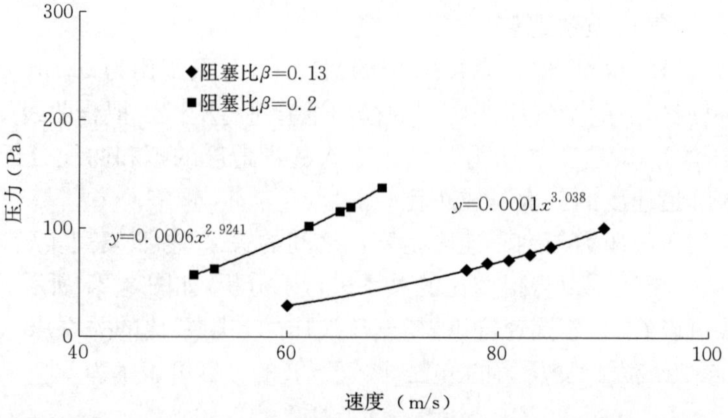

图 2.20　隧道阻塞比对降低微气压波效果的影响

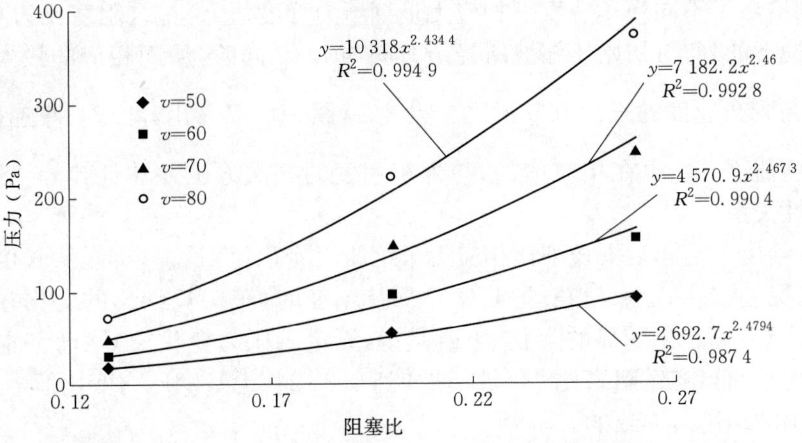

图 2.21　微气压波压力与阻塞比的关系曲线

4. 列车速度、车头长细比对微气压波的影响

定义无量纲压力变化值、时间和压力梯度为

$$C_{\mathrm{p,max}}=\frac{\Delta p_{\mathrm{c}}}{0.5\rho_0 v^2},t_{\mathrm{a}}=\frac{v(t-t_{\mathrm{c}})}{D_{\mathrm{tu}}},K_{\mathrm{gr}}=\frac{\mathrm{d}C_{\mathrm{p}}}{\mathrm{d}t_{\mathrm{a}}} \tag{2.15}$$

式中，$t_{\mathrm{c}}=X_{\mu}/c_0$；$X_{\mu}$ 为测点和隧道入口之间的距离；ρ_0、c_0 分别为静止大气中的气体密度和声速；D_{tu}为隧道直径。

研究表明，C_{p} 和 t_{a} 是介于压缩波全尺寸试验和缩尺模型试验之间的相似参数。如果全尺寸试验和缩尺模型试验保持相同的阻塞比 σ_{t} 和列车速度 v，无量纲量 C_{p} 和 t_{a} 也会相应保持一致，由这两者推导而来的无量纲量 K_{gr}，也必然会保持一致。

图 2.22 列出了不同列车运行速度下相应无量纲压力变化值 $C_{\mathrm{p,max}}$（阻塞比为 0.27）。从图中可以看出，随着列车运行速度的增加，无量纲压力变化值 $C_{\mathrm{p,max}}$也在相应增加，但增加比较缓慢，而并未保持不变，这说明最大压力 Δp_{c} 和列车速度的二次方之间并非线性关系，而是一种非线性关系，这种非线性关系比较弱，因而比较接近于线性。

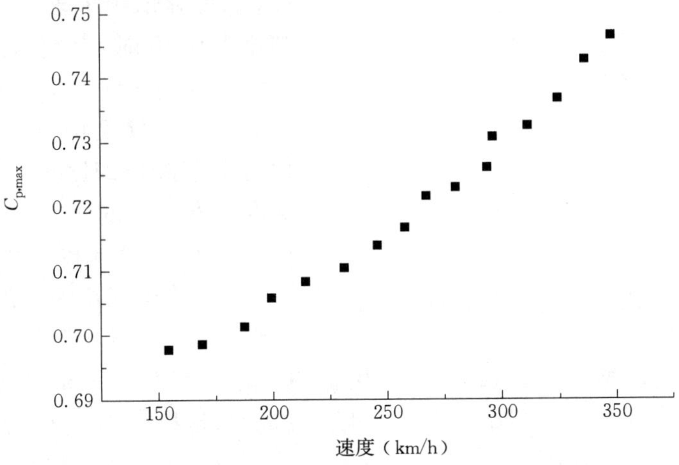

图 2.22　列车速度下的相应的无量纲压力变化值 $C_{\mathrm{p,max}}$

图 2.23 给出了不同列车速度下相应无量纲压力梯度值 $K_{\mathrm{gr,max}}$（阻塞比为 0.27）。对于列车头部呈钝形的列车，初始压缩波所经历时间与 D/v 同阶，从而相应的最大压力梯度值 $\left\{\frac{\partial(\Delta p)}{\partial t}\right\}_{\max}$ 与列车速度的三次方成正比。但是，从图中可以看出，随着列车速度的增加，无量纲压力梯度值 $K_{\mathrm{gr,max}}$ 也在相应增加，与列车速度的三次方也并非纯粹的线性关系，而是一种弱非线性关系。

图 2.24 给出了不同车头长细比相应无量纲压力变化值 $C_{\mathrm{p,max}}$（即车头长度与列车等效半径之比）情况，从图中看来，当隧道阻塞比保持不变时，车头长细比的变化并未使得无量纲压力变化值 $C_{\mathrm{p,max}}$ 产生明显的变化，也就是说，无量纲压力变化值 $C_{\mathrm{p,max}}$ 基本上不依赖于车头的长细比。而当隧道阻塞比从 0.15 增加到 0.21 时，无量纲压力变化值增长非常明显，这与前面得出的结论是一致的。

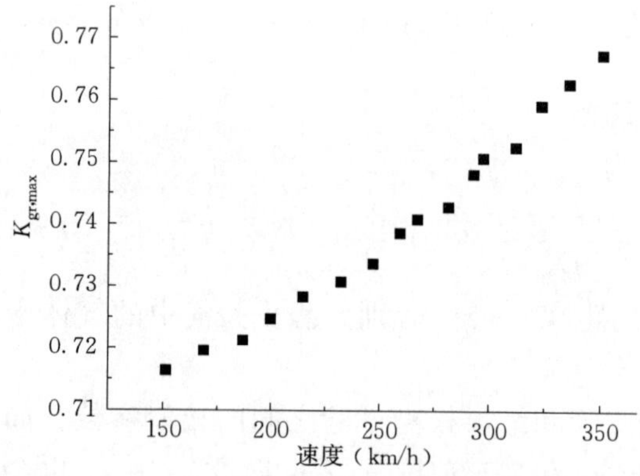

图 2.23　车速—无量纲压力梯度值

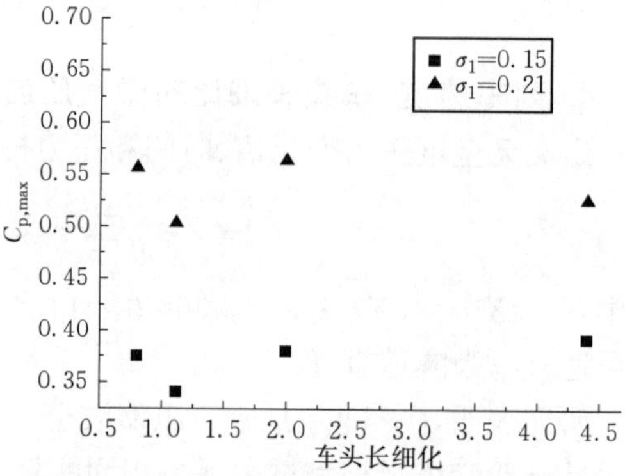

图 2.24　车头长细比—无量纲压力变化

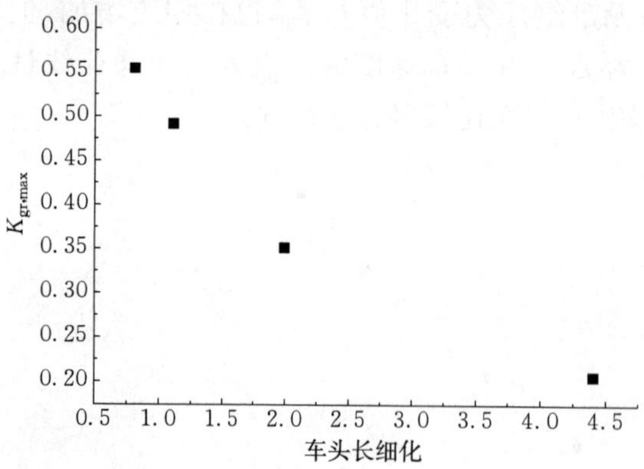

图 2.25　不同车头长细比—无量纲压力梯度值 $K_{\mathrm{gr,max}}$

图 2.25 给出了不同车头长细比情况下相应无量纲压力梯度值 $K_{\mathrm{gr,max}}$，从图中显示的规律看来，无量纲压力梯度值 $K_{\mathrm{gr,max}}$ 明显依赖于车头长细比。当车头长细比为 0.75 时，无量纲压力梯度值 $K_{\mathrm{gr,max}}$ 大约为 0.56；而当车头长细比为 4.5 时，无量纲压力梯度值 $K_{\mathrm{gr,max}}$ 大约为 0.2，仅相当于车头长细比为 0.75 时无量纲压力梯度值 $K_{\mathrm{gr,max}}$ 的 1/3 左右。另外，当车头长细比小于 3.5 时，无量纲压力梯度值 $K_{\mathrm{gr,max}}$ 随着车头长细比的增加而近似以线性迅速减小。但当车头长细比大于 3.5 时，随着车头长细比的增加，无量纲压力梯度值 $K_{\mathrm{gr,max}}$ 虽然有所减小，但是，减小的幅度已经逐渐变小。因此，当车头长细比在某一范围内增加时（这里指小于 3.5 的范围），能够明显缓解隧道出口的微气压波现象。

2.4 列车行车气动阻力

2.4.1 高速列车行车阻力

高速列车运行过程中需要克服较大的阻力，列车行驶受到的阻力可以分为两部分：基本阻力和附加阻力。其中，基本阻力由气动阻力和机械阻力两部分组成。对于行车阻力的研究一直沿用DAVIS公式以及后来的修正公式，总阻力包括机械阻力和气动阻力，其表示形式为

$$R=A+Bv+Cv^2 \tag{2.16}$$

式中 R——列车运动总阻力；

v——列车相对静止空气的速度；

A——滚动机械阻力系数；

B——其他机械阻力系数；

Cv^2——列车所受外部气动阻力。

对于确定的列车和运行模式，机械阻力系数和气动阻力系数是一致的，因此对于低速行驶的情况，机械阻力和气动阻力对总阻力均具有较大比例的贡献，而当运行速度较大时，气动阻力所占总阻力的比率就会进一步加大。对于高速铁路轮轨运行模式，当列车速度高于500 km/h时，气动阻力将会占总阻力的90%以上，如果采用磁浮技术消除轮轨阻力，气动阻力所占的比例将会更大。因此本节对列车行车气动阻力进行深入研究。

2.4.2 气动阻力概述

高速列车在隧道中运行的空气阻力比在明线上运行时大得多。高速列车在隧道中的空气阻力是总运行阻力的主要部分，甚至可以达总运行阻力的90%。因此在设计高速铁路长隧道的线路坡度和隧道断面时都应正确地计算空气阻力，否则在运营时可能影响行车速度和通过能力。

当研究高速列车的空气阻力问题，目前主要采用的研究手段有模型风洞实验、数值模拟计算和实车测试。

空气动力学实验按空气（或其他气体）与模型（或实物）产生相对运动的方式不同可分为3类：

①空气运动，模型不动，如风洞实验。

②空气静止，物体或模型运动，如飞行实验、模型自由飞实验（有动力或无动力飞行器模型在空气中飞行而进行实验）、火箭橇实验（用火箭推进的在轨道上高速行驶的滑车携带模型进行实验）、旋臂实验（旋臂机携带模型旋转而进行实验）等。

③空气和模型都运动，如风洞自由飞实验（相对风洞气流投射模型而进行实验）、尾旋实验（在尾旋风洞上升气流中投入模型，并使其进入尾旋状态而进行实验）等。

风洞实验是当前研究高速列车空气阻力问题的主要手段。它为数值模拟计算提供验证依据，也因易于控制、能实现更多工况的研究而比实车路试更方便易行，因而在高速列车的空气阻力研究方面具有不可或缺的作用。

对于风洞实验研究高速列车气动问题的方案，主要为列车在横风作用下的气动效应，对此，国内外许多学者均采用了风洞实验的方式。

黄志祥等采用三车编组的高速列车模型，利用天平开展减小空气阻力措施的风洞实验测试研究；张在中等选择 4 种不同纵向长细比比例尺为 1∶8 的高速列车模型进行风洞实验，分析雷诺数对车辆气动力系数的影响；夏超等人采用数值模拟方法对高速列车模型风洞实验中存在的地面效应问题进行研究，并作出了实验验证，得到了底部效应差别的原因是车底流量造成的；国外学者 Raghu S. Raghunathan 在文章中提到：一般情况下，用风洞实验测量列车的空气阻力，不适用于模型尺寸过大的情况。采用小型模型进行列车风洞实验，会引起与低雷诺数相关的一系列问题。此外，在风洞实验中还应考虑地面对空气动力阻力的影响。

2.4.3 气动阻力系数

高速列车气动阻力还可以根据气动阻力系数进行求解设计。

气动阻力的形成是由空气介质的黏滞力导致，即一个是由于空气介质和车体的相互作用形成的空气摩擦阻力；另一个是由于在列车首尾产生压差形成压差阻力。

列车在明线上运行，所受到的气动阻力可以分为两部分：与车身长度相关部分和与车身长度无关的部分。与车身长度无关的气动阻力主要由列车前后压差阻力引起，对于特定的列车车型，可以通过测试得到。对于评价与列车车长相关的阻力是不容易的，这主要由于车身阻力牵涉到多方面的因素，比如车厢之间的连接形式、车厢的截面形状、列车车厢下部结构形式等。

因此可以对前一章节中的 DAVIS 公式表述的气动阻力公式进行讨论。对于 DAVIS 公式的气动阻力项其大小可以表示如下：

$$D=\frac{1}{2}\rho A'v^2\left(C_{dp}+\frac{\lambda'}{d'}l\right) \tag{2.17}$$

式中 A'——列车横截面面积；

ρ——空气密度；

v——列车速度；

C_{dp}——压差阻力系数；

λ'——列车车身阻力系数；

d'——列车车身水力直径；

l——列车长度。

列车气动阻力系数 C_d 可以表示如下：

$$C_d=\frac{D}{\frac{1}{2}\rho v^2 A'} \tag{2.18}$$

参考 Raghu S 等学者的分析方法，选取两种不同长度的列车进行气动阻力系数分析，其参考式(2.19)和式(2.20)，其气动阻力可以分别表示为

$$C_{ds}=\left(C_{dp}+\frac{\lambda'}{d'}l_s\right) \tag{2.19}$$

$$C_{dl}=\left(C_{dp}+\frac{\lambda'}{d'}l_l\right) \tag{2.20}$$

式中 C_{ds}——短列车的气动阻力系数；

C_{dl}——长列车的气动阻力系数；

l_s——短列车长度，本文中 $l_s=60$ m；

l_l—长列车长度，本文中 $l_l=90$ m。

其他符号同前。

整理式(2.21)和式(2.22)，可以得到压差阻力系数 C_{dp} 和车身阻力系数 λ' 的表达式：

$$C_{dp}=\frac{C_{ds}l_l-C_{dl}l_s}{l_l-l_s} \tag{2.21}$$

$$\lambda'=\frac{C_{ds}-C_{dp}}{l_s}d' \tag{2.22}$$

日本的新干线，对不同车型的压差气动阻力系数及列车车身阻力系数、隧道沿程阻力系数进行了研究分析，所得参数见表 2.7。

表 2.7 气动阻力相关系数(日本新干线)

车型系列		横截面积(m^2)	水力直径(m)	车身阻力系数	压差阻力系数
列车	0	12.6	3.54	0.017	0.2
	200	13.3	3.64	0.016	0.2
	100	12.6	3.54	0.016	0.15
位置	线路	横截面积(m^2)	水力直径(m)	隧道壁面阻力系数	
隧道	Tokaido	60.5	7.8	0.02	
	Sanyo	63.4	8.1	0.02	

上述针对列车气动阻力系数的分析，主要是依据列车在明线运行，而对于列车在隧道之内运行时，其适用性很少有学者进行分析。下面将采用三维数值方法，对列车在隧道内运行的行车阻力系数进行分析，并力图探讨不同隧道阻塞比情况下，列车气动阻力系数的理论预测方法。

2.4.4 原朝茂法确定行车气动阻力

阻力系数作为现今广泛运用的对高速列车气动阻力的评价方法，该方法的重点就是确定阻力系数的大小，合理的系数取值对最后的阻力结果至关重要。在阻力系数方法之前，原朝茂法作为评价高速列车气动阻力的主要方法，是将列车阻力分为头部、中部、尾部三部分进行。参考金学易对原朝茂法的相关阐述，该方法具体求解过程如下。

假想将列车分为三段(图 2.26)：Ⅰ车头部分、Ⅱ车身部分、Ⅲ车尾部分，分别计算其空气阻力 D 为

$$D=D_{\mathrm{I}}+D_{\mathrm{II}}+D_{\mathrm{III}} \tag{2.23}$$

(1)车头部分的空气阻力 D_{I}

设图 2.26(a)中的列车由左向右运动，其速度为 v_0，列车的横断面积 A_0；隧道横断面积

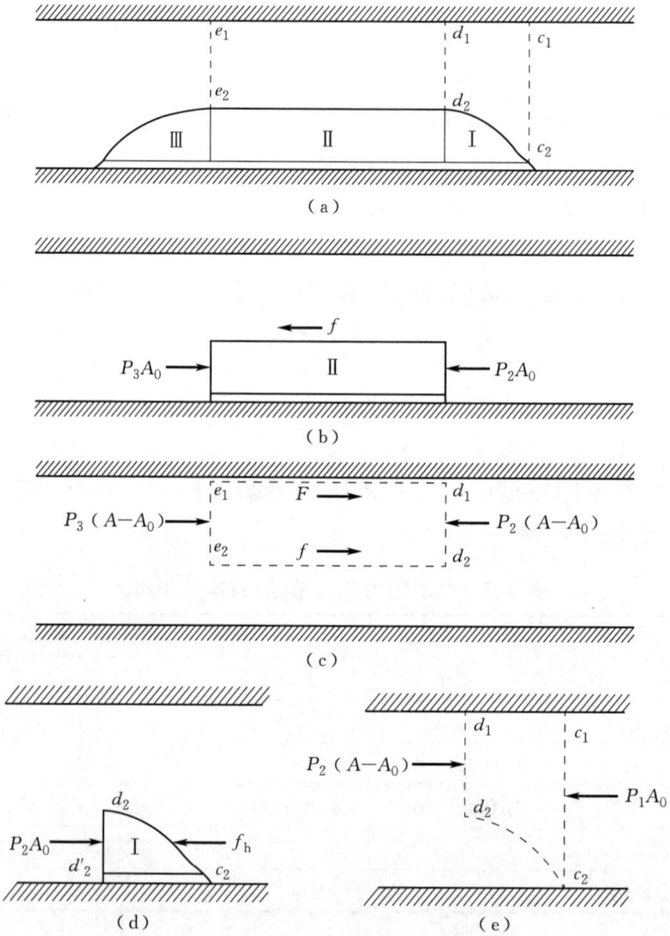

图 2.26 计算列车空气阻力用图

为 A，活塞风速为 v(向右)；则隧道气流相对于列车的速度(向左)为：

$$v'=v_0-v$$

环装空间的气流相对于列车的速度(向左)为：

$$v_x=\frac{Av'}{A-A_0} \tag{2.24}$$

作用在假想横截面 d_1、d_2 上的空气压力为 p_2A_0，作用在车头曲面 c_2d_2 上的空气压力为 f_h[图 2.26(d)]，所以车头部分所受的压差阻力为

$$D_{\mathrm{I}}=f_h-\rho_2A_0$$

再取封闭面 $c_1-c_2-d_2-d_1-c_1$ 为控制面，建立相对于列车运动的气流的动量方程得

$$p_1A-p_2(A-A_0)-f_h=\rho v'A\left(\frac{Av'}{A-A_0}-v'\right) \tag{2.25}$$

即

$$p_1A-p_2A+p_2A_0-f_h=\frac{A_0A\rho}{A-A_0}v'^2 \tag{2.26}$$

由 c_1c_2 及 d_1d_2 两断面之间相对列车运动的气流的能量方程得

$$p_1+\frac{\rho v'^2}{2}=p_2+\frac{\rho}{2}\left(\frac{Av'}{A-A_0}\right)^2 \tag{2.27}$$

由式(2.25)、式(2.26)及式(2.27)得

$$D_{\mathrm{I}}=\frac{\rho A A_0^2}{2(A-A_0)}v'^2 \tag{2.28}$$

(2)车身部分的空气阻力 D_{II}

车身部分的空气阻力包括压差阻力($p_2A_0-p_3A_0$)和摩擦阻力 f 参考图 2.26(b),即

$$D_{\mathrm{II}}=(p_2-p_3)A_0+f$$

取封闭面 $d_1-d_2-e_1-e_2-d_1$ 为控制面[图 2.26(c)],建立动量方程得

$$(p_2-p_3)(A-A_0)-f-F=0$$

式中 f——列车壁作用在气流上的摩擦阻力;

F——隧道壁作用在气流上的摩擦阻力。

由以上两式消去(p_2-p_3)得

$$D_{\mathrm{II}}=\frac{A_0F+Af}{A-A_0} \tag{2.29}$$

又

$$f=C_{\mathrm{Df}}\frac{\rho}{2}\left(\frac{Av'}{A-A_0}\right)^2A_0 \tag{2.30}$$

$$F=C_{\mathrm{F}}\frac{\rho}{2}\omega^2Sl_0$$

式中 S——车体湿周;

ω——环状空间中气流相对于隧道壁的速度。

$$\omega=v_{\mathrm{s}}-v_0=\frac{Av'}{A-A_0}-v_0 \tag{2.31}$$

式中,v_{s} 为列车突入隧道引起的活塞风相对列车的速度大小,如 $\omega>0$,则环状空间的气流向左,即图 2.26(c)中的 F 方向向右。因此

$$F=C_{\mathrm{F}}\frac{\rho}{2}\left|\frac{Av'}{A-A_0}-v_0\right|\left(\frac{Av'}{A-A_0}-v_0\right)Sl_0 \tag{2.32}$$

式中 S——隧道的横断面周边长;

l_0——列车长度;

C_{F}——隧道壁的摩擦阻力系数,由试验求得。

为计算方便起见,可将 C_{F} 换算为列车壁的摩擦阻力系数 C_{Df} 的某一倍数。

设 C_{f} 为平板的摩擦阻力系数,在密度为 ρ 的环境下气动阻力表示为

$$f=C_{\mathrm{Df}}\frac{\rho}{2}v_{\mathrm{s}}^2A_0=C_{\mathrm{f}}\frac{\rho}{2}v_{\mathrm{s}}^2Sl_0 \tag{2.33}$$

于是

$$C_{\mathrm{Df}}=C_{\mathrm{f}}\frac{Sl_0}{A_0} \tag{2.34}$$

式中 x——列车横断面的周边长。

又令 $C_{\mathrm{F}}=bC_{\mathrm{f}}$,其中 b 为 C_{F} 对 C_{f} 的比值,于是

$$C_{\mathrm{F}}=bC_{\mathrm{f}}=bC_{\mathrm{Df}}\frac{A_0}{Sl_0} \tag{2.35}$$

将式(2.35)带入式(2.32)，并注意到$\dfrac{S}{x}=\sqrt{\dfrac{A}{A_0}}$，则得

$$F=bC_{\mathrm{Df}}\frac{\rho A_0}{2}\sqrt{\frac{A}{A_0}}\left|\frac{Av'}{A-A_0}-v_0\right|\left(\frac{Av'}{A-A_0}-v_0\right) \tag{2.36}$$

再将式(2.36)及式(2.33)带入式(2.29)得

$$D_{\mathrm{II}}=C_{\mathrm{Df}}\frac{\rho A_0}{2}v'^2\left[\left(\frac{A}{A-A_0}\right)^3+\frac{bA_0A}{(A-A_0)^3}\sqrt{\frac{A}{A_0}}\cdot\left|1-\frac{A-A_0}{A}\cdot\frac{v_0}{v'}\right|\left(1-\frac{A-A_0}{A}\cdot\frac{v_0}{v'}\right)\right] \tag{2.37}$$

(3)车尾部分的空气阻力 D_{III}

$$D_{\mathrm{III}}=C_{\mathrm{Dp}}\frac{\rho v_s^2}{2}A_0=C_{\mathrm{Dp}}\left(\frac{Av'}{A-A_0}\right)^2\frac{\rho A_0}{2} \tag{2.38}$$

式中，C_{Dp}——车尾压差阻力系数。由于 C_{Dp} 值本身不大，为 0.1～0.2；因此可采用列车在明线上运行的压差阻力系数，而不致引起过大误差。

(4)总的列车空气阻力 D

将式(2.28)、式(2.37)及式(2.38)带入式(2.23)中，并以阻塞比 $a=\dfrac{A_0}{A}$ 带入有关公式中，整理得

$$D=\frac{\rho v_0^2A_0}{2}\left\{\frac{a+C_{\mathrm{Dp}}}{(1-a)^2}+C_{\mathrm{Df}}\frac{1}{(1-a)^3}+\frac{ba^{0.5}}{(1-a)^3}\left|1-\frac{(1-a)v_0}{v'}\right|\left[1-\frac{(1-a)v_0}{v'}\right]\right\}\left(\frac{v'}{v_0}\right)^2 \tag{2.39}$$

总空气阻力系数

$$C_{\mathrm{D}}=\frac{D}{\dfrac{\rho v_0^2A_0}{2}}=\frac{a+C_{\mathrm{Dp}}}{(1-a)^2}\left(\frac{v'}{v_0}\right)^2+C_{\mathrm{Df}}\left(\frac{v'}{v_0}\right)^2\left\{\frac{1}{(1-a)^3}+\frac{ba^{0.5}}{(1-a)^3}\left|1-(1-a)\frac{v_0}{v'}\right|\left[1-(1-a)\frac{v_0}{v'}\right]\right\} \tag{2.40}$$

当列车在明线上运行时 $a=0$，$v_0=v'$，则由式(2.40)可得

$$C_{\mathrm{D}}=C_{\mathrm{Dp}}+C_{\mathrm{Df}} \tag{2.41}$$

在应用式(2.41)计算总的列车空气阻力时，需先算出 v'/v_0 值。为此，可取图 2.27 中隧道进口和隧道出口之间的 1—2—2—1—1 封闭面为控制面，建立相对于隧道壁的气流动量方程得

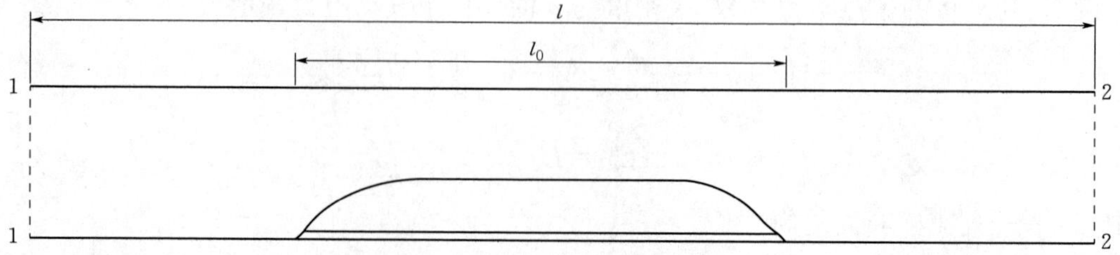

图 2.27　计算速度比 v'/v_0 用图

$$D+F-F'=0 \tag{2.42}$$

式中 D——列车所受的空气阻力对气流的反作用力，按照式(2.39)计算；

F——环状空间隧道壁的摩擦阻力；

F'——列车前方和后方隧道段的隧道壁面摩擦阻力，当列车长度为 l_0，隧道总长为 l，可表示为：

$$F'=C_F\frac{\rho}{2}v^2(l-l_0)S=bC_{Df}\left(\frac{l-l_0}{l_0}\right)a^{-0.5}\frac{\rho}{2}(v_0-v')^2A_0 \tag{2.43}$$

将式(2.39)、式(2.36)及式(2.37)带入总阻力计算公式中，整理得

$$C_0\left(\frac{v'}{v_0}\right)^2-2C_1\left(\frac{v'}{v_0}\right)+C_2=0 \tag{2.44}$$

于是

$$\frac{v'}{v_0}=\frac{C_1-\sqrt{C_1^2-C_0C_2}}{C_0} \tag{2.45}$$

式中

$$C_0=\frac{l-l_0}{l_0}-\frac{\pm 1}{(1-a)^3}-\frac{a^{0.5}}{b}\left[\frac{a+C_{Dp}}{C_{Df}(1-a)^2}+\frac{1}{(1-a)^3}\right] \tag{2.46}$$

$$C_1=\frac{l-l_0}{l_0}-\frac{(\pm 1)}{(1-a)^2} \tag{2.47}$$

$$C_2=\frac{l-l_0}{l_0}-\frac{(\pm 1)}{1-a} \tag{2.48}$$

当 $\frac{1}{(1-a)}\cdot\frac{v'}{v_0}-1>0$ 时，C_0、C_1、C_2 各算式中的(±1)取正号，否则取负号。

2.5 小　结

本章首先给出了车隧气动效应的定义并对所涉及的气动问题进行的简要说明，然后重点对气动效应中的压缩波、微气压波问题进行了深入分析，最后对气动效应中的气动阻力的理论计算方法进行介绍，以便为后面的气动阻力的数值计算分析提供参照。

3 高铁车隧气动研究方法及工程应用

对于高铁车隧空气动力学研究手段，主要包括数值模拟、模型试验、现场测试。数值模拟以流体力学相关理论为基础，针对计算量大，计算时间长的流体问题，可以借助计算流体动力学(CFD)数值模拟相关软件进行计算；模型试验利用相似理论基础，建立可以代表实际工程的试验模型，从而获得流体相关规律；现场实测利用高精度采样仪器，对实际工况的气动效应相关参数进行获取，从而得到工程设计运营的科学性。

3.1 数值模拟

3.1.1 流体分析基本理论

高速铁路隧道空气动力学研究隶属于流体力学，也属于连续介质力学的一个分支，连续介质力学基本控制方程是流体动力学的理论基础。介质三维运动的基本控制方程组是一组非线性偏微分方程，利用这个方程组求解介质涉及大量的数学分析，只有少量的简单问题，如一维问题可以从基本控制方程组求得解析解，为了求解析解，在一定的条件下，运用基本特征线的数学方法可以有效地获得流场物理量的时间空间分布。

然而更多的问题难以用纯数学的解析方法获得直观的解析解。对于一般的流体动力学问题，数值求解已经成为一个应用普遍又行之有效的研究手段，由此产生的CFD已发展为一门成熟的学科，许多商业软件都具备处理流体运动过程动态波传播的能力。

流体动力学的研究包括理论研究、实验研究和数值计算三个方面，实验研究的重要性是不言而喻的，它是整个流体动力学发展的本源，而随着计算流体动力学的复杂性和计算机的发展，数值计算也显得越来越不可或缺，计算流体动力学已成为一个独立分支，并得到迅速发展。流体动力学的理论研究则对流体运动过程中的现象和规律，为实际流体运动的深入研究提供了必要的理论依据。

在流体动力学学习过程中，首先需要建立关于波运动的概念。例如，扰动源在流体中造成的影响以声波形式向四周传播，瞬时能量释放或外来冲击波将在介质中产生轰爆波、冲击波，流体流动中存在压缩波和稀疏波传播等。许多复杂的问题可以分解成两个或几个波的相互作用来研究。关于波的一般定义认为：波是以一定的速度从介质的一部分传播到另一部分的任何可识别的信号。波可以分为电磁波和机械波。机械波产生于变形介质的强迫运动或扰动，介质的可变性和惯性是传递机械波的两个根本性质。其次，讨论流体动力学问题，需要掌握一定的热力学基础知识，并对流体的本构关系有所了解。运动流体的状态由运动量（速度 u）及一些状态量（如压力 p，密度 ρ，内能 e，温度 T 等）来描述。基于连续介质假定，这些量都是对连续介质状态的宏观描述，我们称这些量为热力学量，流体力学的任务就是研究流体运动过程中这些热力学的变化规律，流体的变形性质和热力学物态方程是影响流体运动的重要因素。

流体运动遵守物理守恒定律，包括：质量守恒定律、动量守恒定律、能量守恒定律。这些守恒定律的数学表达式，也称为流体力学基本方程组。

（1）质量守恒方程

任何流动问题都满足质量守恒定律，即单位时间内流体微元体中质量的增加，等于同一时间间隔流入该单元的净质量，写出质量守恒方程，又称连续性方程，即

$$\frac{\partial \rho}{\partial t}+\rho \operatorname{div}\boldsymbol{u}=0 \tag{3.1}$$

式中　ρ——流体密度；

$\boldsymbol{u}$——速度矢量；

div——拉普拉斯算子。

（2）动量守恒方程

动量守恒定律表示：微元体中流体动量对时间的变化率等于外界作用在该微元体上的各种力之和，该定律实际上为牛顿第二定律。由动量守恒定律知动量的改变率等于外力做功的总和，写出动量守恒方程并做变换得

$$\rho\frac{\partial \boldsymbol{u}}{\partial t}+\rho\boldsymbol{u}\cdot\operatorname{div}\boldsymbol{u}=\rho\boldsymbol{F}+\operatorname{div}\boldsymbol{\sigma} \tag{3.2}$$

式中　$\boldsymbol{F}$——微元体上的体力；

$\boldsymbol{\sigma}$——因分子黏性作用而产生的作用在微元体上的黏性应力；

ρ——流体密度；

$\boldsymbol{u}$——速度矢量。

（3）能量守恒方程

能量守恒定律是具有热交换的流动系统必须满足的条件。该定律可表述为：微元体中能量的增加率等于进入微元体的净热流量加上体积力和面积力对微元体所做的功，该定律实际上是热力学第一定律，能量守恒方程为

$$\frac{\partial(\rho T)}{\partial t}+\operatorname{div}(\rho\boldsymbol{u}T)=\operatorname{div}\left[\frac{\boldsymbol{\kappa}}{c_{\mathrm{p}}}\cdot\operatorname{grad}T\right]+S_{\mathrm{T}} \tag{3.3}$$

式中　c_{p}——比热容；

T——热力学温度；

κ——流体传热系数；

S_{T}——流体的内热源及由于黏性作用流体机械能转换为热能的部分，有时简称 S_{T} 为黏性耗散项。

同样，该式只适用于牛顿流体。

(4)控制方程的通用形式

考察前面的连续性方程、动量方程、能量方程，可以看出，尽管这些方程的特征变量各不相同，但是具有非常相似的形式。如果引入一个通用变量 φ，那么上述各控制方程可以写成如下通用形式：

$$\frac{\partial(\rho\varphi)}{\partial t}+\mathrm{div}(\rho\boldsymbol{u}\varphi)=\mathrm{div}[\Gamma\cdot\mathrm{grad}\varphi]+S \tag{3.4}$$

式中　φ——通用变量，代表 u、v、w、T 等求解变量；

Γ——广义扩散系数；

S——广义源项。

1. 一维分析

流体计算利用有限差分的原理对空气介质进行离散并采用差分计算。早期计算机有限的性能限制了车隧气动结果的计算，高速列车在隧道中行进的三维数值模拟在当时仍然是一件十分困难的工作。因此，早期研究中，对于隧道及列车的长度远大于隧道的水力直径的情况，就可以将列车进入隧道引起的流动近似看作是准一维流动。

从总体的角度看，一维流近似可满足实际工程应用的基本要求。在 Yamamoto 使用的一维无黏流模型中，假定隧道和列车截面积为常数，忽略基本方程中的对流项。在该假定下，不必进行差分计算，可以得出一些简单的解析表达式。Woods 等人采用一维特征线法对列车进入隧道的过程进行了数值计算。隧道仍是等截面的管道，但考虑了非线性、壁面摩擦、传热等因素；在车头及车尾根据实验数据引入了压力损失系数。动量方程中摩擦项的引入是根据完全发展的湍流理论，认为摩擦力与流速的平方成正比，最后得到了与英国 Patchway 隧道实验数据比较一致的计算结果。Kage 等人最近对隧道压缩波进行了数值研究，将有效截面积，即隧道与列车截面积之差看成是空间和时间的二元函数，建立了相应的基本方程组，避免了移动边界处理。但由于未考虑流动控制域侧面随时间变化对域内气体的做功项，导致其所得的能量方程与实际的不同，最后计算出的入口压缩波的峰值偏小。杨光宇、朱克勤等将壁面摩擦效应引入动量和能量方程中，用以研究考虑隧道及列车壁面摩擦时列车进入隧道引起的非等熵流动过程。计算结果表明，考虑壁面摩擦效应的非等熵流与理想的等熵流之间有明显的差别，高速列车表面的摩擦力做功对隧道内的流动和压力波的形成有重要影响。通过与 Patchway 隧道实验结果的比较，也验证了本数学模型和计算方法的有效性。

在隧道进口端设置缓冲结构，能够减小初始压缩波的最大压力梯度值，从而消除或减缓微压波现象。在数值模拟分析中，采用多维欧拉方程或纳维—斯托克斯方程的求解方法，在技术实现上难度较大，消耗的计算时间也较多，不宜用于多参数多工况的比选研究。基于一维可压缩流动模型建立的压缩波半经验公式也只适用于洞口未设缓冲结构的情况。梅元贵、周朝晖等基于高速铁路隧道端口存在多种缓冲结构的可能和流线型变截面车头的特征，发展了初始压缩波的一维可压缩非定常不等熵流动模型与广义黎曼变量特征线方法的计算方法，能够模拟多种类型缓冲结构条件下的压缩波波动规律，适用于工程设计前期多种方案的比选研究。

根据上述隧道内空气流动物理模型，并考虑以下实际影响因素和假设：(1)空气与列车壁、隧道壁存在摩擦和传热；(2)隧道断面沿隧道长度方向的变化率是较小的；(3)隧道内空气是完全气体。因此，隧道压力波问题可以简化为一维、可压缩、非定常流动来处理。利用质量守恒、动量守恒和能量守恒定律，可以建立描述控制体的基本方程。

连续性方程：

$$\rho\frac{\partial u}{\partial x}+u\frac{\partial \rho}{\partial x}+\frac{\partial \rho}{\partial t}=0 \tag{3.5}$$

动量方程：

$$\frac{\partial u}{\partial t}+u\frac{\partial u}{\partial x}+\frac{1}{\rho}\frac{\partial p}{\partial x}+G=0 \tag{3.6}$$

能量方程：

$$\frac{\partial p}{\partial t}+u\frac{\partial p}{\partial x}-a^2\left(\frac{\partial \rho}{\partial t}+u\frac{\partial \rho}{\partial x}\right)=\rho(k-1)uG \tag{3.7}$$

其中，G 为摩擦力项，对不含列车的隧道空间：

$$G=\frac{1}{2}\frac{S_{\mathrm{TU}}}{F_{\mathrm{TU}}}f_{\mathrm{TU}}u|u| \tag{3.8}$$

对于列车与隧道之间的环状空间：

$$G=\frac{1}{2}\frac{S_{\mathrm{TU}}}{F_{\mathrm{TU}}}f_{\mathrm{TU}}u|u|+\frac{1}{2}\frac{S_{\mathrm{TR}}}{F_{\mathrm{AN}}}f_{\mathrm{TR}}(u-v)|u-v| \tag{3.9}$$

其中，$F_{\mathrm{AN}}=F_{\mathrm{TU}}-F_{\mathrm{TR}}$。

另外，下标 TU 表示隧道空间，下标 TR 表示列车，AN 表示含有列车的环状空间。v 是列车速度，对于隧道空间，与 TR 有关项为零。其中 ρ、t、u、p、f、a、k、F、S 分别为空气密度，时间、空气流速、空气压力、壁面摩擦系数、当地声速、空气比热比、隧道横净空面积、隧道周长。方程(3.5)～式(3.7)是一阶偏微分方程组，可以采用广义黎曼特征线法求解。

车辆内部压力变化用式(3.10)计算。

$$p_{\mathrm{i}}=p_{\mathrm{e}}(1-\mathrm{e}^{-\frac{t}{\tau}}) \tag{3.10}$$

式中 p_{i}，p_{e}——车内、车外压力；

t——时间；

τ——车辆的气密性指数，具有时间的量纲，称为“密封指数”。

2. 二维分析

1993 年，日本学者饭田雅宣将高速列车和隧道均简化为轴对称问题，应用柱坐标和欧拉方程，将高速列车通过隧道过程中的空气动力问题进行了假三维数值模拟计算研究，取得了一些有价值的研究成果。然而对于非对称单洞双线隧道结构的车隧气动问题，该方法不能进行准确地研究。同时，由于隧道出口微压波的产生强度是与散射角有关的。因此，该方法的计算条件与实际列车的运行条件有一定的差异，计算结果与实际情况会有一定的偏差。

流体力学方程组的差分格式是非线性的，所以它的稳定性问题迄今为止还是一个没有解决的难题。将流体力学控制方程组压缩到二维空间，即力学量 ρ、$\boldsymbol{u}$、E(或 e)、p 等都只是

x_1、x_2、t 的函数，而与 x_3 无关，同时速度向量 $\boldsymbol{u}$ 在 x_3 方向的分量为零。这时，二维坐标系中理想流体力学方程可以写成：

$$\begin{aligned}&\frac{\partial p}{\partial t}+\nabla\cdot\rho\boldsymbol{u}=0\\&\frac{\partial\rho\boldsymbol{u}}{\partial t}+\nabla\cdot\rho\boldsymbol{uu}=-\nabla p\\&\frac{\partial\rho e}{\partial t}+\nabla\cdot\rho E\boldsymbol{u}=-\nabla\cdot p\boldsymbol{u}\end{aligned}\tag{3.11}$$

同样，用(x,y)表示二维直角坐标系，用(x,r)表示二维柱坐标系，通过坐标变换可以得到二维 Lagrange 坐标系中的流体力学控制方程。式(3.12)是二维 Lagrange 坐标系中的非定常可压缩理想流体力学方程组：

$$\begin{aligned}&\frac{\partial\rho}{\partial t}r^{v}J\rho=0\\&\frac{\partial u}{\partial t}=-\frac{1}{\rho|\boldsymbol{J}|}\left(\frac{\partial r}{\partial b}\frac{\partial p}{\partial a}-\frac{\partial r}{\partial a}\frac{\partial p}{\partial b}\right)\\&\frac{\partial v}{\partial t}=-\frac{1}{\rho|\boldsymbol{J}|}\left(-\frac{\partial x}{\partial b}\frac{\partial p}{\partial a}+r^{v}\frac{\partial x}{\partial a}\frac{\partial p}{\partial b}\right)\\&\frac{\partial e}{\partial t}+p\frac{\partial}{\partial t}\frac{1}{\rho}=0\end{aligned}\tag{3.12}$$

式中，u、v 是 $\boldsymbol{u}$ 在 x 和 y 方向的分量。a、b 为表征质点位置的积分常数，譬如，可以取作流线在 $t=t_0$ 时刻的坐标，$x|_{t=t_0}=a$，$r|_{t=t_0}=b$。$\boldsymbol{J}=\dfrac{\partial(x,r)}{\partial(a,b)}$为 Jacobi 矩阵，$\boldsymbol{uu}$ 为速度的并矢张量。

3. 三维分析

随着计算机技术和大型流体分析软件开发技术的提高，通过求解三维 Navier—Stocks 方程，可以真实模拟列车车隧气动效应的发生和控制方法，使计算精确性大大提高。目前，国内外的研究大都采用三维分析方法模拟高速列车进入隧道引起的空气动力学问题。

法国学者 Aita 等将空气视为无黏性气体，应用欧拉方程建立三维数值模型，求解无缓冲结构条件下单孔双线隧道的空气动力学问题，并取得了有参考价值的成果。但是由于没有考虑空气的黏性，无法对隧道的粗糙度、道床形式等直接影响空气动力学效应的因素进行更为详细的测试。在此基础上，国内许多科研人员都采用三维流体软件展开车隧气动特性的研究和分析。以高波教授为核心的西南交通大学车隧气动力学研究课题组自 2000 年起就开展车隧气动特性的三维模拟和模型实验研究工作，对 Fluent 进行了二次开发，取得了大量的科研成果。

从上面分析可以看出，目前世界上最先进的数值模拟计算是全部仿真模拟车隧耦合作用的非等熵、可压缩有黏性气体的三维数值模拟。

对于三维流体分析，可将流体的控制方程展开，用标量的形式写出，则质量守恒方程可以写成

$$\frac{\partial\rho}{\partial t}+\frac{\partial\rho u}{\partial x}+\frac{\partial\rho v}{\partial y}+\frac{\partial\rho w}{\partial z}=0 \tag{3.13}$$

动量守恒方程可以写为

$$\begin{cases}\dfrac{\partial\rho u}{\partial t}+\mathrm{div}(pu\boldsymbol{u})=-\dfrac{\partial p}{\partial x}+\dfrac{\partial\tau_{xx}}{\partial x}+\dfrac{\partial\tau_{yx}}{\partial y}+\dfrac{\partial\tau_{zx}}{\partial z}+F_x\\ \dfrac{\partial\rho v}{\partial t}+\mathrm{div}(pv\boldsymbol{u})=-\dfrac{\partial p}{\partial y}+\dfrac{\partial\tau_{xy}}{\partial x}+\dfrac{\partial\tau_{yy}}{\partial y}+\dfrac{\partial\tau_{zy}}{\partial z}+F_y\\ \dfrac{\partial\rho v}{\partial t}+\mathrm{div}(pw\boldsymbol{u})=-\dfrac{\partial p}{\partial z}+\dfrac{\partial\tau_{xz}}{\partial x}+\dfrac{\partial\tau_{yz}}{\partial y}+\dfrac{\partial\tau_{zz}}{\partial z}+F_z\end{cases} \tag{3.14}$$

式中，p 为微元体上的压力；F_x，F_y 和 F_z 为微元体的体积力，式(3.13)是对任何流体均成立的质量守恒方程。对于牛顿流体，黏性应力 τ 与流体的变形成正比，则有

$$\left.\begin{aligned}\tau_{xx}&=2\mu\frac{\partial u}{\partial x}+\lambda\,\mathrm{div}\boldsymbol{u}\\ \tau_{yy}&=2\mu\frac{\partial v}{\partial y}+\lambda\,\mathrm{div}\boldsymbol{u}\\ \tau_{zz}&=2\mu\frac{\partial w}{\partial z}+\lambda\,\mathrm{div}\boldsymbol{u}\\ \tau_{xy}&=\tau_{yx}=\mu\left(\frac{\partial u}{\partial y}+\frac{\partial v}{\partial x}\right)\\ \tau_{xz}&=\tau_{zx}=\mu\left(\frac{\partial u}{\partial z}+\frac{\partial w}{\partial x}\right)\\ \tau_{zy}&=\tau_{yz}=\mu\left(\frac{\partial w}{\partial y}+\frac{\partial v}{\partial z}\right)\end{aligned}\right\} \tag{3.15}$$

式中，μ 为动力粘度，λ 为第二黏度，一般可取 $\lambda=2/3$，将(3.15)代入式(3.14)得：

$$\begin{aligned}\frac{\partial(\rho u)}{\partial t}+\mathrm{div}(\rho u\boldsymbol{u})&=\mathrm{div}(\mu\cdot\mathrm{grad}u)-\frac{\partial p}{\partial x}+S_x\\ \frac{\partial(\rho v)}{\partial t}+\mathrm{div}(\rho u\boldsymbol{u})&=\mathrm{div}(\mu\cdot\mathrm{grad}v)-\frac{\partial p}{\partial y}+S_y\\ \frac{\partial(\rho w)}{\partial t}+\mathrm{div}(\rho u\boldsymbol{u})&=\mathrm{div}(\mu\cdot\mathrm{grad}w)-\frac{\partial p}{\partial z}+S_z\end{aligned} \tag{3.16}$$

符号 S_x，S_y，S_z 为动量方程广义源项，式中

$$\begin{cases}S_x=F_x+s_x\\ S_y=F_y+s_y\\ S_z=F_z+s_z\end{cases} \tag{3.17}$$

一般来说 s_x，s_y 和 s_z 是小量，所以 $s_x=s_y=s_z=0$。

式(3.16)即为三维动量守恒方程，也称为 Navier-Stokes(N-S)方程。

最后，能量守恒方程展开后用标量表示可以写为

$$\frac{\partial(\rho T)}{\partial t}+\frac{\partial(\rho uT)}{\partial x}+\frac{\partial(\rho vT)}{\partial y}+\frac{\partial(\rho wT)}{\partial z}=\frac{\partial}{\partial x}\left(\frac{k}{c_p}\frac{\partial T}{\partial x}\right)+\frac{\partial}{\partial y}\left(\frac{k}{c_p}\frac{\partial T}{\partial y}\right)+\frac{\partial}{\partial z}\left(\frac{k}{c_p}\frac{\partial T}{\partial z}\right)+S_T \tag{3.18}$$

3.1.2 工程软件介绍

为了完成 CFD 计算，过去多是用户自己编写程序进行计算，但是由于 CFD 的复杂性及计算机软硬件条件的多样性，使得用户各自的应用程序往往缺乏通用性，而 CFD 本身又有其鲜明的系统性和规律性，因此，比较适合制成通用的商用软件。自 20 世纪 90 年代以来，出现了如 PHONENICS、CFX、STAR－CD、FIDIP、Fluent、FLOEFD 等多个商用软件，这些软件具有以下共同特点：

(1)功能比较全面、适用性强，几乎可以求解工程中的各种复杂问题。

(2)具有比较简单易用的前后处理系统和其他 CAD 及 CFD 软件的接口能力，便于用户快速完成造型、网格划分等工作。同时，还可以让用户扩展自己的开发模块。

(3)具有比较完备的容错机制和用户操作界面，稳定性高。

(4)可以在多种计算机、多种操作系统，包括并行环境下运行。

随着计算机技术的快速发展，这些商用软件在工程界正在发挥越来越大的作用。

本书所开展的数值计算主要采用 Fluent 软件，因此，这里仅对 Fluent 软件进行介绍。

Fluent 是由美国 Fluent 公司于 1983 年推出的 CFD 软件，它是继 PHOENICS 软件之后第二个投放市场的基于有限体积法的软件。在 2006 年该软件被 Ansys 工程收购，成为其流体分析的重要组件。本书将在后续章节对 Fluent 在高速铁路隧道空气动力学效应中的应用进行具体的讲解。

Fluent 提供了非常灵活的网格特性，让用户可以使用非结构网格，包括三角形、四边形、四面体、六面体、金字塔形网格来解决具有复杂外形的流动，甚至可以用混合非结构网格。它允许用户根据解的具体情况对网格进行修改(细化或者粗化)。

Fluent 使用 GAMBIT 作为前处理软件，它可以读入多种 CAD 软件的三维几何模型和多种 CAE 软件的网格模型。Fluent 可用于二维平面、二维轴对称和三维流动分析，可完成多种参考系下的模拟、定常和非定常流动分析、化学组分混合和反应分析、多相流分析、固体与流体耦合传热分析、多孔介质分析、化学组分混合和反应分析、多相流分析、固体与流体耦合传热分析、多孔介质分析等。它的湍流模型包括 $k-\varepsilon$ 模型、Reynolds 应力模型、LES 模型、标准壁面函数、双层进壁模型等。

Fluent 可以让用户定义多种边界条件，如流动入口及出口边界条件、壁面边界条件等，可采用多种局部的笛卡尔和圆柱坐标系的分量输入，所有边界条件均可随空间和时间变化，包括轴对称和周期变化等。Fluent 提供的用户自定义程序功能，可让用户自行设定连续方程、动量方程、能量方程或组分运输方程的体积原项，自定义边界条件，初始条件，流体的物性，添加新的标量方程和多孔介质模型等。

Fluent 是用 C 语言写的，可实现动态内存分配及高效数据结构，具有很大的灵活性与很强的处理能力。此外，Fluent 使用 Client/Server 结构，它允许同时在用户桌面工作和服务器上分离的允许程序。

Fluent 的求解计算与后处理显示可以通过交互式的用户界面来完成。用户界面是通过 Scheme 语言编写，高级用户可以通过写菜单宏及菜单函数来自定义优化界面，还可以使用基于 C 语言的用户自定义函数对 Fluent 的功能进行拓展。

3.1.3 Fluent 软件网格离散模式——有限体积法

1. 有限体积法概述

开展流场数值分析的一般过程为：首先对计算域进行划分，即生成计算网格；其次，选定特定的离散方法，将所涉及问题的理论方程及定解条件转化为各个网格节点上的代数方程；最后，求解代数方程组，获得节点上的解，进而获得整个计算域上的近似解。因此，控制方程的离散化是计算流体力学的核心内容。

CFD 中常用的离散化方法主要有有限差分法、有限元法、有限体积法三种。其中，有限体积法是目前 CFD 领域使用最广泛的离散化方法，Fluent 软件也是采用有限体积法进行方程离散解析的。下面，重点对其进行介绍。

有限体积法（finite volume method，FVM）又称为控制体积法（control volume method，CVM），是近年来发展最迅速的一种离散化方法，其基本思想为：将计算区域划分为网格，并使每个网格点周围有一个不重复的控制体积；将待解的偏微分方程对每个控制体积积分，从而得出一组离散方程组，其中的未知量是网格点上的特征变量。为了求出控制体积的积分，必须假定特征变量值在网格点之间的变化规律。从积分区域的选择方案来看，有限体积法属于加权余量法中的子域法；从未知解的近似方程来看，有限体积法属于采用局部近似的离散方法。简而言之，子域法加上离散是有限体积法的基本思想。

有限体积法的基本思想易于理解，并能得出直接的物理解释。离散方程的物理意义就是特征变量在有限大小的控制体积中的守恒定律，如同微分方程表示特征变量在无限小的控制体积中的守恒定律一样。

有限体积法得出的离散方程，要求特征变量的积分守恒对任意一组控制体积都得到满足，对整个计算区域自然也能得到满足，这是有限体积法的最大特点。对于有限差分法，仅当网格极其细密时，离散方程才满足积分守恒。而有限体积法即使在粗网格情况下，也能表现出准确的积分守恒。就离散方法而言，有限体积法可以看作是有限元法和有限差分法的中间物。有限元法必须假定特征变量在网格节点之间的变化规律（即插值函数），并据此求出近似解。有限差分法只考虑网格节点上的特征变量值而不考虑特征变量值在网格节点间如何变化。有限体积法只寻求网格节点上的特征变量值，这与有限差分法类似；但是有限体积法在计算控制体积的积分时，必须假定特征变量值在网格点之间的分布，这又与有限单元法类似。在有限体积法中，插值函数只用于计算控制体积的积分，得出离散方程之后，便不再使用。

有限体积法是目前流动和传热问题中最有效的数值计算方法，在 CFD 领域得到了广泛的应用，绝大多数的 CFD 软件都采用了有限体积法。

2. 有限体积法原理

有限体积法是目前 CFD 领域广泛使用的离散化方法，其特点不仅表现在对控制方程的离散化上，还表现在对所使用的网格上，因此，下面除了介绍有限体积法的基本原理外，还会讨论有限体积法的区域离散。

(1)有限体积法的基本原理

有限体积与有限差分法和有限元法一样，也需要对计算域进行离散，将其分割成有限大小的离散网格。在有限体积法中每一个网格节点按一定的方式形成一个包围该节点的控制容积 ΔV。

有限体积法的关键步骤为：将控制方程(通用形式)在控制容积内进行积分：

$$\int_{\Delta V} \frac{\partial(\rho\varphi)}{\partial t}\mathrm{d}V + \int_{\Delta V} \mathrm{div}(\rho \boldsymbol{u}\varphi)\mathrm{d}V = \int_{\Delta V} \mathrm{div}(\Gamma \cdot \mathrm{grad}\varphi)\mathrm{d}V + \int_{\Delta V} S\mathrm{d}V \tag{3.19}$$

利用奥氏定理或者高斯散度定理，将式(3.19)中的对流量(等号左边第二项)和扩散项(等号右边第一项)的体积积分转化为关于控制体积 ΔV 表面 A 上的面积分。

高斯散度定理表述为：对某矢量 $\boldsymbol{a}$ 散度的体积积分可以写为

$$\int_{\Delta V} \mathrm{div}\boldsymbol{a}\,\mathrm{d}V = \int_{A} \boldsymbol{n} \cdot a\,\mathrm{d}A \tag{3.20}$$

式中，$\boldsymbol{n}$ 为控制容积表面外法线方向的单位矢量。

奥氏定理表述为

$$\int_{\Delta V} \left(\frac{\partial P}{\partial x} + \frac{\partial Q}{\partial y} + \frac{\partial R}{\partial z}\right)\mathrm{d}V = \int_{A} P\mathrm{d}y\mathrm{d}z + Q\mathrm{d}z\mathrm{d}x + R\mathrm{d}x\mathrm{d}y \tag{3.21}$$

式(3.21)左边体积分的被积函数正是矢量 $\boldsymbol{a}=P\boldsymbol{i}+Q\boldsymbol{j}+R\boldsymbol{k}$ 的散度表达式。

利用式(3.20)可将式(3.19)改写成

$$\int_{\Delta V} \frac{\partial(\rho\varphi)}{\partial t}\mathrm{d}V + \int_{A} \boldsymbol{n} \cdot (\rho \boldsymbol{u}\varphi)\mathrm{d}A = \int_{A} \boldsymbol{n} \cdot (\Gamma \cdot \mathrm{grad}\varphi)\mathrm{d}A + \int_{\Delta V} S\mathrm{d}V \tag{3.22}$$

式中各项的物理意义为：左边第一项表示特征变量 φ 在控制容积内随时间的变化量，而左边第二项表示在控制容积内由于边界对流引起的特征变量 φ 的净减少量；右边第一项表示在控制容积内由于边界扩散引起的特征变量 φ 的净增加量，而右边第二项表示特征变量 φ 在控制容积内源产生的量。

对于稳态问题，由于时间相关项等于零，因此式(3.22)可写为

$$\int_{A} \boldsymbol{n} \cdot (\rho \boldsymbol{u}\varphi)\mathrm{d}A = \int_{A} \boldsymbol{n} \cdot (\Gamma \cdot \mathrm{grad}\varphi)\mathrm{d}A + \int_{\Delta V} S\mathrm{d}V \tag{3.23}$$

对于瞬态问题，还需要在时间间隔 Δt 内对式(3.23)进行积分，以表明从 t 时间到 $t+\Delta t$ 时刻，特征变量 φ 仍保持其守恒性。

$$\int_{\Delta t}\left(\int_{\Delta V} \frac{\partial(\rho\varphi)}{\partial t}\mathrm{d}V\right)\mathrm{d}t + \int_{\Delta t}\int_{A} \boldsymbol{n} \cdot (\rho \boldsymbol{u}\varphi)\mathrm{d}A\,\mathrm{d}t = \int_{\Delta t}\int_{A} \boldsymbol{n} \cdot (\Gamma \cdot \mathrm{grad}\varphi)\mathrm{d}A\,\mathrm{d}t + \int_{\Delta t}\int_{\Delta V} S\mathrm{d}V\mathrm{d}t \tag{3.24}$$

(2)有限体积法的区域离散

区域离散的实质就是用有限个离散点来代替原来的连续空间，生成计算网格。有限体积法的区域离散实施过程为：将计算域划分为多个互不重叠的子域，然后确定每个子域中的节点位置及该节点所代表的控制体积。在区域离散化过程中，通常会产生以下四种几何要素：

(1)节点：需要求解的未知物理量的几何位置。

(2)控制容积:应用控制方程或者守恒定律的最小集合单位。

(3)界面:它规定了各节点相对应的控制容积分界面位置。

(4)网格线:连接相邻两节点而形成的曲线簇。

节点通常是控制容积的代表,在离散化过程中,将一个控制容积上的物理量定义并存储在该节点处。

3. 一维稳态问题的有限体积法

(1)问题描述

一维稳态对流扩散问题控制方程的通用形式为

$$\frac{\mathrm{d}}{\mathrm{d}x}(\rho u\varphi)=\frac{\mathrm{d}}{\mathrm{d}x}\left(\Gamma\frac{\mathrm{d}\varphi}{\mathrm{d}x}\right)+S \tag{3.25}$$

式中 φ——任意场变量;

Γ——广义扩散系数;

S——广义源项;

u——φ 在 x 方向的流动速度,且满足连续性方程:

$$\frac{\mathrm{d}}{\mathrm{d}x}(\rho u)=0 \tag{3.26}$$

其中 ρ——流体密度;

u——在推导过程中可认为是已知值。

(2)生成计算网格

一维稳态问题的有限体积法计算网格如图 3.1 所示。

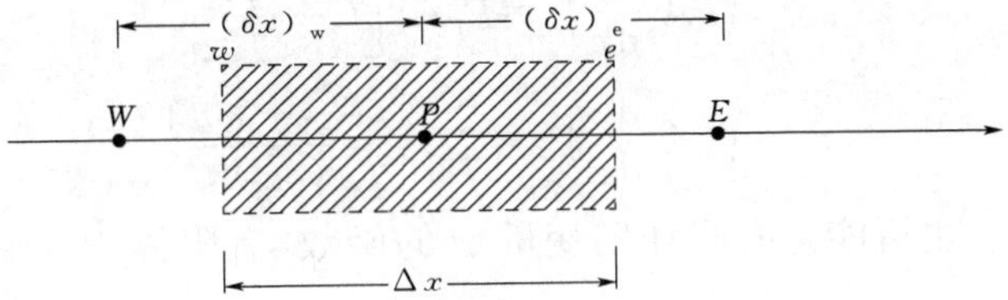

图 3.1 一维问题的计算网格

有限体积法的第一步是将整个计算区域划分为离散的控制体积,如图 3.1,P 表示任意一个节点,其东、西两个相邻的节点分别用 E 和 W 表示,同时,与各节点对应的控制体积也用相同字符表示。E 点或 W 点至 P 点的距离分布定义为 $(\delta x)_e$ 和 $(\delta x)_w$。控制容积 P 的东西两个界面分别用 e 和 w 表示,控制容积的长度为 Δx。

(3)建立离散方程

有限体积法是利用控制容积积分来实现方程的离散。在图 3.1 所示的控制容积 P 内对控制方程进行积分,有

$$\int_{\Delta V}\frac{\mathrm{d}}{\mathrm{d}x}(\rho u\varphi)\,\mathrm{d}V=\int_{\Delta V}\frac{\mathrm{d}}{\mathrm{d}x}\left(\Gamma\frac{\mathrm{d}\varphi}{\mathrm{d}x}\right)\mathrm{d}V+\int_{\Delta V}S\,\mathrm{d}V \tag{3.27}$$

同理,对连续性方程积分,有

$$\int_{\Delta V}\frac{\mathrm{d}}{\mathrm{d}x}(\rho u)\,\mathrm{d}V=0 \tag{3.28}$$

由奥氏定理，式(3.26)可写成：

$$(\rho u\varphi A)_{\mathrm{e}}-(\rho u\varphi A)_{\mathrm{w}}=\left(\Gamma A\frac{\mathrm{d}\varphi}{\mathrm{d}x}\right)_{\mathrm{e}}-\left(\Gamma A\frac{\mathrm{d}\varphi}{\mathrm{d}x}\right)_{\mathrm{w}}+\overline{S}\Delta V \tag{3.29}$$

同理

$$(\rho uA)_{\mathrm{e}}-(\rho uA)_{\mathrm{w}}=0 \tag{3.30}$$

式中 A——控制容积界面(积分方向)的面积；

ΔV——控制容积的体积；

$\overline{S}$——源项在控制容积中的平均值。

要得到上面表达式的具体形式，需要知道扩散系数 Γ、场变量 φ 以及$\dfrac{\mathrm{d}\varphi}{\mathrm{d}x}$在控制容积东西边界上的值，而这些值可以由相邻节点上的相应值通过插值运算求出。显然，线性插值是最简单的一种计算方式，对于均匀网格，线性插值的结果为

$$\varphi_{\mathrm{e}}=\frac{\varphi_{\mathrm{P}}+\varphi_{\mathrm{L}}}{2}\varphi_{\mathrm{w}}=\frac{\varphi_{\mathrm{P}}+\varphi_{\mathrm{w}}}{2}$$

$$\left(\frac{\mathrm{d}\varphi}{\mathrm{d}x}\right)_{\mathrm{e}}=\left(\frac{\Delta\varphi}{\Delta x}\right)_{\mathrm{e}}=\frac{\varphi_{\mathrm{E}}-\varphi_{\mathrm{P}}}{(\delta x)_{\mathrm{e}}},\left(\frac{\mathrm{d}\varphi}{\mathrm{d}x}\right)_{\mathrm{w}}=\left(\frac{\Delta\varphi}{\Delta x}\right)_{\mathrm{w}}=\frac{\varphi_{\mathrm{P}}-\varphi_{\mathrm{w}}}{(\delta x)_{\mathrm{w}}}$$

因此有：

$$\begin{aligned}
(\rho u\varphi A)_{\mathrm{e}}&=(\rho u)_{\mathrm{e}}A_{\mathrm{e}}\frac{\varphi_{\mathrm{P}}+\varphi_{\mathrm{L}}}{2}\\
(\rho u\varphi A)_{\mathrm{w}}&=(\rho u)_{\mathrm{w}}A_{\mathrm{w}}\frac{\varphi_{\mathrm{P}}+\varphi_{\mathrm{w}}}{2}\\
\left(\Gamma A\frac{\mathrm{d}\varphi}{\mathrm{d}x}\right)_{\mathrm{e}}&=\Gamma_{\mathrm{e}}A_{\mathrm{e}}\left[\frac{\varphi_{\mathrm{E}}-\varphi_{\mathrm{P}}}{(\delta x)_{\mathrm{e}}}\right]\\
\left(\Gamma A\frac{\mathrm{d}\varphi}{\mathrm{d}x}\right)_{\mathrm{w}}&=\Gamma_{\mathrm{w}}A_{\mathrm{w}}\left[\frac{\varphi_{\mathrm{P}}-\varphi_{\mathrm{w}}}{(\delta x)_{\mathrm{w}}}\right]
\end{aligned} \tag{3.31}$$

源项可能是常数，也可能是时间和场变量 φ 的函数，有限体积法通常将源项线性化处理，即设

$$\overline{S}\Delta V=S_{\mathrm{C}}+S_{\mathrm{P}}\varphi_{\mathrm{P}} \tag{3.32}$$

式中 S_{C}——常数；

S_{P}——随时间和场变量 φ 变化的函数。

将式(3.31)和式(3.32)代入方程(3.29)得

$$(\rho u)_{\mathrm{e}}A_{\mathrm{e}}\frac{\varphi_{\mathrm{P}}+\varphi_{\mathrm{L}}}{2}-(\rho u)_{\mathrm{w}}A_{\mathrm{w}}\frac{\varphi_{\mathrm{P}}+\varphi_{\mathrm{w}}}{2}=\Gamma_{\mathrm{e}}A_{\mathrm{e}}\left[\frac{\varphi_{\mathrm{E}}-\varphi_{\mathrm{P}}}{(\delta x)_{\mathrm{e}}}\right]-\Gamma_{\mathrm{w}}A_{\mathrm{w}}\left[\frac{\varphi_{\mathrm{P}}-\varphi_{\mathrm{w}}}{(\delta x)_{\mathrm{w}}}\right]+S_{\mathrm{C}}+S_{\mathrm{P}\varphi_{\mathrm{P}}} \tag{3.33}$$

为了书写方便，令 $F=(\rho u)A$，$D=\dfrac{\Gamma A}{\delta x}$，则有

$$F_{\mathrm{e}}=(\rho u)_{\mathrm{e}}A_{\mathrm{e}},F_{\mathrm{w}}=(\rho u)_{\mathrm{w}}A_{\mathrm{w}}$$

$$D_{\mathrm{e}}=\frac{\Gamma_{\mathrm{e}}A_{\mathrm{e}}}{(\delta x)_{\mathrm{e}}},D_{\mathrm{w}}=\frac{\Gamma_{\mathrm{w}}A_{\mathrm{w}}}{(\delta x)_{\mathrm{w}}}$$

式(3.33)可以改写为

$$F_e\frac{\varphi_P+\varphi_L}{2}-F_w\frac{\varphi_P+\varphi_w}{2}=D_e(\varphi_E-\varphi_P)-D_w(\varphi_P-\varphi_w)+(S_C+S_{P\varphi_P}) \tag{3.34}$$

按节点场变量整理，有

$$\left[\left(D_w-\frac{F_w}{2}\right)+\left(D_e-\frac{F_e}{2}\right)-S_P\right]\varphi_P=\left(D_w+\frac{F_w}{2}\right)\varphi_w+\left(D_e-\frac{F_e}{2}\right)\varphi_E+S_C \tag{3.35}$$

将方程中各节点场变量系数归一化处理，写成

$$a_P\varphi_P=a_w\varphi_w+a_E\varphi_E+S_C \tag{3.36}$$

式中

$$a_P=a_w+a_E+\Delta F-S_P$$

$$a_w=D_w+\frac{F_w}{2},a_E=D_e+\frac{F_e}{2}$$

$$\Delta F=F_e-F_w$$

式(3.36)即为一维稳态对流扩散方程(3.25)的离散方程，对所有节点均可列出对应的离散方程，最后得到一组离散方程组，将得到的离散方程组进行求解，就可以获得场变量 φ 在各节点处的值。而对于在计算域边界处的控制容积上的积分，则还需要根据边界条件对各项系数进行修正。

4. 离散格式选择

采用有限体积法建立离散方程时，控制界面处的场变量及其导数值可通过节点上的相应值由插值运算求出，引入插值运算的目的是建立离散方程，插值方式不同，获得的离散结果也不同，因此插值方式又称为离散格式。

采用有限元体积法对控制方程进行离散时，计算控制容积界面处的场变量及其导数均采用近似公式。这是由于离散方程中要用到控制容积界面处的参数值，却又无法准确给出，从而近似的采用相邻节点处的变量值表示。研究表明，采用中心插分格式近似计算扩散方程中控制容积界面处的变量值似乎未在数值解和解析解之间产生很大的差别。即使当离散网格划分得比较粗糙时也是如此。但在包含对流项的对流扩散问题的离散方程计算中，某些计算参数条件下的数值计算结果不是很合理，网格加密后才使数值解接近解析解。当然，正确的数值计算方法应该在网格数无限增大时收敛于精确解，但实际计算中通常只能采用有限的网格系统。在计算机容量的限制下，有时还不得不采用粗糙的网格系统。为了在有限的计算机资源条件下获得更准确的数值解，需要更深层次的分析离散格式。

实际上，从物理概念来分析流体流动和传热问题的离散方程与控制容积界面变量的近似计算公式，应当满足三个重要特征：守恒性、有界性、运输性。

(1)守恒性

对流扩散问题的控制方程在控制容积中积分产生一组离散方程，离散方程中场变量 φ 在控制容积界面处的流动性必须满足守恒性。无论是 φ 的扩散流量还是 φ 的对流量，其守恒性都应当满足，这样才能使整个求解区域的守恒性得到满足。具体来讲，就是场变量 φ 的流动在离开某控制容积界面处的流量(扩散量和对流量)应该等于通过该界面进入相邻控制容积的流量。

(2)有界性

任意近似格式(离散格式)推导出的离散方程都是一组代数方程。当方程为非线性方

程时，求解代数方程必然要用迭代方法。首先假设一个场变量的分布，然后由代数方程迭代求解，直到获得收敛解。扩散问题和对流问题的有限体积法离散方程可写成如下统一的形式，即

$$\begin{aligned} a_{\mathrm{P}}\varphi_{\mathrm{P}} &= \sum a_{\mathrm{nb}}\varphi_{\mathrm{nb}} + S_{\mathrm{C}} \\ a_{\mathrm{P}} &= \sum a_{\mathrm{nb}} - S'_{\mathrm{P}} \end{aligned} \tag{3.37}$$

扩散问题中，$S_{\mathrm{C}}=S'_{\mathrm{P}}$，对流扩散问题中 $S'_{\mathrm{P}}=-(\Delta F-S_{\mathrm{P}})$。美国学者 Scarborough（1985 年）提出了由离散方程系数判断上述方程组是否收敛于一个和理解的充分条件，即

$$\frac{\sum |a_{\mathrm{nb}}|}{\sum |a_{\mathrm{P}}|} \leqslant 1\text{（在所有节点处）} \tag{3.38}$$

$$\frac{\sum |a_{\mathrm{nb}}|}{\sum |a_{\mathrm{P}}|} < 1\text{（至少在一个节点处）} \tag{3.39}$$

式(3.38)与式(3.39)这就是有界性判据。

一般来讲，有界性判据要求离散方程中所有的系数保持同一符号（通常为正），这在物理意义上隐含着要求某一节点上的场变量 φ 的存在会使相邻节点场变量的值增加。如果离散方程推导过程中采用的插分格式不能使方程系数满足有界性判据，则在求解方程组时可能得不到收敛解，或者即使得到了也是一个不合理的震荡解。

(3)运输性

场变量在求解域中某点的流动特性事实上可以用离散后的求解域中的参数来描述。Roache 提出，网格或单元的 Peclet 数可以用来度量某点处的 φ 对流和扩散的强度比例。网格 Peclet 数定义为

$$P_{\mathrm{e}}=\frac{F}{D}=\frac{\rho u}{\Gamma/\delta x} \tag{3.40}$$

网格 Peclet 数越大，上游节点 φ 值对下游节点的影响越大，下游节点对上游节点的影响越小。当 $P_{\mathrm{e}}=0$ 时，上游节点对下游节点的影响与下游节点对上游节点的影响一样。

离散格式决定了对控制界面上物理量的插值方式，因此，对计算结果也有很大的影响。常用的离散格式有中心差分格式、一阶迎风格式、混合格式、指数格式和乘方格式等一阶离散格式，还有二阶迎风格式、QUICK 格式等高阶离散格式。限于篇幅，书中不展开讨论。有兴趣的读者可以查阅相关的书籍、论文。

3.1.4　Fluent 软件湍流模型

湍流流动是一种高度非线性的复杂流动，但人们已经能够通过某些数值方法对湍流进行模拟，取得与实际比较吻合的结果。本节拟对湍流的各种数值模拟方法作简要介绍。

高速列车通过隧道的过程中，洞内外气体为紊流运动。紊流运动是一种高度非线性的复杂流动，但是目前人们已经通过某些数值方法对紊流进行模拟，且结果与实际比较吻合。

总体而言，目前的紊流数值模拟方法可以分为直接数值模拟和非直接数值模拟。直接数值模拟方法是指直接求解瞬时紊流控制方程；而非直接数值模拟方法就是不直接计算紊

流的脉动性质，而是设法对紊流作某种程度的近似和简化处理。根据所采用的近似和简化方法不同，非直接数值模拟可以分为大涡模拟、统计平均法和 Reynolds 平均法等。

从流动实验可以观察到，当雷诺数小于临界值时，流动平滑且相邻的流体层以有序的形式相互滑过。如果施加的边界条件不随时间变化，则流动是稳定的，这种流动称为层流。当雷诺数大于它的临界值时，将发生一系列复杂的变化，最终导致流动特征的本质变化，流动呈无序的混乱状态。即使边界条件保持不变，流动也是不稳定的，速度和其他流动变量以随机的方式变化，这种状态称为紊流。

研究表明，紊流具有漩涡流动的结构，这就是所谓的湍流涡，简称涡。从物理结构上看，紊流可以被看成是由各种不同尺度的涡叠加而成的流动，这些涡的大小及旋转轴的方向是随机的。大尺度的涡主要由流动的边界条件所决定，其尺寸可与流动的大小相比拟，它主要受惯性影响而存在，是引起低频脉动的原因；小尺度的涡主要是由黏性力决定，其尺寸可能只有流动尺度的千分之一的量级，是引起高频脉动的原因。大尺度的涡破裂后形成小尺度的涡。在充分的紊流区域内，涡的尺度可以在相当宽的范围连续变化。大尺度的涡不断地从主流获得能量，通过涡间的相互作用，能量逐渐向小尺度涡传递。最后由于流体黏性的作用，小尺度的涡不断消失，机械能就转化（或耗散）为流体的热能。同时由于边界、扰动及速度梯度的作业，新的涡又不断产生，这样就构成了紊流运动。体内不同尺度的涡的随机运动造成了紊流的一个重要特点——流动变量的脉动。

统计平均法是基于紊流相关函数的统计理论，主要用相关函数及谱分析的方法来研究紊流结构，统计理论主要涉及小尺度涡的流动，这种方法在工程中应用并不广泛。下面介绍几种常见的紊流模型。

湍流数值模拟的模拟方法如图 3.2 所示。

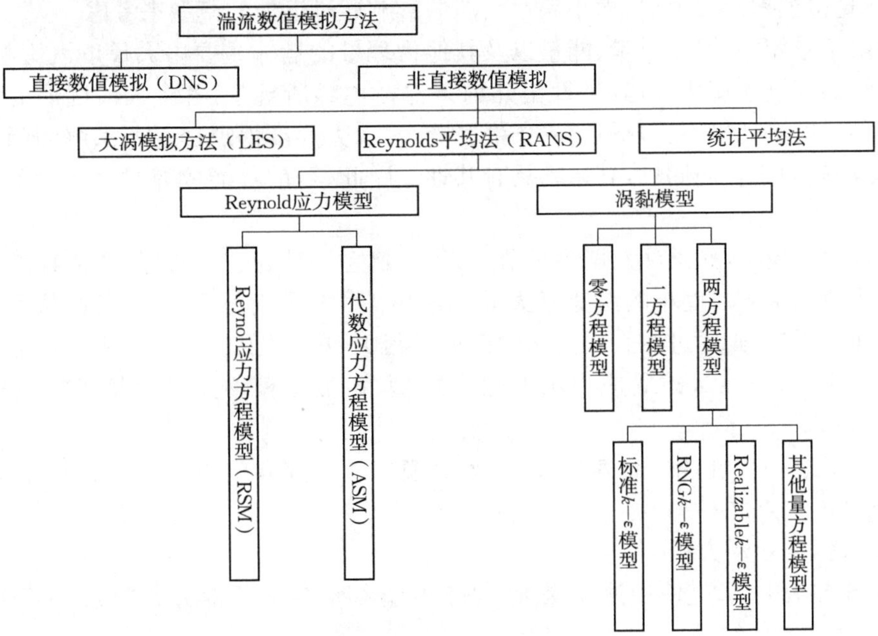

图 3.2 三维湍流数值模拟方法及相应的湍流模型

1. 直接数值模拟(DNS)简介

直接数值模拟(direct numerical simulation，DNS)方法就是直接用瞬时的 Navier－Stokes 方程对湍流进行计算。DNS 的最大好处是无须对湍流流动作任何简化或近似，理论上可以得到相对准确的计算结果。

但是，实验测试表明，在一个 $0.1\times0.1\ m^2$ 大小的流动区域内，在高 Reynolds 数的湍流中包含尺度为 10～100 μm 的涡，要描述所有尺度的涡，则计算的网格节点数将高达 10^9～10^{12}。同时，湍流脉动的频率约为 10 kHz，因此，必须将时间的离散步长取为 10 μs 以下。在如此微小的空间和时间步长下，才能分辨出湍流中详细的空间结构及变化剧烈的时间特性。对于这样的计算要求，现有的计算机能力还是比较困难的。DNS 对内存空间及计算速度的要求非常高，目前还无法用于真正意义上的工程计算，但大量的探索性工作正在进行中。随着计算机技术，特别是并行计算技术的飞速发展，有可能在不远的将来，将这种方法用于实际工程计算。

2. 大涡模拟(LES)

在湍流状态下，所分析的流场中包含有一系列大大小小的涡团，涡的尺度范围相当宽广。为了模拟湍流流动，一方面要求计算区域的尺度应大到足以包含紊流运动中出现的最大涡，另一方面要求计算网格的尺度小到足以分辨最小涡的运动。然而，就目前的计算机能力而言，能够采用的计算网格最小尺度仍比最小涡的尺度大许多。因此，目前只能放弃对全尺度范围上涡的运动模拟，而只将比网格尺度大的紊流运动通过 Navier—Stokes 方程直接计算出来，对于小尺度的涡对大尺度运动的影响则通过建立模型来模拟，从而形成目前的大涡模拟法(large eddy simulation，LES)。

LES 方法的基本思想可以概括为：用瞬时的 Navier－Stokes 方程直接模拟紊流中的大尺度涡，不直接模拟小尺度涡，而小涡对大涡的影响通过近似的模型来考虑。

因为由于系统中动量、质量、能量以及其他物理量的运输主要由大尺度涡影响，大尺度涡与所求解的问题密切相关，其特性由几何条件及边界所规定，各个大尺度涡的结构互不相同。而小尺度涡几乎不受几何边界条件影响，不像大尺度涡那样对所求解的问题密切相关，小尺度涡趋向于各向同性，其运动具有共性。因此，目前只能放弃对全尺寸范围上涡的瞬态模拟。

要实现大涡模拟，必须注意两个环节。第一，建立一种滤波函数，从紊流瞬态运动方程中将尺度比滤波函数尺度小的涡滤掉从而分解出描写大涡流场的运动方程，从而滤掉小涡对大涡运动的影响，则通过在大涡流场的运动方程中引入附加应力来反应。该应力项称为亚格子尺度应力。第二，建立应力项的数学模型，该数学模型又称亚格子尺度模型(sub grid scale model，SGS)。

随着计算机硬件性能的迅速提高，对大涡模拟的研究和应用呈现明显上升趋势，是目前 CFD 领域的热点之一。

(1)小大涡的运动方程

在 LES 方法中，通过使用滤波函数，每个变量都被分成两部分。例如，对于瞬时变量 ϕ，有：

①大尺度的平均分量 $\overline{\phi}$。该部分称为滤波后的变量，是在 LES 模拟时直接计算的

部分。

②不尺度分量 ϕ'。该部分是需要通过模型来表示的。

注意:这里的平均分量 $\overline{\phi}$ 是滤波后得到的变量,它不是在时间域上的平均,而是在空间域上的平均。滤波后的变量 $\overline{\phi}$ 可通过式(3.41)得到。

$$\overline{\phi}=\int_D \phi G(x,x')\mathrm{d}x' \tag{3.41}$$

式中,D 是流动区域;x'是实际流动区域中的空间坐标;x 是滤波后的大尺度空间上的空间坐标;$G(x,x')$是滤波函数。$G(x,x')$决定了所求解的涡的尺度,即将大涡与小涡划分开来。也即是说,$\overline{\phi}$ 只保留了 ϕ 在大于滤波函数$G(x,x')$宽度的尺度上的可变性。$G(x,x')$的表达式有多种选择,但有限体积法的离散过程本身就隐含地提供了滤波功能,即在一个控制体积上对物理量取平均值,因此,这里采用如下的表达式:

$$G(x,x')=\begin{cases}1/V,x'\in V\\0,x'\notin V\end{cases} \tag{3.42}$$

其中,V 是表示控制体积所占几何空间的大小。这样,式(3.41)可以写成

$$\overline{\phi}=\frac{1}{V}\int_D \phi\,\mathrm{d}x' \tag{3.43}$$

现在,用式(3.41)表示的滤波函数处理瞬时状态下的 Navier—Stokes 方程及连续方程,有:

$$\frac{\partial}{\partial t}(\rho\overline{u}_i)+\frac{\partial}{\partial x_j}(\rho\overline{u}_i\overline{u}_j)=-\frac{\partial\overline{P}}{\partial x_i}+\frac{\partial\sigma_{ij}}{\partial x_j}-\frac{\partial\tau_{ij}}{\partial x_j} \tag{3.44}$$

式中,$\overline{u}_i$ 或 $\overline{u}_j$ 为流场速度,代表 u、v、w 三个坐标方向的速度分量;x_i 或 x_j 是三个坐标,代表 x、y、z 三个坐标分量;$\overline{P}$ 为压力;ρ 为空气密度;t 为时间;

σ_{ij} 为层流粘度,定义如下:

$$\sigma_{ij}\equiv\left[\mu\left(\frac{\partial\overline{u}_i}{\partial x_j}+\frac{\partial\overline{u}_j}{\partial x_i}\right)\right]-\frac{2}{3}\mu\frac{\partial\overline{u}_i}{\partial x_i}\delta_{ij} \tag{3.45}$$

其中,δ_{ij} 为克罗内克符号,当 $i=j$ 时,$\delta_{ij}=1.0$,当 $i\neq j$ 时,$\delta_{ij}=0.0$;μ 为空气粘度。

式(3.44)和式(3.45)就构成了在 LES 方法中使用的控制方程组,注意这完全是瞬时状态下的方程。式中带有上画线的量为滤波后的场变量。

$$\tau_{ij}=\rho\overline{u}_i\overline{u}_i-\rho\overline{u}_j\overline{u}_j \tag{3.46}$$

τ_{ij} 被定义为亚格子尺度应力(sub grid-scale sreese,SGS 应力),它体现了小尺度涡的运动对所求解的运动方程的影响。

比较发现,滤波后的 Navier—Stokes 方程(3.44)的变量仍为瞬时值,而非时均值。

由于 SGS 应力是未知量,要想使式(3.44)和式(3.46)构成的方程组可解,必须用相关物理量来构造 SGS 应力的数学表达式,即亚格子尺度模型。下面将介绍生成这一模型的方法。

(2)亚格子尺度模型

SGS 模型是关于 SGS 应力 τ_{ij} 的表达式,建立该模型的目的是使式(3.44)和式(3.46)封闭。

SGS模型在 LES 方法中占有十分重要的地位，最早的也是最基本的模型是由 Smagorinsky 提出，后来有多位学者发展了该模型，与 FLUENT 中使用的 Smagorinsky－Lilly 模型非常接近。

根据 Smagorinsky 的基本 SGS 模型，假定 SGS 应力具有下面的形式：

$$\tau_{ij}-\frac{1}{3}\tau_{\mathrm{kk}}\delta_{ij}=-2\mu_{\mathrm{t}}\overline{S}_{ij} \tag{3.47}$$

式中，μ_t是亚格子尺度的湍动粘度，推荐用式(3.48)计算。

$$\mu_{\mathrm{t}}=(C_{\mathrm{S}}\Delta)^2|\overline{S}| \tag{3.48}$$

其中

$$\overline{S}_{ij}=\frac{1}{2}\left(\frac{\partial\overline{u}_i}{\partial x_j}+\frac{\partial\overline{u}_j}{\partial x_i}\right)|\overline{S}|=\sqrt{2\overline{S}_{ij}\overline{S}_{ij}}\,\Delta=(\Delta_x\Delta_y\Delta_z)^{1/3} \tag{3.49}$$

式中，Δ_i 代表沿 i 轴方向的网格尺寸，C_{S} 是 Smagorinsky 常数。理论上，C_{S} 通过 Kolmogorov 常数 C_{K} 来计算，即 $C_{\mathrm{S}}=\frac{1}{\pi}\left(\frac{3}{2}C_{\mathrm{K}}\right)^{3/4}$。当 $C_{\mathrm{K}}=1.5$ 时，$C_{\mathrm{S}}=0.17$。但实际应用表明，C_{S} 应取一个更小的值，以减小 SGS 应力的扩散影响。尤其是在近壁面处，该影响尤其明显。因此，Van Driest 模型建议按式(3.50)调整 C_{S}。

$$C_{\mathrm{S}}=C_{\mathrm{S0}}(1-\mathrm{e}^{y^+/A^+}) \tag{3.50}$$

式中，y^+ 是到壁面的最近距离，A^+ 是半经验常数，取 25.0。C_{S0} 是 Van Driest 常数，取 0.1。

(3)LES 控制方程的求解

通过 SGS 模型公式将 τ_{ij} 用相关的滤波后的场变量表示后，方程(3.44)(实际对应 3 个动量方程)与(3.46)构成封闭的方程组。在该方程组中，共包含 $\overline{u}$、$\overline{v}$、$\overline{w}$和$\overline{p}$ 4 个未知量，而方程数目正好是 4 个，可利用 CFD 的各种方法进行求解。

对 LES 的求解过程，补充说明如下：

(1)如果需要对能量或组分等进行计算，需要建立其他针对滤波后的标量型变量 $\overline{\phi}$ 的控制方程。方程中会出现 $\rho\overline{u_i\phi}-\rho\overline{u}_i\overline{\phi}$项。

(2) LES 方法在某种程度上属于直接数值模拟(DNS)，在时间积分方案上，应该选择具有至少二阶精度的 Crank－Nicolson 半隐式方案，或 Adams－ Bashforth 方案，甚至是混合方案。在基于有限体积法的空间离散格式上，为克服结果扩散，应选择具有至少二阶精度的离散格式，如 QUICK 格式、二阶迎风格式、四阶中心差分格式等。

(3)在计算网格的选择上，可使用交错网格、同位网格或非结构网格。

(4)与标准 $k-\varepsilon$ 模型等一样，LES 仍属于高 Re 数模型。当使用 LES 求解近壁面区内的低 Re 数流动时，同样需要使用壁面函数法或其他处理方式。

3. **分离涡模拟(DES)**

DES 是 LES 与 RANS 的结合，其处理方法是在边界层内采用 RANS 进行求解以减小对计算资源的消耗，而在其余空间由 LES 进行求解。DES 在降低计算资源(相对 LES)及更为精确地预测复杂的非稳态分离流动(相对 RANS)方面优势明显，且适合预测高雷诺数流动现象。基于 Realizable $k—\varepsilon$ 的 DES 方法所采用的增强壁面处理(enhanced wall treatment)使得数值计算时 RANS 与 LES 之间的过渡更为平滑，由于在湍流粘度方程中含有时均旋转效应项，该方法并不适用于计算域中同时存在旋转域与固定域的情形，但对只有固定域的情形较为适合。输运方程如式(3.51)及式(3.52)所示。

$$\frac{\partial}{\partial t}(\rho k)+\frac{\partial}{\partial x_j}(\rho k u_j)=\frac{\partial}{\partial x_j}\left[\left(\mu+\frac{\mu_t}{\sigma_k}\right)\frac{\partial k}{\partial x_j}\right]+G_k+G_b-\rho\epsilon-Y_M+S_k \tag{3.51}$$

$$\frac{\partial}{\partial t}(\rho\varepsilon)+\frac{\partial}{\partial x_j}(\rho\varepsilon u_j)=\frac{\partial}{\partial x_j}\left[\left(\mu+\frac{\mu_t}{\sigma_\epsilon}\right)\frac{\partial\varepsilon}{\partial x_j}\right]+\rho C_1 S\varepsilon-\rho C_2\frac{\varepsilon^2}{k+\sqrt{v\varepsilon}}+C_{1\varepsilon}\frac{\varepsilon}{k}C_{3\varepsilon}G_b+S_\varepsilon \tag{3.52}$$

其中，模型常数分别为 $C_{1\varepsilon}=1.44$，$C_2=1.9$，$\sigma_k=1.0$ 及 $\sigma_\epsilon=1.2$；模型湍流粘度 μ_t 由湍动能 k 及湍动能耗散率 ε 推导得出式(3.53)。

$$\mu_t=\rho C_\mu\frac{k^2}{\varepsilon} \tag{3.53}$$

除 k 方程的耗散项之外，另外一个耗散项定义如式(3.54)。

$$Y_k=\frac{\rho k^{\frac{3}{2}}}{l_{des}} \tag{3.54}$$

其中，$l_{des}=\min(l_{\tau ke},l_{les})$，$l_{\tau ke}=\frac{k^{\frac{3}{2}}}{\varepsilon}$，$l_{les}=C_{des}\Delta$。$\Delta$ 是$(\Delta x,\Delta y,\Delta z)$数值计算网格各方向最大网格间距。

4. Reynolds 平均法

多数观点认为，虽然瞬时 Navier—Stokes 方程可以用于描述紊流，但 Navier—Stokes 方程的非线性使得采用解析法精确描述三维瞬态问题非常困难，即使能真正获得这些细节，对于解决实际问题也没有太大意义。因为从工程应用来看，最重要的是紊流引起的平均流场的变化是一个整体的效果。因此，人们很自然地想到求解时均化的 Navier—Stokes 方程，而将瞬态的脉动量通过某种模型在时均化的方程中体现，由此产生了 Reynolds 平均法。Reynolds 平均法的核心是不直接求解瞬时的 Navier—Stokes 方程，而是求解时均化的 Reynolds 方程。这样，不仅可以减小计算量，而且对工程实际应用可以取得比较好的效果。

由于时均化的 Reynolds 方程被简称为 RANS，因此，Reynolds 平均法也称为 RANS 方法。

Reynolds 方程中有关于湍流脉动值的 Reynolds 应力项 $-\rho\overline{u_i'u_j'}$ 属于新的未知量。因此，要使方程组封闭，必须对 Reynolds 应力作出某种假定，即建立应力的表达式(或引入新的湍流模型方程)，通过这些表达式或湍流模型，把湍流的脉动值与时均值等联系起来。由于没有特定的物理定律可以用来建立湍流模型，所以目前的湍流模型只能以大量的实验观测结果为基础。

根据对 Reynolds 应力作出的假定或处理方式不同，目前常用的湍流模型有两大类：Reynolds 应力模型和涡粘模型。下面分别介绍这两类湍流模型。

(1)Reynolds 应力模型

在 Reynolds 应力模型方法中，直接构建表示 Reynolds 应力的方程。通常情况下，Reynolds 应力方程是微分形式的，称为 Reynolds 应力方程模型。若将 Reynolds 应力方程的微分形式简化为代数方程的形式，则称这种模型为代数应力方程模型。这样，Reynolds

应力模型包括 Reynolds 应力方程模型和代数应力方程模型。

(2)涡粘模型

在涡粘模型方法中，不直接处理 Reynolds 应力项，而是引入湍动粘度(turbulent viscosity)，或称涡粘系数(eddy viscosity)，然后把湍流应力表示成湍动粘度的函数，整个计算的关键在于确定这种湍动粘度。

湍动粘度的提出来源于 Boussinesq 提出的涡粘假定，该假定建立了 Reynolds 应力相对于平均速度梯度的关系，即

$$-\rho\overline{u'_i u'_j}=\mu_t\left(\frac{\partial u_i}{\partial x_j}+\frac{\partial u_j}{\partial x_i}\right)-\frac{2}{3}\left(\rho k+\mu_t\frac{\partial u_i}{\partial x_i}\right)\delta_{ij} \tag{3.55}$$

这里，μ_t 为湍动粘度，u_i 为时均速度，δ_{ij} 是"Kronecker delta"符号(当 $i=j$ 时，$\delta_{ij}=1$；当 $i\neq j$ 时，$\delta_{ij}=0$)，k 为湍动能(turbulent kinetic energy)：

$$k=\frac{\overline{u'_i u'_j}}{2}=\frac{1}{2}(\overline{u'^2}+\overline{v'^2}+\overline{u'^2}) \tag{3.56}$$

湍动粘度 μ_t 是空间坐标的函数，取决于流动状态，而不是物性参数。在第 1 章中因分子粘性而引入的流体动力粘度用 μ 表示，μ 是物性参数。这里的下标 t 表示湍流流动的意思。

由上可见，引入 Boussinesq 假定以后，计算湍流流动的关键就在于如何确定 μ_t。这里所谓的涡粘模型，就是把 μ_t 与湍流时均参数联系起来的关系式。依据确定的微分方程数的多少，涡粘模型包括：

零方程模型、一方程模型和两方程模型。

目前两方程模型在工程中使用最为广泛，最基本的两方程模型是标准 k—ε 模型，即分别引入关于湍动能 k 和耗散率 ε 的方程。此外，还有各种改进的 k—ε 模型，比较著名的是 RNGk—ε 模型和 Realizable$k$—ε 模型。对此，将在下一小节介绍。

与标准 k—ε 模型一样，RSM 也属于高 Re 数的湍流计算模型，在固体壁面附近，由于分子黏性的作用，湍流脉动受到阻尼影响，Re 数很小，上述方程不再适用。因而，要么用壁面函数法，要么用低 Re 数的 RSM 来处理近壁面区的流动计算问题。

关于低 Re 数的 RSM，目前有多个版本，其基本思想是修正高 Re 数 RSM 中耗散函数(扩散项)及压力应变重新分配项的表达式，以使 RSM 模型方程可以直接应用到壁面上。

由上述方法建立的对压力应变项等的计算公式可以看出，尽管 RSM 比 k—ε 模型应用范围广并且包含更多的物理机理，但它仍有很多缺陷。计算实践表明，RSM 虽能考虑各向异性效应，但并不一定比其他模型效果好，在计算突扩流动分离区和计算湍流输运各向异性较强的流动时，RSM 优于双方程模型，但对于一般的回流流动，RSM 的结果并不一定比 k—ε 模型好。另一方面，就三维问题而言，采用 RSM 意味着要多求解 6 个 Reymolds 应力的微分方程，计算量大，对计算机的要求高。因此，RSM 不如 k—ε 模型应用更广泛，但许多文献认为 RSM 是一种更有潜力的湍流模型。

5. 标准 k—ε 模型

标准 k—ε 模型是典型的两方程模型，是在一方程模型的基础上，新引入一个关于湍流耗散率 ε 的方程后形成的。该模型是目前使用最泛的湍流模型。

标准 k—ε 模型由 Launder 和 Spalding 提出，模型本身具有的稳定性、经济性和比较高的计算精度使其成为湍流模型中应用范围最广、也最为人熟知的一个模型。标准 k—ε 模型通过求解湍流动能(k)方程和湍流耗散率(ε)方程，得到 k 和 ε 的解，然后再用 k 和 ε 的值计算湍流粘度，最终通过 Boussinesq 假设得到雷诺应力的解。虽然得到了最广泛的使用，但因为标准 k—ε 模型假定湍流为各向同性的均匀湍流，在旋流(swirl flow)等非均匀湍流问题的计算中存在较大误差，因此后来又发展出很多 k—ε 模型的改进模型，其中包括 RNG(重整化群)k—ε 模型和 Realizable(现实)k—ε 模型等衍生模型。

在模型中，表示湍动耗散率(turbulent dssipation rate)的 ε 被定义为

$$\varepsilon=\frac{\mu}{\rho}\overline{\left(\frac{\partial u_i'}{\partial x_k}\right)\left(\frac{\partial u_i'}{\partial x_k}\right)} \tag{3.57}$$

湍动粘度 μ_t 可表示成 k 和 ε 的函数，即

$$\mu_t=\rho C_\mu\frac{k^2}{\varepsilon} \tag{3.58}$$

其中，C_μ 为经验常数，稍后给出。

在标准 k—ε 模型中，k 和 ε 是两个基本未知量，与之相对应的输运方程为

$$\frac{\partial(\rho k)}{\partial t}+\frac{\partial(\rho k u_i)}{\partial x_i}=\frac{\partial}{\partial x_i}\left[\left(\mu+\frac{\mu_i}{\sigma_k}\right)\frac{\partial k}{\partial x_j}\right]+G_k+G_b-\rho\varepsilon-Y_M+S_k \tag{3.59}$$

$$\frac{\partial(\rho\varepsilon)}{\partial t}+\frac{\partial(\rho\varepsilon u_i)}{\partial x_i}=\frac{\partial}{\partial x_j}\left[\left(\mu+\frac{\mu_i}{\sigma_\varepsilon}\right)\frac{\partial\varepsilon}{\partial x_j}\right]+G_{1\varepsilon}\frac{\varepsilon}{k}(G_k+C_{3\varepsilon}G_b)-G_{2\varepsilon}\rho\frac{\varepsilon^2}{k}+S_\varepsilon \tag{3.60}$$

式中，G_k 是由于平均速度梯度引起的湍动能 k 的产生项，G_b 是由于浮力引起的湍动能 k 的产生项，Y_M 代表可压湍流中脉动扩张的贡献，$C_{1\varepsilon}$、$C_{2\varepsilon}$ 和 $C_{3\varepsilon}$ 为经验常数，σ_k 和 σ_ε 分别是与湍动能 k 和耗散率 ε 对应的 Prandtl 数，S_k 和 S_ε 是用户定义的源项。

6. RNGk—ε 模型

RNGk—ε 模型在形式上类似于标准 k—ε 模型，但是在计算功能上强于标准 k—ε 模型，其改进措施主要有：

(1)在 ε 方程中增加了一个附加项，使得在计算速度梯度较大的流场时精度更高。

(2)模型中考虑了旋转效应，对强旋转流动计算精度也得到提高。

(3)模型中包含了计算湍流 Prandtl 数的解析公式，而不像标准 k—ε 模型仅用用户定义的常数。

(4)标准 k—ε 模型是一个高雷诺数模型，而重整化群 k－ε 模型在对近壁区进行适当处理后可以计算低雷诺数效应。

7. 紊流模型总结

本节从数值模拟的角度出发，分析了湍流流动的主要特征，介绍了常用的几种湍流模型。对于不同的湍流模拟方法和湍流模型，各有其适用场合。从应用的普遍性上看，基于 Reynolds 平均法的 k—ε 模型应用最为广泛。而 Reynolds 应力模型在理论上比 k—ε 模型更完善，也曾经被许多学者看作是最有前景的湍流数值计算方法，但由于近来对 k—ε 模型的各种改进版本不断取得更好的应用效果，使得 k—ε 模型仍然占据湍流模拟的绝对统治地位，特别是 RNG k—ε 模型和 Realizable k—ε 模型，被广泛用于模拟各种工程实

际问题。

对直接数值模拟方法和大涡模拟方法的研究与应用，在近几年有明显增加的趋势。

在选择湍流模型及其数值解法时，除了要考虑与所求解的问题及现有计算条件相适应外，还需要考虑模型对初始条件和边界条件的适用性。例如，在近壁面处，就不能直接使用本章介绍的各种 $k—\varepsilon$ 模型或 Reynolds 应力模型，而必须借助壁面函数法或低 Re 数模型进行模拟。

3.1.5 Fluent 软件车隧气动计算流程

利用 Fluent 软件的流体分析计算流程包括：建模、紊流模型以及材料的选取、边界条件设置、interface 交界面设置、动网格的实现、计算以及后处理等步骤，本小节将介绍高速铁路车隧空气动力学的基本操作流程。

1. 模型的建立

车隧模型的建立利用的是动网格方法，利用 Fluent 前处理软件 gambit 进行几何模型建立以及网格划分。作为面向 CFD 分析的高质量的前处理器，其主要功能包括几何建模和网格生成。由于 GAMBIT 本身所具有的强大功能，在目前 CFD 前处理软件中，GAMBIT 稳居上游。

对于利用 Fluent 进行动网格计算，首先在 GAMBIT 中建立车体、隧道流场和明线流场模型，计算网格如图 3.3 和图 3.4 所示。

（a）纵向视角

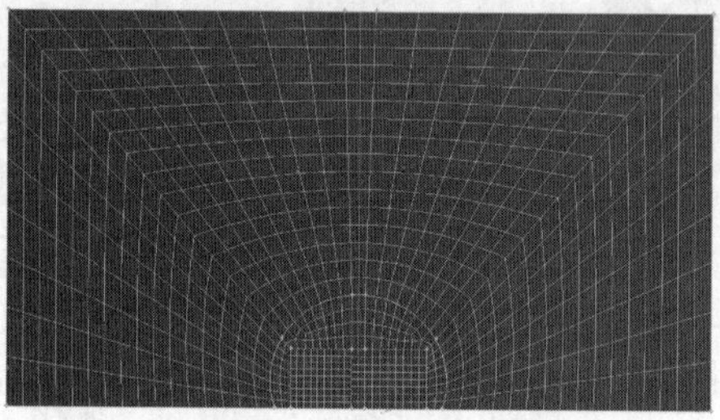

（b）横向视角

图 3.3　隧道及明线区域计算网格

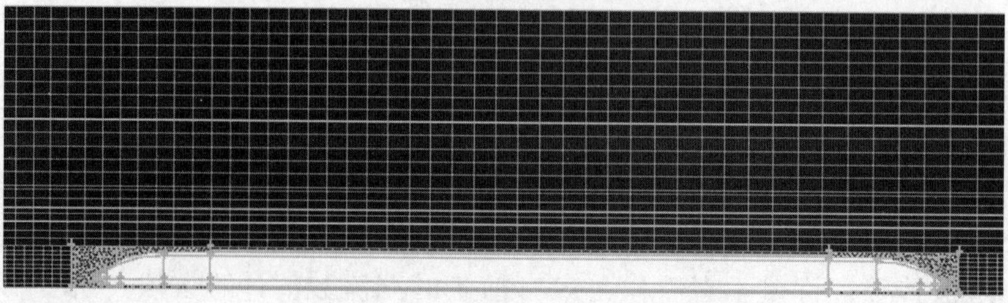

图 3.4　车体附近的网格剖面示意图

2. 湍流模型的选取

在使用 Fluent 进行高速铁路隧道空气动力学效应分析时，可使用 LES(Large Eddy Simulation)模型。设置步骤为 Define—Models—Viscous，在 Model 模量中勾选 LES，如图 3.5所示。

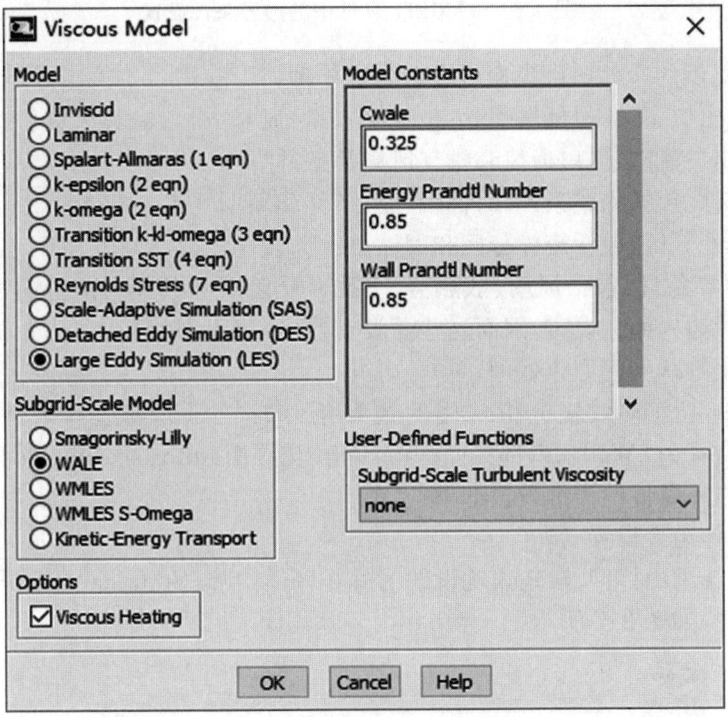

图 3.5 湍流模型设置

在 Fluent(15.0 版本)Large Eddy Simulation(LES)大涡模型的子模型的默认选择为 WALE 模型，而早期版本 Fluent(6.2 版本)大涡(LES)模型的子模型的默认选择为 Smagorinsky-Lilly。打开能量方程模块，考虑湍流热对流场的影响。

3. 材料的选取

材料选择理想气体(ideal gas)，理想气体的材料一方面可以忽略气体介质在重力作用下的下坠作用，对应的计算模型边界可以设置无限远域(pressure-far-field)，消除边界反射板对计算区域的影响。

4. 边界条件的设置

Fluent 模型边界条件设置可在 GAMBIT 软件中初步完成，此后在 Fluent 读取边界条件后还需进一步对边界条件取值进行修正。GAMBIT 软件中的边界条件初步设置如图 3.6所示。边界条件就是流场变量在计算边界上应该满足的数学物理条件。边界条件与初始条件一起并称为定解条件，只有在边界条件和初始条件确定后，流场的解才存在，并且是唯一的。Fluent 的初始条件是在初始化过程中完成的，边界条件则需要单独进行设定。边界条件的设定在 Fluent 中设置，通过执行 Define-Boundary Conditions 完成。

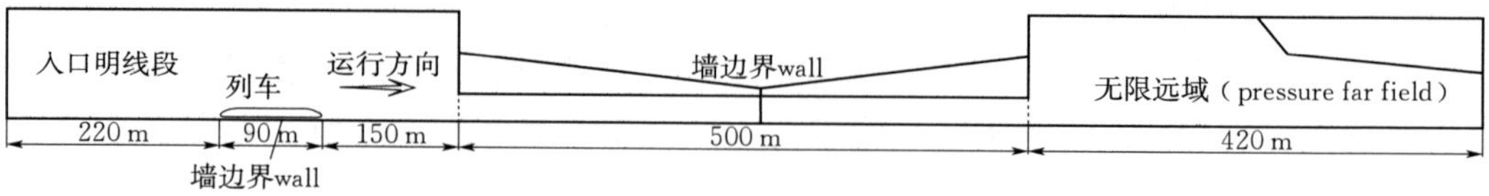

图 3.6　GAMBIT 软件中的边界条件设置

Fluent 中提供的边界条件类型可大致分为 4 种：

(1)流体进出口条件：包括压强入口、速度入口、质量入口、吸气风扇、入口通风、压强出口、压强远场、出口流动、出口通风和排气风扇等条件。

(2)壁面条件：包括固壁条件、对称轴(面)条件和周期性边界条件。

(3)内部单元分区：包括流体分区和固体分区。

(4)内面边界条件：包括风扇、散热器、多孔介质阶跃和其他内部壁面边界条件。内面边界条件在单元边界面上设定，因而这些面没有厚度，只是对风扇、多孔介质膜等内部边界上流场变量发生阶跃的模型化处理。

高速铁路隧道气动效应分析常用的边界条件有压力远场边界条件(Pressure Far-Field)、固壁边界条件(Wall)、内部界面(interior)、交界面(interface)和流体区域(fluid)。

其中各个边界条件的详细设置如下：

(1)静止墙体边界设置

隧道内壁、隧道山体仰坡、地表均设置为静止墙体边界(Stationary Wall)。剪切条件为无滑移壁面条件，如图 3.7 所示。

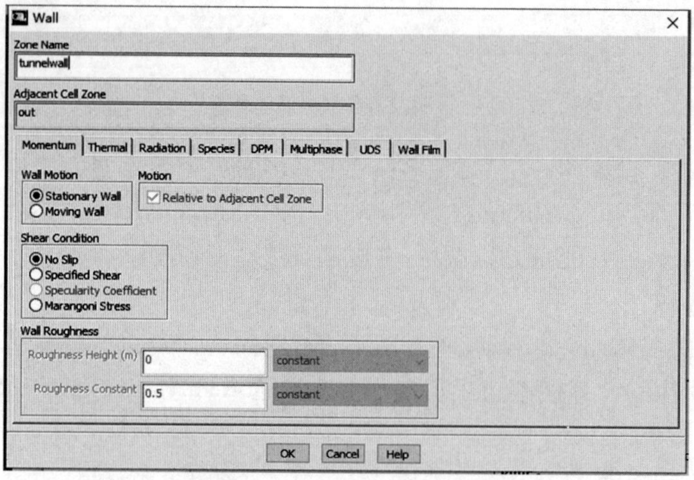

图 3.7　静止墙体边界设置情况(以隧道内壁墙体为例)

(2)运动墙体边界设置

运动墙体仅包括车体墙边界，选取运动条件(Moving Wall)，输入绝对速度为 138.9 m/s (400 km/s)，瞬态计算，并选取匀速运动的方向矢量(0,0,1)，剪切条件与静止墙边界相同，为无滑移条件，如图 3.8 所示。

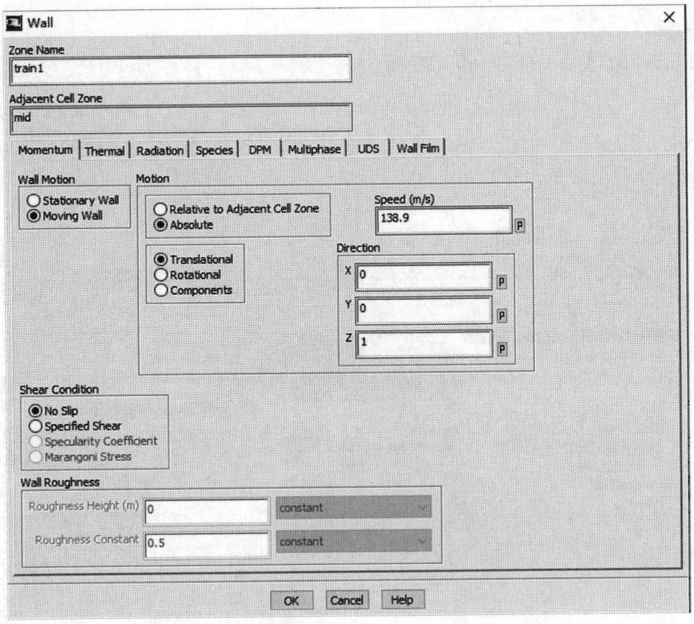

图 3.8　运动墙体边界设置情况(列车车体)

壁面(Wall)用于限定 fluid 和 solid 区域。在黏性流动中,壁面默认为无滑移边界条件,但用户可以根据壁面边界区域的平移或转动来制定一个切向速度分量,或者通过指定剪切来模拟一个"滑移"壁面。在流体和壁面之间的剪应力和热传导可根据流场内部的流动参数来计算。壁面边界条件的相关参数由 Wall 对话框来输入(图 3.9)。在 Wall Motion 选项中可以指定壁面是静止(Stationary Wall)的还是运动(Moving Wall)的,当选择 Moving Wall 时会展开 Motion 设置选项,设置运动方式。运动方式包括 Relative to Adjacent Cell Zone(相对于相邻单元区运动)和 Absolute(以指定的绝对速度运动),以上两种方式下又分为 Translational(平移)、Rotational(移动)、Components(指定壁面运动速度的分量)。

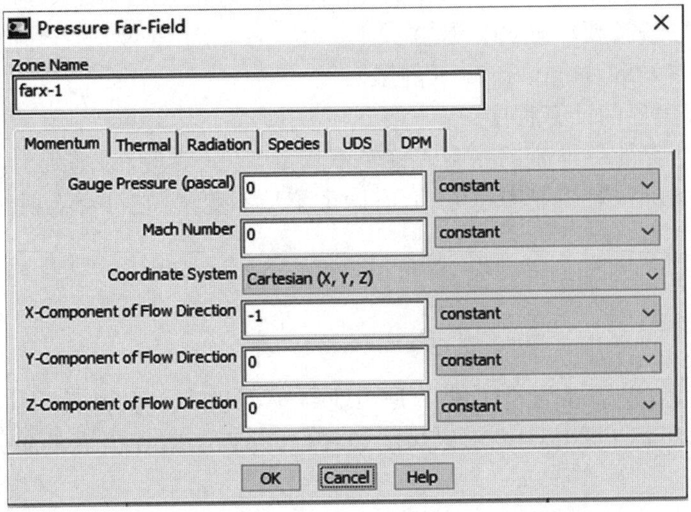

图 3.9　压力远场设置

(3)压力远场边界条件

模型明线段的远场需要设置压力远场边界条件。对于常压的压力远场边界，需要设置表压(Gauge Pressure)为0，马赫数(Mach Number)为0；压力远场边界的方向垂直于边界面指向外侧。故对于位于 x 轴负向位置的 yz 平面，该处的压力远场边界方向的 X、Y、Z 分别为－1，0，0，如图3.10所示。

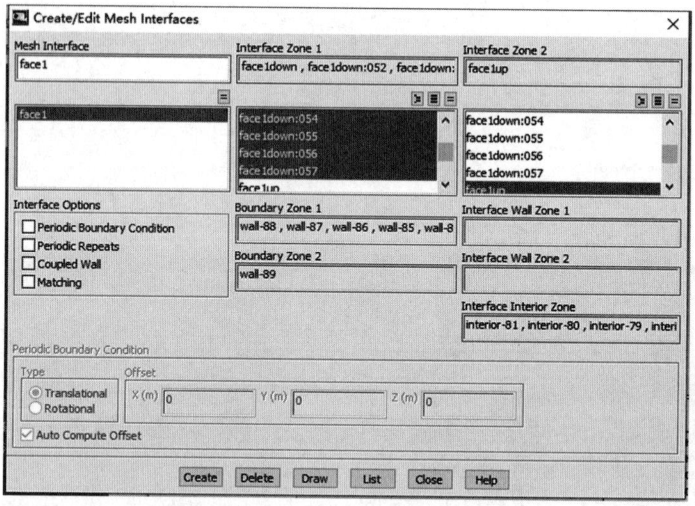

图3.10　Fluent中Interface设置

压力远场(Pressure Far-Field)边界条件用来描述无穷远处的自由可压来流，主要设置项目为自由来流马赫数和静参数条件。压力远场边界条件也被称为特征边界条件，因为这种边界条件使用特征变量来定义边界上的流动变量。该边界条件只适用于气体的密度是通过理想气体定律来计算的情况，不能用于其他流动。为了满足"无限远"的要求，需要将该边界远离我们关心的计算区域。有关数据通过Pressure Far-Field对话框进行设置(图3.9)，要定义的参数有Gauge Pressure(静压)、Mach Number(马赫数，根据实际情况可以是亚声速的、跨声速的、超声速的)、X/Y/Z-Component of Flow Direction(流动方向的 X、Y、Z 分量)、湍流参数和Temperature(静温)。

(4)压力远场边界的计算程序

对于垂直于边界的一维流动在引入黎曼不变量(特征变量)的基础上，压力远场边界条件是非反射边界条件。对于亚声速流动，有两个黎曼不变量，它符合入射波和反射波：

$$R_{\infty}=V_{n\infty}-\frac{2c_{\infty}}{\gamma-1} \tag{3.61}$$

$$R_{i}=V_{ni}-\frac{2c_{i}}{\gamma-1} \tag{3.62}$$

其中，V_n 是垂直于边界的速度量，c 是当地声速，γ 为气体比热比。下标∞是指应用于无穷远处的条件，下标 i 是用于内部区域的条件(即邻近于边界表面的单元)。将这两个变量相加减得

$$V_{ni}=\frac{1}{2}(R_i+R_\infty) \tag{3.63}$$

$$c=\frac{\gamma-1}{4}(R_i-R_\infty) \tag{3.64}$$

其中，V_n 和 c 变成边界处应用的垂直速度分量值以及声速值。在通过流动出口的表面，切向分速度和焓有内部区域推导出来，在流入表面这些被指定为自由流的值。使用 V_n、c、切向速度分量以及熵可以计算出边界表面的密度、速度、温度以及压力值。

5. Interface 设置

模型结合滑移网格进行计算，在车体空气柱为内部网格空间、车体空气柱外侧为外部网格空间，对内部、外部空间分别设置为 interface－in、interface－out，对内外 interface 面进行交界面匹配。具体 Interface 设置如图 3.10 所示。

内部界面（Interior）与交界面（Interface）。用在两个区域的界面处，将两个区域“隔开”。在此边界上不需要用户输入任何内容，只需要指定其位置。一般内部节点单元的表面都默认的是内部界面。内部界面实际上是两个区域公用的一个界面，这一点与交界面不同。交界面通常也表示两个区域的交界面，这两个面一般来说是重合的或者是部分重合的，由此可知交界面一定是成对存在的，需要在 Fluent 里进行定义。一对交界面的网格可以划分的不一样，Fluent 会自动在重叠的部分进行变量的插值和传递，这个功能为划分网格提供了一定的便利。在划分复杂结构网格的时候，可以采取分块划分，在不熟练时，几块之间的交界面网格往往很难划分一致，这时候可以设置这些交界面为 interface，让 Fluent 在计算过程中自己进行插值传递，这样会使计算速度的变慢以及计算精度的降低。

6. 动网格的实现

由于列车与隧道之间是一种相对运动，当列车向前运动时，计算区域边界也不断发生变化。Fluent 提供了两种网格技术能很好地模拟列车与隧道相对运动，即滑移网格技术和动网格技术。

（1）滑移网格技术

滑动网格模型允许相邻网格间发生相对运动，且网格界面上节点无须对齐。在使用滑动网格模型时，计算网格界面上的通量需要考虑到相邻网格间的相对运动，以及由运动形成的重叠区域的变化过程。

在实际的计算过程中，每迭代一次就需要重新确定一次网格界面的重叠区域。如果流场是非周期性的，比如列车交汇形成的流场，则网格界面重合部分被称为内部区域，而不重合的部分则被称为“壁面”区域，如图 3.11 所示。流场变量穿过界面的通量是用内部区域计算的，而不是用交界面上的网格计算的。

如图 3.12 所示，界面区域由面 $A-B$、$B-C$、$D-E$ 和面 $E-F$ 构成。交界区域可以分为 $a-d$、$d-b$、$b-e$ 等。处于两个区域重合部分的面为 $d-b$、$b-e$ 和 $e-c$，这三个面共同构成内部区域。要计算穿过区域 2 的流量，所用的面不是面 $B-C$，而是用面 $c-d$ 和面 $d-e$，分别计算从 5 和 7 流入 2 的流量。

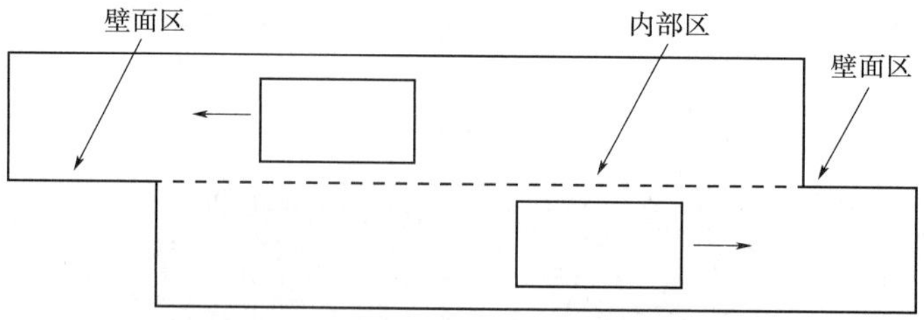

图 3.11　非周期性界面重合产生的区域

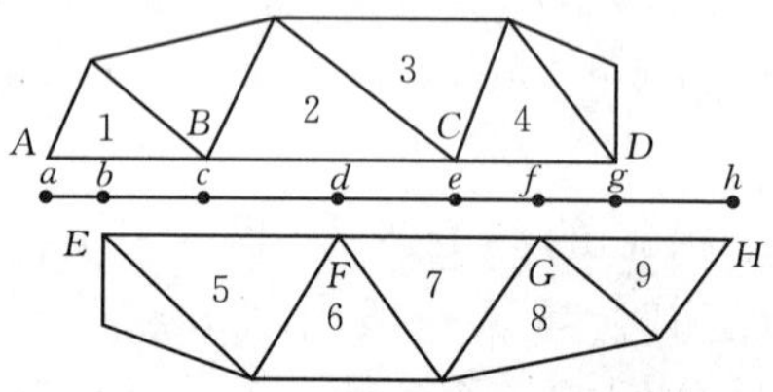

图 3.12　滑移网格交界面

(2)动网格技术

动网格模型可以用来模拟流场形状由于边界运动而随时间改变的问题。边界的运动形式可以是预先定义的运动,即可以在计算前指定其速度或角速度;也可以是预先未做定义的运动,即边界的运动要由前一步的计算结果决定。网格的更新过程由 Fluent 根据每个迭代步中边界的变化情况自动完成。在使用动网格模型时,必须首先定义初始网格、边界运动的方式并指定参与运动的区域。可以用边界型函数或者 UDF 定义边界的运动方式。

Fluent 要求将运动的描述定义在网格面或网格区域上。如果流场中包含运动与不运动两种区域,则需要将它们组合在初始网格中以对它们进行识别。那些由于周围区域运动而发生变形的区域必须被组合到各自的初始网格区域中。不同区域之间的网格不必是正则的,可以在模型设置中用 Fluent 软件提供的非正则或者滑动界面功能将各区域连接起来。

动网格计算中网格的动态变化过程可以用三种模型进行计算,即弹性光滑模型、动态层模型和局部重划模型。

(3)动网格的设置

1)UDF 文件的调用

将编译好的 UDF 文件与对应的 case 文件放在同一文件夹中,顺次点击 Define→User—Defined→Functions→Complied…,打开如图 3.13 所示的 UDF 编译对话框,点击 UDF 编译对话框中的 Load 图标就可以把 UDF 函数导入到 Fluent 中供用户进行选择。

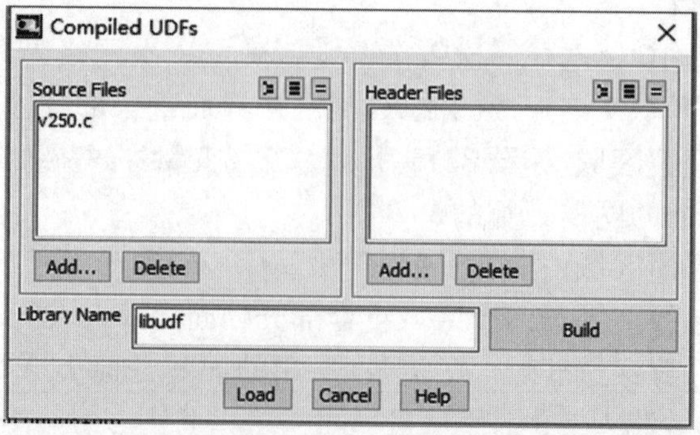

图 3.13　UDF 编译对话框

2)动网格参数的设置

顺次点击 Define→Dynamic Mesh→Parameters…,打开动网格参数设置对话框,当选中 Dynamic Mesh 选项之后,可以看到如图 3.14 所示的对话框,利用它就可以设置动网格的变化方式。

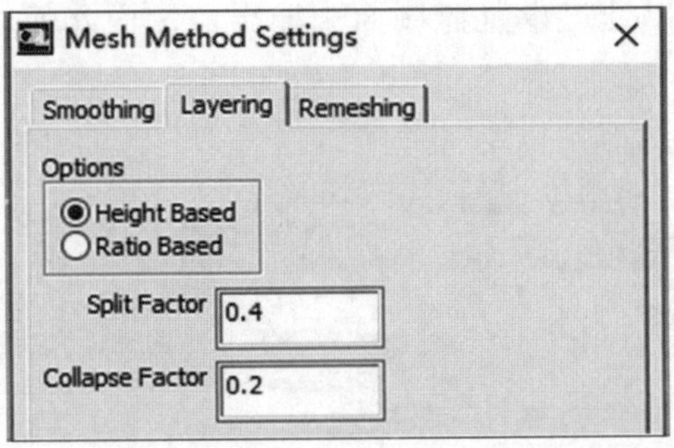

图 3.14 动网格参数设置对话框(以滑移网格为例)

动网格参数主要是控制网格变化的剧烈程度,Fluent 软件在网格运动过程中,从一侧区域产生网格,中间网格向另一侧平移,当网格到达另一侧静止区域时网格发生坍落消失。在进行网格参数设置时,可选择网格以长度基准控制网格产生和坍落(Height Based),也可选择以网格尺寸比对网格进行控制(Ratio Based)。

3)动网格区域的设置

简单来说就是设置哪些地方是需要动的。顺次点击 Define→Dynamic Mesh→Zones,打开如图 3.15 所示的动网格区域设置对话框,设置动网格对应区域的具体运动方式。

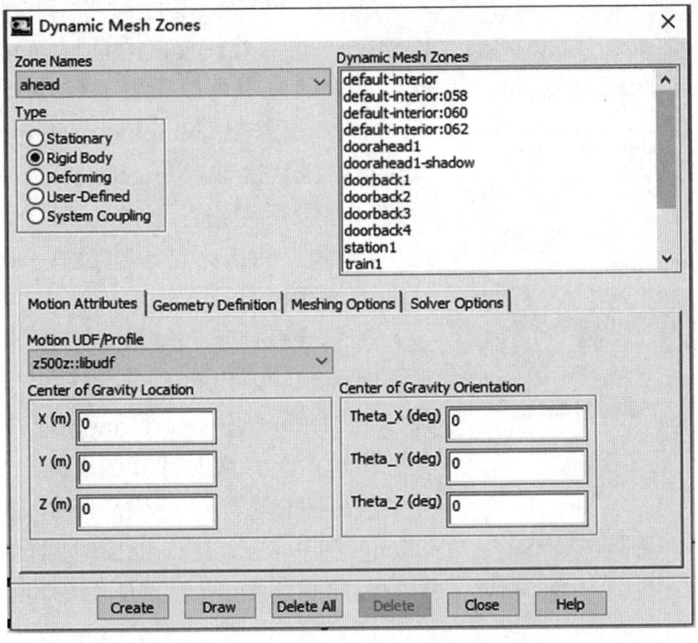

图 3.15 动网格区域设置对话框

7. 计算结果分析

利用 Fluent 提供的图形工具可以很方便地处理 CFD 求解结果中所包含的信息，并观察相应的结果，绘制等值线、速度矢量、迹线以及某个剖面上的物理量分布 *XY* 点线图等。高速铁路隧道空气动力学中通过监测计算各个测点处的压力以了解隧道内的压力波动和车体所受的力，Fluent 可以通过设置监测面来输出监测面几何中心点的压力，如图 3.16 所示。

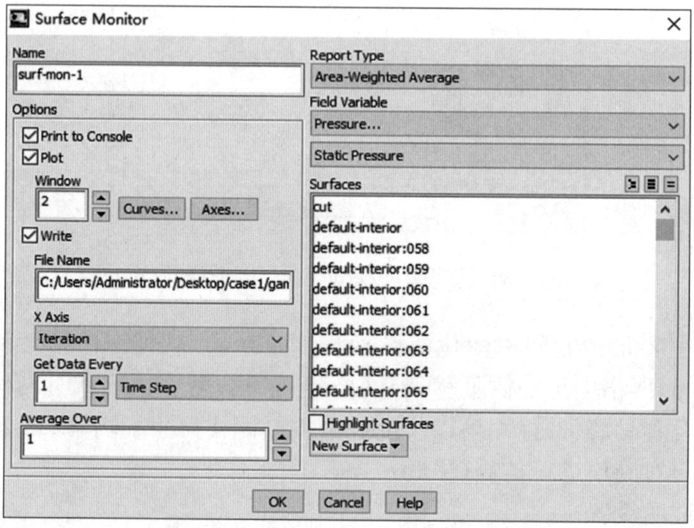

图 3.16　监测面设置对话框

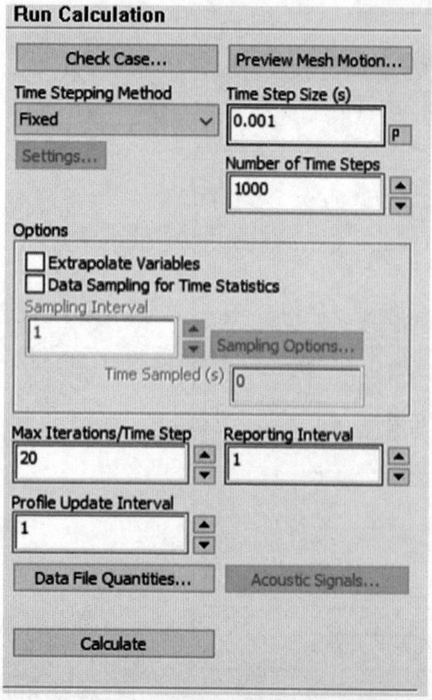

图 3.17　迭代参数设置对话框

对 Fluent 模型进行初始化后顺次点击 Solve→Iterate…，进入迭代控制对话框，如图 3.17 所示。迭代控制对话框中可以设置迭代步长时间(Time Step Size)、总迭代步数(Number of Time Steps)和每个步长进行的迭代次数(Max Iterations per Time Step)，设置好参数后点击左下角的 Interate 按钮即可进行迭代，监测点的压力结果输出在 case 文件所在的文件夹里，后缀为 .out。

影响计算速度和结果准确性的主要参数为迭代步长时间(Time Step Size)和每个步长进行的迭代次数(Max Iterations per Time Step)，下面通过不同工况分析这两个参数对计算结果的影响。

某隧道设置缓冲结构后隧道内 200 m 测点采用 0.5 ms 和 0.2 ms 迭代步长时间计算得到的压力梯度曲线如图 3.18 所示。从图中可以看出，两条曲线波动规律基本一致，但 0.2 ms 的压力梯度曲线波动更加明显，波峰更高，波谷更低，结果更加准确。

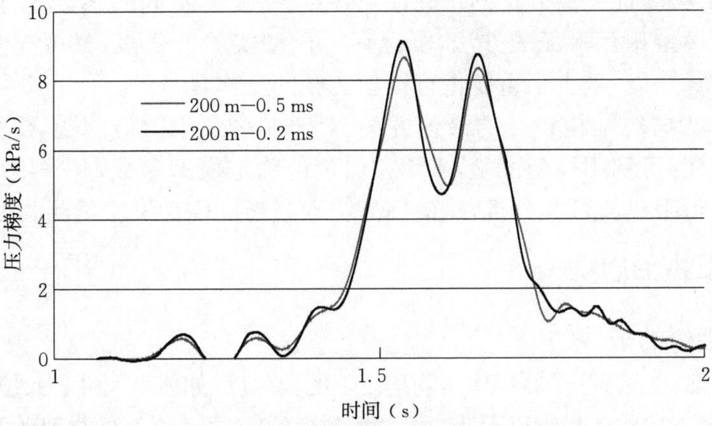

图 3.18 不同迭代步长计算得到的压力梯度曲线

某隧道设置缓冲结构后隧道内 200 m 测点采用 6 次和 2 次迭代步数计算得到的压力梯度曲线如图 3.19 所示。从图中可以看出，迭代步数少的压力曲线变化迟于迭代步数多的压力曲线，迭代步数多可以提高计算精度，同时可以更好地反映实际流场的波动状况。

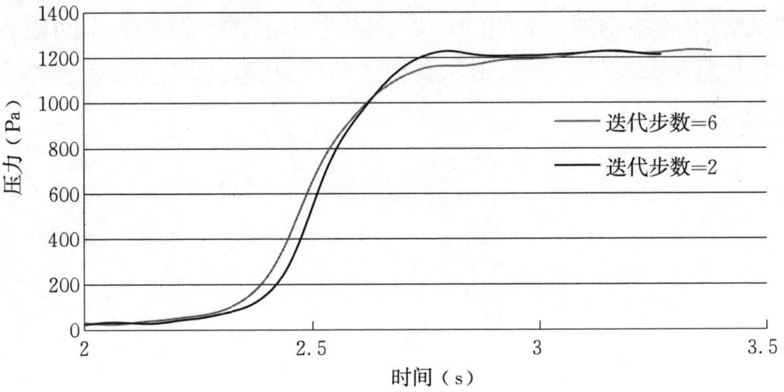

图 3.19 压力梯度曲线

上述研究表明：减小迭代步长、增大迭代步数可以提高计算精度，更好地反映流场内的波动情况，但同时会消耗更多的内存和计算时间，计算时应根据具体情况选择合适的迭代步长和迭代步数。

3.2 模型实验

模型实验是指用于表示人为现象或自然现象的物理实体或数学概念。工程界常指的模型是与物理系统密切相关的物理装置，即所谓的物理模型。

近几十年来，尽管有限元、边界元和离散元等数值分析方法与计算机的结合为工程界的分析与计算提供了有力的工具，但是模型实验仍有很多不可代替的优点：

(1)探索目前许多数学分析尚不易解决的问题，诸如涉及材料黏性、塑性的问题。

(2)用模型实验验证数值分析的正确性,然后用一系列不同的参数进行数值分析,这种数学模型与物理模型相互验证的方法,既保存了模型实验的优点,又可充分发挥数学模型的快速高效的计算功能,减少了重复进行模型实验的工作量。

模型试验作为研究结构设计的最佳方案,对于车隧气动效应问题,往往实际工程难以达到预期运营参数,可利用模型试验,采用相似理论确定模型参数,并采用精密数据采集系统对试验结果进行采集、整理、分析,从而提高实现高精度模型试验量测的可行性。

3.2.1 模型实验相似理论

1. 相似及相似的条件

相似的概念:如果表征一个系统中的物理现象的全部量(如线性尺寸、力、位移等)的数值,可由第二个系统中相对应的诸量乘以不变的无量纲数得到,这两个系统的物理现象就相似。

相似现象有如下两个性质:

(1)相似现象的两个系统中各对应物理量之比应当是无量纲的常数,称为相似系数,或相似比。

(2)相似现象的两个系统,均可用一个基本方程式描述,各物理量的相似常数间的制约关系可由此基本方程式导出。

下面用弹性力学中的各物理量之间的关系举例说明,若两个弹性力学问题是力学相似的,用 p 和 m 分别表示原型和模型的物理量,则原型和模型都应满足弹性力学的基本方程,即

(1)平衡方程式

原型
$$\begin{cases}\dfrac{\partial(\sigma_x)_\mathrm{p}}{\partial x_\mathrm{p}}+\dfrac{\partial(\tau_{xy})_\mathrm{m}}{\partial y_\mathrm{p}}+X_\mathrm{p}=0\\[2ex]\dfrac{\partial(\sigma_y)_\mathrm{p}}{\partial y_\mathrm{p}}+\dfrac{\partial(\tau_{xy})_\mathrm{m}}{\partial x_\mathrm{p}}+Y_\mathrm{p}=0\end{cases}\tag{3.65}$$

模型
$$\begin{cases}\dfrac{\partial(\sigma_x)_\mathrm{m}}{\partial x_\mathrm{m}}+\dfrac{\partial(\tau_{xy})_\mathrm{m}}{\partial y_\mathrm{m}}+X_\mathrm{m}=0\\[2ex]\dfrac{\partial(\sigma_y)_\mathrm{m}}{\partial y_\mathrm{m}}+\dfrac{\partial(\tau_{xy})_\mathrm{m}}{\partial x_\mathrm{m}}+Y_\mathrm{m}=0\end{cases}\tag{3.66}$$

(2)相容方程式

原型:
$$\left(\frac{\partial^2}{\partial x_\mathrm{p}^2}+\frac{\partial^2}{\partial y_\mathrm{p}^2}\right)[(\sigma_x)_\mathrm{p}+(\sigma_y)_\mathrm{p}]=0\tag{3.67}$$

模型:
$$\left(\frac{\partial^2}{\partial x_\mathrm{m}^2}+\frac{\partial^2}{\partial y_\mathrm{m}^2}\right)[(\sigma_x)_\mathrm{m}+(\sigma_y)_\mathrm{m}]=0\tag{3.68}$$

(3)物理方程

原型
$$\begin{cases}(\varepsilon_x)_\mathrm{p}=\dfrac{1+\mu_\mathrm{p}}{E_\mathrm{p}}[(1-\mu_\mathrm{p})(\sigma_x)_\mathrm{p}-\mu_\mathrm{p}(\sigma_y)_\mathrm{p}]\\[2ex](\varepsilon_y)_\mathrm{p}=\dfrac{1+\mu_\mathrm{p}}{E_\mathrm{p}}[(1-\mu_\mathrm{p})(\sigma_y)_\mathrm{p}-\mu_\mathrm{p}(\sigma_x)_\mathrm{p}]\\[2ex](\gamma_{xy})_\mathrm{p}=\dfrac{2(1+\mu_\mathrm{p})}{E_\mathrm{p}}(\tau_{xy})_\mathrm{p}\end{cases}\tag{3.69}$$

模型：

$$\begin{aligned}
(\varepsilon_x)_{\mathrm{m}} &= \frac{1+\mu_{\mathrm{m}}}{E_{\mathrm{m}}}[(1-\mu_{\mathrm{m}})(\sigma_x)_{\mathrm{m}}-\mu_{\mathrm{m}}(\sigma_y)_{\mathrm{m}}] \\
(\varepsilon_y)_{\mathrm{m}} &= \frac{1+\mu_{\mathrm{m}}}{E_{\mathrm{m}}}[(1-\mu_{\mathrm{m}})(\sigma_y)_{\mathrm{m}}-\mu_{\mathrm{m}}(\sigma_x)_{\mathrm{m}}] \\
(\gamma_{xy})_{\mathrm{m}} &= \frac{2(1+\mu_{\mathrm{m}})}{E_{\mathrm{m}}}(\tau_{xy})_{\mathrm{m}}
\end{aligned} \tag{3.70}$$

(4)几何方程

原型

$$\begin{cases}
(\varepsilon_x)_{\mathrm{p}} = \dfrac{\partial u_{\mathrm{p}}}{\partial x_{\mathrm{p}}} \\
(\varepsilon_y)_{\mathrm{p}} = \dfrac{\partial v_{\mathrm{p}}}{\partial y_{\mathrm{p}}} \\
(\tau_{xy})_{\mathrm{p}} = \dfrac{\partial u_{\mathrm{p}}}{\partial y_{\mathrm{p}}}+\dfrac{\partial v_{\mathrm{p}}}{\partial x_{\mathrm{p}}}
\end{cases} \tag{3.71}$$

模型

$$\begin{cases}
(\varepsilon_x)_{\mathrm{m}} = \dfrac{\partial u_{\mathrm{m}}}{\partial x_{\mathrm{m}}} \\
(\varepsilon_y)_{\mathrm{m}} = \dfrac{\partial v_{\mathrm{m}}}{\partial y_{\mathrm{m}}} \\
(\tau_{xy})_{\mathrm{m}} = \dfrac{\partial u_{\mathrm{m}}}{\partial y_{\mathrm{m}}}+\dfrac{\partial v_{\mathrm{m}}}{\partial x_{\mathrm{m}}}
\end{cases} \tag{3.72}$$

(5)边界条件：

原型

$$\begin{cases}
\overline{X}_{\mathrm{p}} = (\sigma_x)_{\mathrm{p}}\cos\alpha+(\tau_{xy})_{\mathrm{p}}\sin\alpha \\
\overline{Y}_{\mathrm{p}} = (\sigma_y)_{\mathrm{p}}\sin\alpha+(\tau_{xy})_{\mathrm{p}}\cos\alpha
\end{cases} \tag{3.73}$$

模型

$$\begin{cases}
\overline{X}_{\mathrm{m}} = (\sigma_x)_{\mathrm{m}}\cos\alpha+(\tau_{xy})_{\mathrm{m}}\sin\alpha \\
\overline{Y}_{\mathrm{m}} = (\sigma_y)_{\mathrm{m}}\sin\alpha+(\tau_{xy})_{\mathrm{m}}\cos\alpha
\end{cases} \tag{3.74}$$

式中，α 为边界面的法线和 x 轴的夹角。

设各物理量之间的相似比定义为：

几何相似比：

$$C_l = \frac{x_{\mathrm{p}}}{x_{\mathrm{m}}} = \frac{y_{\mathrm{p}}}{y_{\mathrm{m}}} = \frac{u_{\mathrm{p}}}{u_{\mathrm{m}}} = \frac{v_{\mathrm{p}}}{v_{\mathrm{m}}} = \frac{l_{\mathrm{p}}}{l_{\mathrm{m}}} \tag{3.75}$$

应力相似比：

$$C_\sigma = \frac{(\sigma_x)_{\mathrm{p}}}{(\sigma_x)_{\mathrm{m}}} = \frac{(\sigma_y)_{\mathrm{p}}}{(\sigma_y)_{\mathrm{m}}} = \frac{(\tau_{xy})_{\mathrm{p}}}{(\tau_{xy})_{\mathrm{m}}} = \frac{\sigma_{\mathrm{p}}}{\sigma_{\mathrm{m}}} \tag{3.76}$$

应变相似比：

$$C_\varepsilon = \frac{(\varepsilon_x)_{\mathrm{p}}}{(\varepsilon_x)_{\mathrm{m}}} = \frac{(\varepsilon_y)_{\mathrm{p}}}{(\varepsilon_y)_{\mathrm{m}}} = \frac{(\gamma_{xy})_{\mathrm{p}}}{(\gamma_{xy})_{\mathrm{m}}} = \frac{\varepsilon_{\mathrm{p}}}{\varepsilon_{\mathrm{m}}} \tag{3.77}$$

弹性模量相似比：

$$C_{\mathrm{E}} = \frac{E_{\mathrm{p}}}{E_{\mathrm{m}}} \tag{3.78}$$

泊松比相似比：

$$C_\mu = \frac{\mu_{\mathrm{p}}}{\mu_{\mathrm{m}}} \tag{3.79}$$

体积力相似比：

$$C_X = \frac{X_{\mathrm{p}}}{X_{\mathrm{m}}} = \frac{Y_{\mathrm{p}}}{Y_{\mathrm{m}}} \tag{3.80}$$

将上述方程对应部分带入式(3.81)，并在两边乘以 C_{X}，得到：

$$\left.\begin{aligned}\frac{C_X C_l}{C_\sigma}\left[\frac{\partial(\sigma_x)_p}{\partial x_p}+\frac{\partial(\tau_{xy})_p}{\partial y_p}\right]+X_p=0\\ \frac{C_X C_l}{C_\sigma}\left[\frac{\partial(\sigma_y)_p}{\partial x_p}+\frac{\partial(\tau_{xy})_p}{\partial y_p}\right]+Y_p=0\end{aligned}\right\} \tag{3.81}$$

为了使模型的应力状态能够反映原型的应力状态，必须使得式中的系数项为1，即

$$\frac{C_X C_l}{C_\sigma}=1 \tag{3.82}$$

同理可得下列相似关系

$$C_\sigma=C_l C_X \tag{3.83}$$

$$C_\sigma=C_\varepsilon C_E \tag{3.84}$$

$$C_\mu=1 \tag{3.85}$$

$$C_\varepsilon=1 \tag{3.86}$$

除了上述关系式之外还有其他的相似关系，读者可自行推导。在上面的关系中，我们要求有$\frac{C_X C_l}{C_\sigma}=1$时，两个力学模型的基本方程才能相同，在相似理论中，这种约束各相似常数的指标$K=\frac{C_X C_l}{C_\sigma}=1$称为相似指标。

另一方面，根据相似指标，有

$$\frac{X_p L_p}{\sigma_p}=\frac{X_m L_m}{\sigma_m}=\pi \tag{3.87}$$

式(3.87)说明，原型和模型中某些物理量之间的组合是相等的，并等于一个定数π，在相似理论中，称这种组合为相似判据。在相似系统中，相似判据应该相等。

2. 量纲分析法(π定律)

物理量所属的种类，称为这个物理量的量纲，一个物理量采用不同的单位，但只能有一个量纲。在科学界中，选定某些基本量的量纲为基本量纲，基本量纲是彼此独立的。由基本量纲所导出的量纲称为导出量纲，在动力学问题中，有长度L、质量M和时间T三个基本量纲，在静力学中，只有长度L和质量M两个基本量纲。不同量纲的物理量不能进行加减运算，在任何一个正确的物理方程中，各项的量纲一定相同，这就是物理方程量纲的和谐性，量纲的和谐性是量纲分析的基础。

量纲分析可用于：(1)检查所建立的方程是否正确；(2)变换单位；(3)确定正确表征物理现象的有关物理量的合理形式；(4)设计系统的实验，并分析试验结果。

常用的量纲表达式见表3.1。

表3.1 常用量纲表达式

物理量	符号	量纲(ML制)	量纲(FL制)	物理量	符号	量纲(ML制)	量纲(FL制)
质量	M	[M]	[M][L^{-1}][T^{-2}]	剪切弹性模量	G	[M][L^{-1}][T^{-2}]	[F][L^{-2}]
长度	L	[L]	[L]	泊松比	ν	[0]	[0]
时间	T	[T]	[T]	正应力	σ	[M][L^{-1}][T^{-2}]	[F][L^{-2}]

续上表

物理量	符号	量纲(ML制)	量纲(FL制)	物理量	符号	量纲(ML制)	量纲(FL制)
角度	Φ	[0]	[T]	剪应力	τ	[M][L^{-1}][T^{-2}]	[F][L^{-2}]
速度	V	[L][T^{-1}]	[T]	正应变	ε	[0]	[0]
加速度(线)	a	[L][T^{-2}]	[T]	剪应变	γ	[0]	[0]
加速度(角)	α	[T^{-2}]	[T]	密度	ρ	[M][L^{-3}]	[M][L^{-4}][T^{-2}]
力	P	[M][L][T^{-2}]	[F]	位移	S	[L]	[L]

注：F=M[L][F^{-2}]；M=F[T^2][L^{-1}]。

量纲分析法用于相似模型的实验研究，可以用来确定相似判据，进行模型设计。具体的方法就是 π 定律，其内容是：

若物理方程
$$f(x_1, x_2, x_3 \cdots, x_p)=0 \tag{3.88}$$

共含有 p 个物理量，其中 r 个是基本量纲，并且保持量纲的和谐性，则这个物理方程可以简化为

$$F(\pi_1, \pi_2 \cdots \pi_{p-r})=0 \tag{3.89}$$

式中，$\pi_1, \pi_2, \cdots, \pi_{p-r}$ 是由方程组中的物理量构成的无量纲积，即相似判据。

由此可知，把式中的参数 $\pi_1, \pi_2, \cdots, \pi_{p-r}$ 等看作新的变量，则变量的数目将比原方程包含的减少 r 个。

确定相似判据 π 的方法是：从方程(3.88)所有的物理量 $x_1, x_2, x_3 \cdots, x_p$ 中，按不同的量纲，选择 r 个。要求所选的 r 物理量的量纲是独立的基本量纲或不能相互导出的量纲，每个基本量纲在所选的 r 个物理量中，至少要出现一次。将所选的物理量组成基本量群，将此基本量群的幂乘积作为分母，未被入选基本量群的余下的每个物理量作为分子，将量群的幂乘积表示成分式，此分式之值以 π 表示。设此分式的分子的量纲与分母的量纲相等，则 π 就是个无量纲参数，即相似判据。即

$$\pi_m=\frac{x_m}{x_1^{\lambda1} x_2^{\lambda2} x_3^{\lambda3} \cdots x_r^{\lambda r}} \tag{3.90}$$

3. 相似理论的应用

(1)雷诺相似准则

几何相似和运动相似容易满足，重要的是动力准则的选取，一般在进行流体实验时，经常要求满足的就是粘性相似，即 Re 准则，该准则写为

$$Re=\frac{\rho v l}{\mu} \tag{3.91}$$

如果两个流场相似，必须首先满足雷诺相似，即

$$Re_p=\frac{\rho_p v_p l_p}{\mu_p}=Re_m=\frac{\rho_m v_m l_m}{\mu_m} \tag{3.92}$$

式中，ρ、v、l 分别为模型的介质密度、运行速度和尺寸。

在本实验情况下，模型的尺寸相似比小于 1/50，介质密度基本不变。模型的速度无论如何也不能满足雷诺相似的要求。流体存在两个自模相似区：第一自模区和第二自模区。

当模型和实物处于自模区时，模型和实物的雷诺系数不必相等。模型实验的结果也可以用到实物中去。第一自模区是当 Re 小于某一定值（常称第一临界值），流动呈现层流状态。第二自模区制流动充分发展为紊流以后，模型轮廓周长 $l=0.2$ m，空气密度 1.205 kg/m^3，空气的动力黏性系数 $\mu=18.2\times10^{-6}$N/(m^2·s)，此时，$Re=0.8\times10^{-6}$，因此，该模型已经处于第二自模区，满足相似条件。

(2)选择相似准则

首先，分析确定该模型试验所涉及的基本影响因素，确定独立变量，该模型试验中，主要研究隧道截面积的大小及缓冲结构对列车进出隧道气动效应的影响，需要测试的重要参数是压力和噪声，它们都和压力 p 有关。列车的细长比是影响瞬变压力大小的重要因素，但是在本试验中，列车模型的尺寸是不变的，因此不考虑列车细长比的影响。

试验和现场测试都表明列车穿越隧道的阻塞比 η（列车横截面面积与隧道断面积之比）对高速列车气动现象的影响很大。列车进出隧道时，由于空气密度的变化产生压缩和膨胀波，同时，空气的黏性也是影响因素。另外，在黏性、密度、尺度变化共存时，必然会出现 Re 相似判定条件，所以，未列入长度变量。确定该物理现象的函数关系式：

$$f(p,v,\rho,\mu,\eta)=0 \tag{3.93}$$

选取 L（长度）、M（质量）、T（时间）为基本量纲。

列出方程：

$$[p]=[v]^{\alpha}[\rho]^{\beta}[\mu]^{\gamma} \tag{3.94}$$

带入各自的量纲并展开：

$$[ML^{-1}T^{-2}]=[LT^{-1}]^{\alpha}[ML^{-3}]^{\beta}[ML^{-1}T^{-3}]^{\gamma} \tag{3.95}$$

展开后得到方程组：

$$\begin{cases}\alpha-3\beta-\gamma=1\\ \beta+\gamma=1\\ -\alpha-\gamma=1\end{cases} \tag{3.96}$$

求解后得：

$$\alpha=2,\beta=1,\gamma=0,\pi_1=\frac{p}{\rho v^2},\pi_2=\eta$$

于是

$$F(\pi_1\pi_2)=\pi_1\pi_2=\frac{p}{\rho v^2}\eta \tag{3.97}$$

式(3.97)可以作为相似准则。

根据两个力学现象相似则相似判据相等可得到：$\eta=1,\dfrac{p_m}{\rho_m v_m^2}=\dfrac{p_p}{\rho_p v_p^2}$或者$\dfrac{C_p}{C_p C_\rho^2}=1$。

(3)单值条件

两个力学模型相似的充分必要条件是：无量纲参数或者相似判据不变，单值条件相似。单值条件如下：

(1)原型和模型几何相似。

(2)在所研究的过程中，具有显著意义的物理常数成比例。

(3)两个系统的初始状态相似。

(4)在研究期间，两个系统的边界条件相似。

几何相似只要求模型和原型各部分按同样的比例尺缩小或者放大。对于二维问题或可以简化为平面问题来考虑的三维模型，只要求保持平面几何尺寸相似，而模型的厚度可按照稳定条件来选取。定性模型的相似比一般取100～200，定量模型的相似比一般取10～50。

3.2.2 模型实验的分类

模型实验的一般过程是：在相似理论的指导下建立模型实验系统，用流体测量技术测量流动参数，处理和分析实验数据。

对列车进出隧道的空气动力学特征的分析，由于在分析过程中，列车周围的边界是变化的，研究方法有所不同，风洞、水洞实验的方法并不很适用。因此，对此方面的研究以动模型等模拟试验为主，结合三维流场数值模拟、现车空气动力学试验来进行研究。

研究高速列车的模型实验方法主要有水槽模型法、弹射式模型法以及气动发生炮模型法。

(1)水槽模型实验方法

水槽法是20世纪60年代中期在美国兴起。当时，美国的一些技术人员利用可压缩气体与自由表面流体的相似性，采用水作为工作流体来研究高速列车通过隧道的问题。这种方法的优点是高速运行的列车可以用很低的速度来模拟。后期由White和Pope所做的研究显示，如果放宽对水深的限制来增大雷诺数，并且用更大的列车模型，就可以得到更为满意的结果。经过这些改进，Valense等用水槽法研究了Marseille地铁的风流和压力，但试验结果仍不是很理想。

由于对水槽法的试验结果不满意，Swarden和Wilson建立了气体为介质的模型，模型比例为1/50。以氟利昂为介质，马赫数可以达到0.36。在1979年，Dayman和Vardy用1/100的模型，以空气为介质，研究改变隧道设施，缓解压力变化。

西南交通大学的高品贤等人利用浅水槽模拟高速列车，采用了实时检测技术，可对500 km/h的列车速度进行模拟，测试值与计算结果比较接近，其配置如图3.20所示。

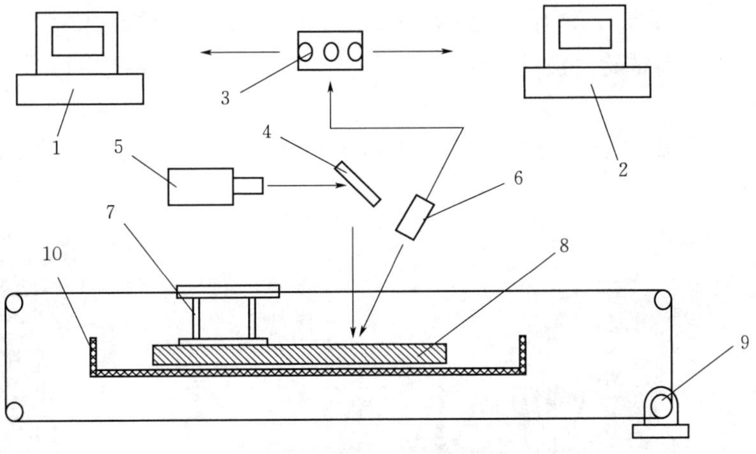

图3.20 水槽法模型实验装置示意图

1—测控计算机；2—监测计算机；3—视频分配器；4—反光镜；5—缝隙光源；6—CCD镜头；7—列车模型；8—隧道模型；9—驱动电机；10—浅水槽

(2)弹射式模型实验

弹射式模型实验是指采用弹射发射装置将列车模型加速到一定速度的实验方法，在该实验中一般采用小型比例列车模型，英国和瑞士较早的采用该实验方法进行研究。

图 3.21 发射式模型实验台

英国小比例列车模型实验装置(缩尺比：1/25)。为了保证模型可靠实用，根据雷诺相似性，要求模型的尺寸不能小于 1/36。同时，模型的速度与全尺寸列车的速度相同。根据这些限制条件，英国的 C. W. Pope 建造了 1/25 的小比例列车模型实验装置，模型车速达到 55 m/s，模型质量为 10 kg，如图 3.21 所示。利用该模型，对短隧道中压力波的传播、隧道入口处压力的升高、隧道中交叉隧道的影响等进行了模拟，测试结果与实测数据非常吻合。

1991 年，英国 AEA 铁路技术研究所研制并建造了较为真实反应线路和列车特征的动模型试验系统(moving model rig，MMR)，如图 3.22 所示。

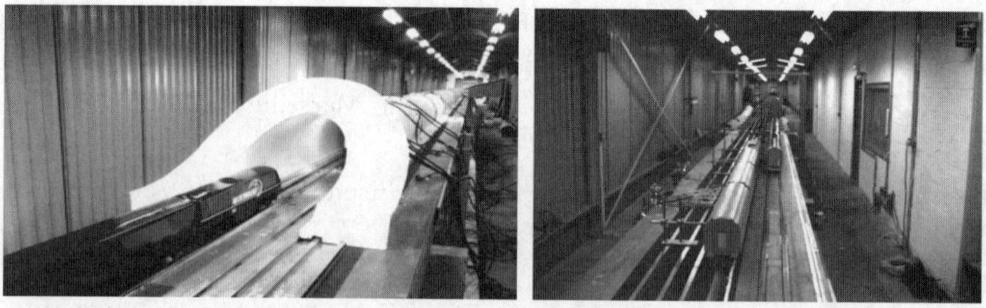

图 3.22 动模型试验系统示意图

MMR 试验系统模型比例为 1/25，系统全长 150 m，列车模型采用非对称列车模型。目前，该试验系统的最高试验速度为 350 km/h。英国 MMR 试验系统也可进行明线上空气动力学问题的研究。

参照英国的 MMR 试验系统，中南大学建造了最高速度为 350 km/h 的动模型试验系统，图 3.23 所示。

图 3.23 中南大学高速列车气动模型试验装置

(3)气动发射炮模型实验

气动发射炮模型实验是指采用空气炮将列车模型加速到一定速度的实验方法。荷兰、韩国和日本相继研制了利用空气炮发射列车模型的隧道空气动力学模型试验系统。荷兰国家航空实验室的动模型试验系统约于 1997 年建成,其缩尺为 1/175,试验系统全长约 30 m,最高试验速度为 500 km/h。韩国铁道科学研究院于 1999 年前后建成了动模型试验系统,其缩尺比 1/60,试验系统全长约 30 m,最高试验速度为 600 km/h。两国动模型试验系统中的列车模型均为对称模型,均采用断裂隔膜突然破裂释放高压气体,驱动并加速列车模型,使之达到所要求的速度。

20 世纪 80 年代,日本铁道技术研究所建造了压缩空气式空气炮动模型试验系统,其基本组成和测试设备如图 3.24 所示。

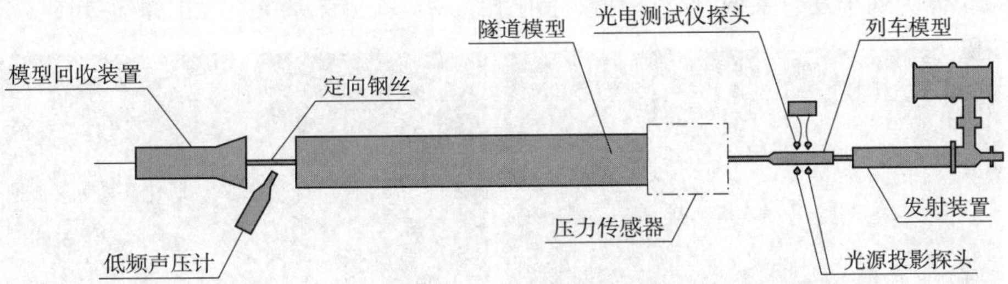

图 3.24 日本空气炮动模型试验系统的基本组成和测试设备

西南交通大学土木工程学院于 2000 年建成了与日本压缩空气式空气炮动模型试验系统类似的试验系统,模型相似比为 1∶70～1∶100,其最高试验速度为 360 km/h,如图 3.25 所示。试验台物理结构模型示意图如图 3.26 所示。

(a)高速列车模型发射系统

(b)列车和隧道缓冲结构模型

图 3.25 西南交通大学空气炮动模型试验系统

由于该试验系统的相似比相对较小,西南交通大学于 2011 年新建了滑轨式高速列车气动发射装置,新建的试验系统的模型相似比在 1∶20 左右。

新建的试验系统仍以压缩空气为动力,将列车模型在炮管内加速到实验需要的速度后发射,列车模型依靠惯性在导轨上滑行通过模型隧道,模拟列车进出隧道的过程,从而实现车隧气动压力波的发生。

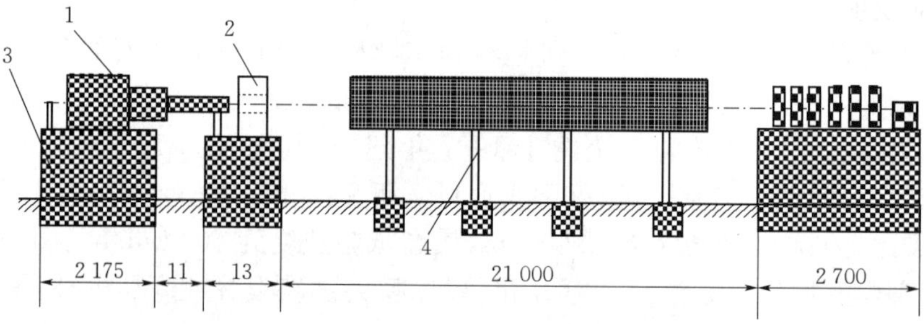

图 3.26　实验台物理结构示意图(单位:mm)

1—发射炮;2—列车加速片回收机构;3—实验台基座;4—隧道模型支架

该系统分为列车发射系统、列车模型、隧道系统及实验测试系统。发射系统如图 3.27 所示。

图 3.27　模型实验列车发射系统

列车模型如图 3.28 所示,其尺寸为 60 cm(长)×18cm(宽)×20 cm(高),与实体列车比较其相似比为 1/20 左右。

图 3.28　高速列车发射装置实验列车模型

模型实验隧道系统，采用有机板、PVC 板等材料组成，如图 3.29 所示。

实验测试系统将在下一小节进行介绍。

图 3.29　模型实验隧道系统

3.2.3　模型试验测试系统

针对高速列车车隧气动问题的研究对试验量测手段的精确性具有较高的要求。试验测试过程中，列车运行线路上测试环境复杂，干扰较多，具有良好抗干扰能力的数据采集设备是测量试验的前提条件。

伴随技术的进步，针对高速铁路车隧气动问题的模型试验，目前国内外已有较为成熟的模型试验测试系统和数据采集设备，包括 INV3062 云智慧采集仪、TST6250 移动式高速数据记录仪、IMC 数据采集系统等。

1. INV3062T 云智慧采集仪

INV3062T 型 24 位云智慧分布式采集仪（图 3.30），采用以太网接口，不仅可以通过局域网连接到计算机，更可以直接通过互联网连接到云智慧测试系统中。采用局域网连接方式，一台计算机可以控制多台 INV3062T 进行在线或离线测量。采用互联网连接方式，各台 INV3062T 自动接入云智慧服务中心（也可以简单地是互联网中的一台服务器），各种可接入互联网的终端设备（包括计算机、iPad、智能手机等）均可在任何地点通过云智慧中心对 INV3062T 进行操控，实现基于云计算的远程测量和监测。

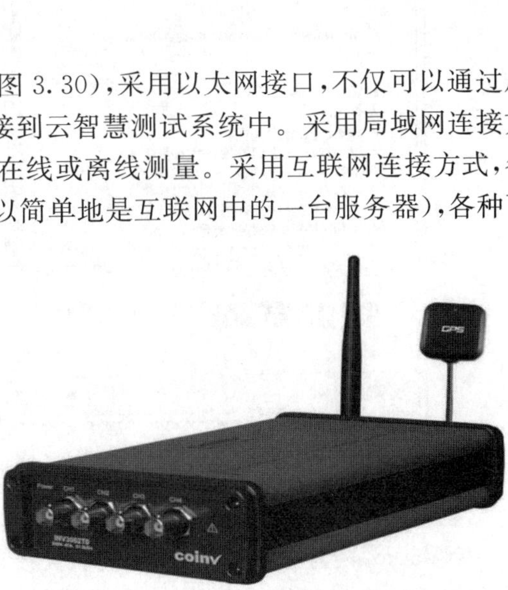

图 3.30　INV3062T 云智慧分布式采集仪

DASP（达世普）软件（data acquisition and signal processing）是东方振动和噪声技术研究所独创研制开发的，具有国际先进水平的大容量数据采集与信号处理软件系统。其功能强大，用途广泛，与东方所 INV（英维）303/306 系列智能信号自动采集处理分析仪配套，构成 INV 移动实验室，它具有数百项测试分析功能，包括 68 项国内外创新技术，可代替 50 种常用仪器，可用于进行振动、冲击、噪声、信号和信息处理、计算机辅助测试(CAT)、模态分析、结构动力学修改、故障诊断与桩基检测、环境振动与噪声测试等诸多分析测试工作，实现了把实验室拎着走的目标，显示了虚拟仪器库的强大功能和实用性。

1)安装

首先在计算机中安装 DASP 软件，然后再连接采集仪。

连接采集仪时，可以用网线将采集仪直接连接到计算机的网口上，也可以通过网络交换机等设备将多台采集仪和计算机连接到局域网中。

2)信号线连接

INV3062 系列采集仪支持电压 DC、电压 AC 和 ICP 的直接输入方式，这三种方式的传感器可直接接入到前面板的 AI 输入通道上。

3)连接计算机

INV3062 可以通过三种方式进行网络连接：RJ45 网线、AP 模式无线 WIFI 和 station 模式无线 WIFI，出厂时已经设置了 IP 地址为 192.168.n.AAA。其中 n 在三种方式下分别为 0、50 和 1，AAA 根据每台采集仪不同而不同，但同一个采集仪不同方式下的 AAA 是一样的，其范围为 200～254。

使用网线一端连接至计算机或路由器，另一端连接到 INV3062 的网口上。

打开计算机的本地属性连接，将计算机中的 IP 地址如图 3.31 所示设置，IP 地址设置成 192.168.0.BBB，其中 BBB 设置成 1～199 即可。

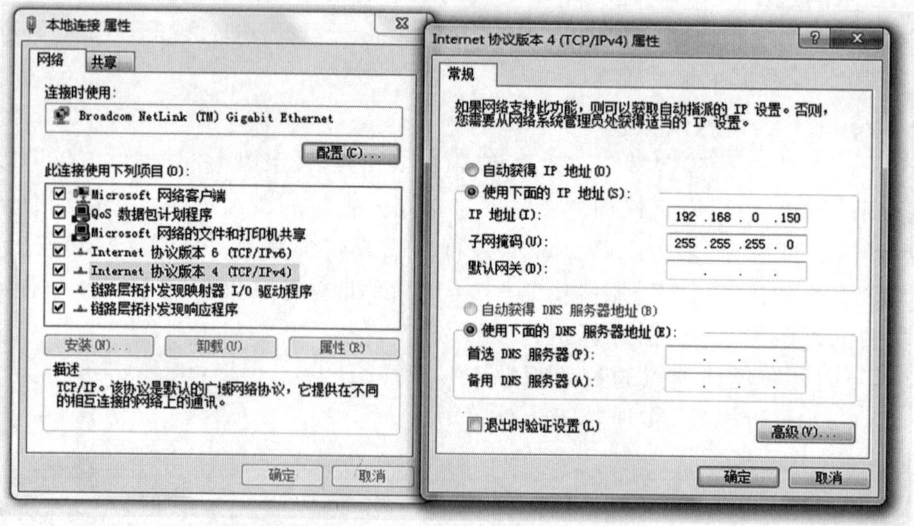

图 3.31　设置计算机 IP 地址

INV3062 内置 Wi-Fi 功能，可进行无线网络连接。INV3062 的 Wi-Fi 还可以设置为不同的模式，包括 AP 模式和 Station 模式。在 AP 模式下本身相当于路由器，可自动建立无线网络，允许计算机接入。在 Station 模式下则需要连接到其他无线 AP 网络上。

2. TST6250 移动式高速数据记录仪

TST6250 仪器各通道自带三种信号调理功能，调理类型和调理参数用户可任意设置。软件启动连接采集设备时自动识别调理类型和调理参数。各通道同时只能使用一种调理，TST6250 移动式高速数据记录仪的操作界面如图 3.32 所示。

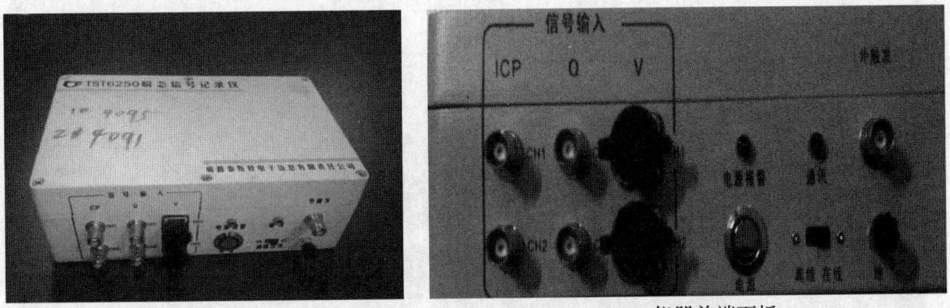

（a）设备整体　　（b）仪器前端面板

图 3.32　TST6250 移动式高速数据记录仪

图 3.32 中 ICP 表示 ICP 调理通道。Q 表示测试电荷信号。V 表示测试电压信号，且提供桥压。

在使用时，将“离线/在线”开关，拨到“在线”状态。TST6250 仪器电池需要充电，但在测试时，最好不充电，以免影响测试精度。在采集设备处于关闭状态下，也可对其充电。基本设置如下：

1)上位机设置

为了让上位机和 TST6250 仪器正常连接，必须修改上位计算机 IP 地址使其在同一网段内。在使用软件之前，应把主机计算机 IP 地址设置为 192.168.100.xx，xx 可选 2～255 之间的任意数值。一般设置为 192.168.100.50。

步骤一：确认网卡正常。

在“我的电脑”中打开“控制面板”，双击“系统”图标，选择“硬件”标签下“设备管理器”，如图 3.33 所示。

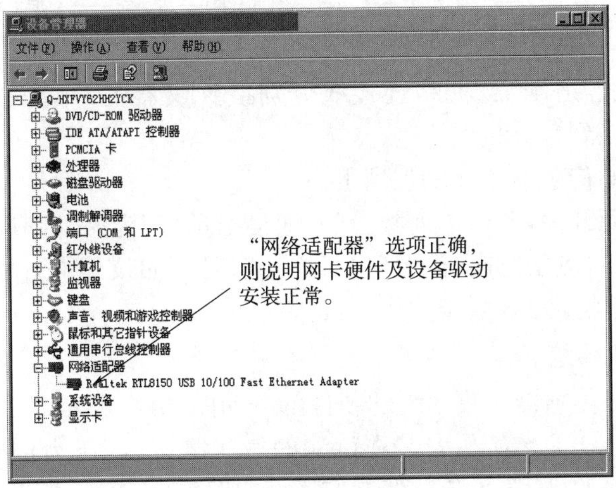

图 3.33　网卡确认

步骤二:设置 IP 地址及网关。

在“我的电脑”中打开“控制面板”,双击“网络连接”。选中“本地连接”后,右击打开“属性”。

在“常规”项选中双击“Internet 协议(TCP/IP)属性”,点击“属性(R)”,选“使用下面的 IP 地址”,IP 地址(I):192.168.100.50,子网掩码(U):255.255.255.0,默认网关(D):192.168.100.100 网线定义,设置成功后,点击确认。

设置 IP 地址以及网关的操作界面如图 3.34 所示。

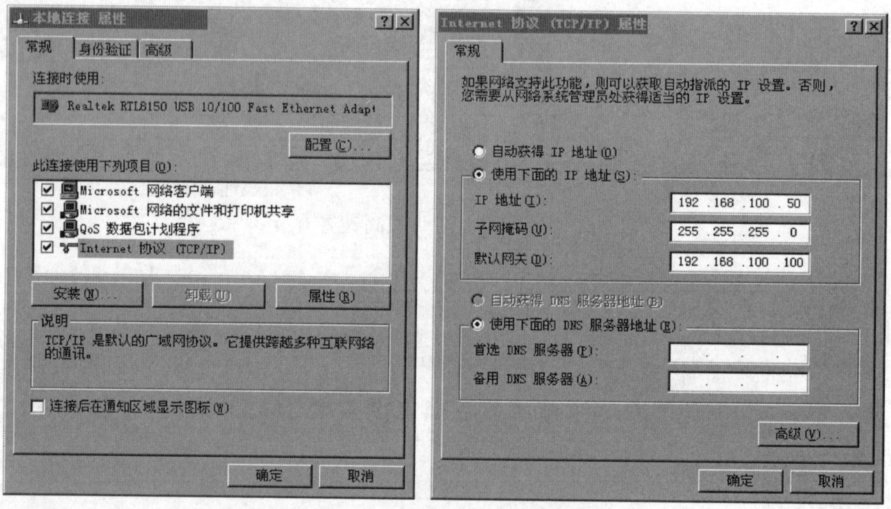

图 3.34 设置 IP 地址及网关

2)网线定义

设备单机使用时直接与计算机相连,在产品出厂时,已为用户配备了相应的网线。若用户需要可根据本节内容自己制作。

网线两端的定义完全按照国际标准 EIA/TIA 的布线标准 568B。

标准 568B:橙白—1,橙—2,绿白—3,蓝—4,蓝白—5,绿—6,褐白—7,褐—8。

3)硬件连接

步骤一:将电源线/适配器、网络连接线分别接到仪器上对应的接口位置分别在面板上,网络线的另一端接到计算机上。

步骤二:把相应的传感器连接到仪器上。

步骤三:打开电源开关,此时前面板上的“通信指示灯”为闪烁则说明等待连接。

步骤四:打开软件,点击“连接设置”进行连接即可。如仪器未连接好,软件连接灯则为红色。相应的检查仪器连接处是否连接错误。

3. IMC 数据采集系统

基于 IMC 的气压传感器采集系统的硬件部分如图 3.35 所示。

在进行测试时,将压力传感器安装在待测的气压测试区,压力传感器与八通道的 IMC 数据采集仪输入端连接。若压力传感器有若干个(超过 8 个),一个八通道的 IMC 数据采集仪输入端口不够，可以通过采用路由器、设置 IP 地址等，将所有的传感器接到若干八通道的 IMC 数据采集仪上（其中八通道 IMC 有自身供电电源，电压值为 15 V），最后与装有软件的 PC 机相连。

用网线将若干八通道数据采集仪接到试验前准备好的路由器上，观察路由器指示灯是否完好，再将一根网线接于 PC 机等待测试。

硬件部分全部安装并确认无误后，打开低压电源、八通道数据采集仪 imcC1－LEMO－MTC－ET、路由器、计算机电源开关进行软件性能调试。其主要过程如图 3.36 所示。

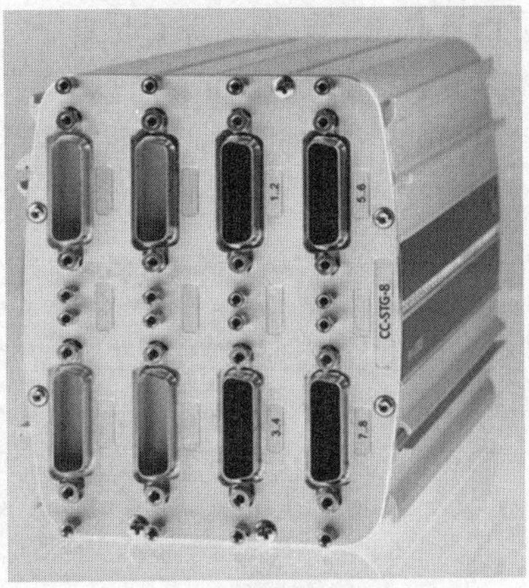

图 3.35 IMC 气压传感器采集系统

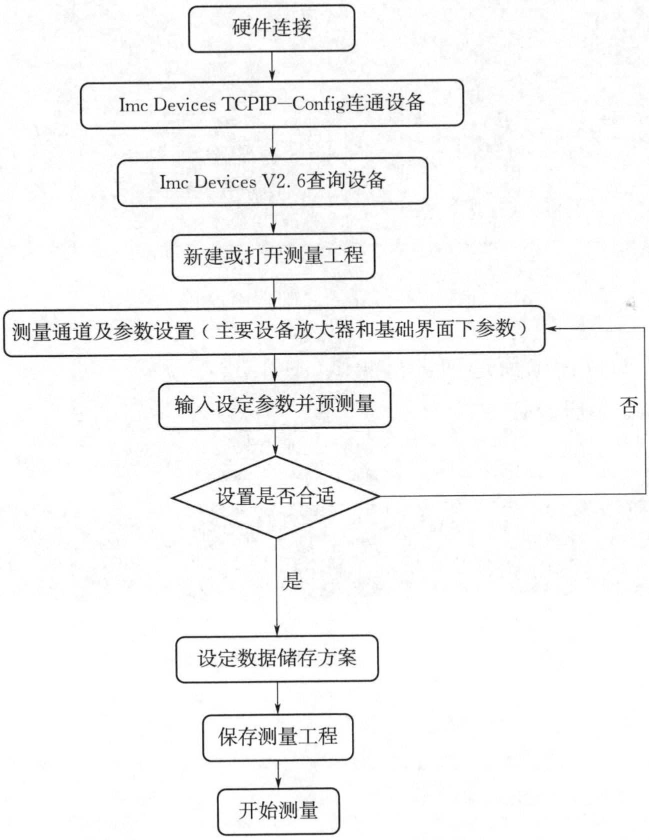

图 3.36 IMC 应用步骤

其主界面操作如下：打开 Imc Devices V2.7R3，在 Imc Devices 主界面上进入设置页面，在基础页面下选择通道，可以修改通道名称，激活要使用的通道，选择采样频率采样点数等参数，设置输入信号的 Y 因子（传感器灵敏度的倒数），设置完成之后确认。进入放大页面，设置测量模式和测量范围等。然后进入数据存储页面，可以选择在电脑上保存数据，也可以选择在 CF 卡上保存数据。

其软件具体操作如下：

(1)进入基础页面选择通道，并进行基本的设置，激活所有通道，持续时间为未定义，采样为未定义，如图 3.37 所示。

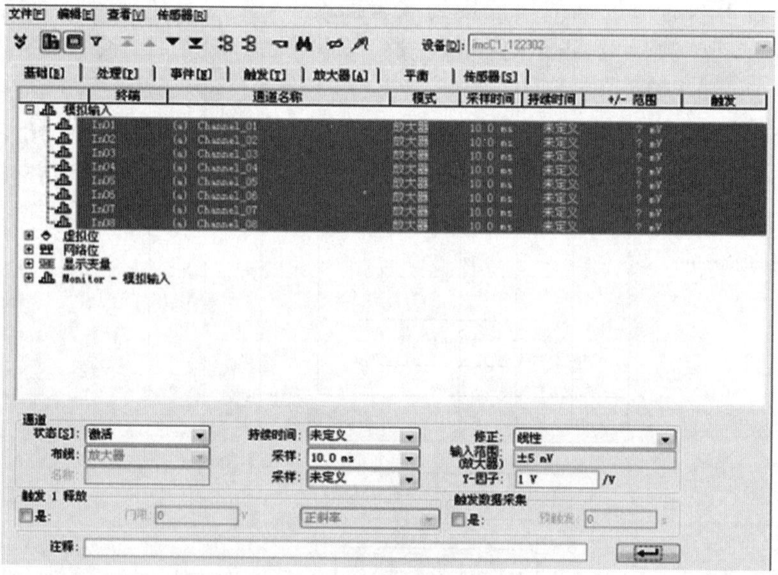

图 3.37 Imc 基础页面设置

(2)在放大器页面选择电流选项进行测试(图 3.38)。

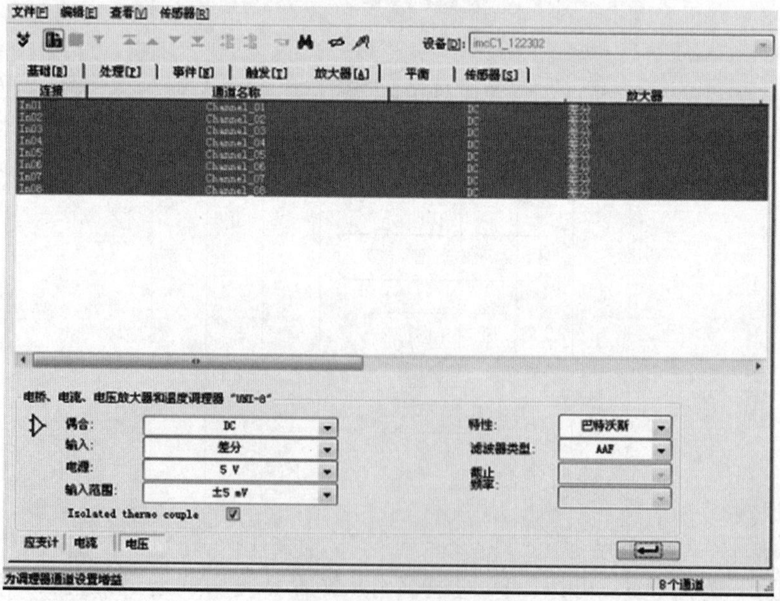

图 3.38 电流选项

(3)在处理界面改 Y—标定参数(图 3.39)。

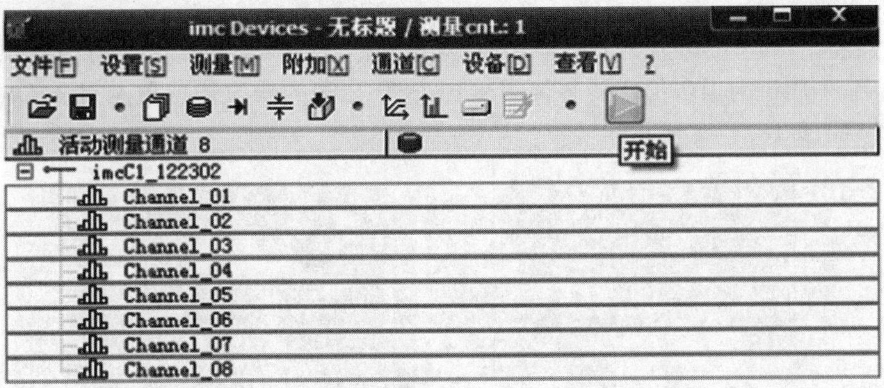

图 3.39　修改 Y—标定参数

(4)点击开始按钮,进行测试。

4. 传感器系统

在开展模型试验时,必须根据测试目的,选择配套的传感器,才能得到预期的测试数据。根据测试内容的不同,在高铁隧道气动分析中,所采用的传感器包括风速传感器、压力传感器、噪声传感器及加速度传感器等。这里重点介绍压力传感器和噪声传感器。

(1)压力传感器

对于目前的高铁隧道断面设计,如无列车会车工况,列车通过隧道所产生的气动压力一般在±5 kPa 以内。对于此量程的传感器,一般称为小压力传感器。

在试验测试中,采用过的国外压力传感器有 103A02 及 103B02 型小压力传感器,如图 3.40所示。其灵敏度为 220 mV/kPa,电压设定为±5 V,因此其量程在±23 kPa 以内。

采用过的国内压力传感器为 SUAY50 高频动态压力变送器,厂家可以根据需要对传感器的参数进行定制。设定传感器的压力测试范围为±5 kPa,电压设定为±5 V,如图 3.41 所示。

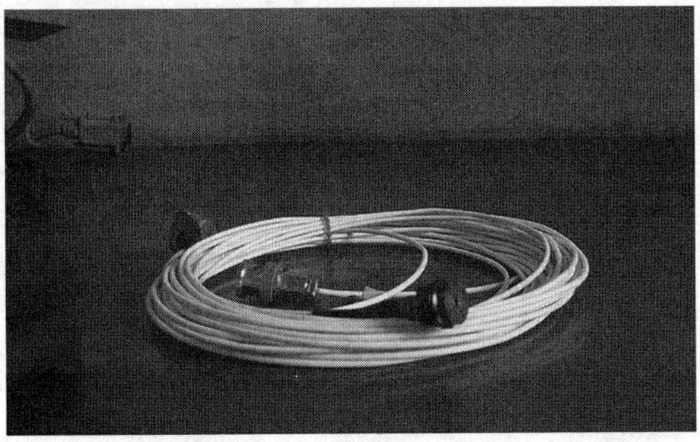

图 3.40　103A02 小压力传感器

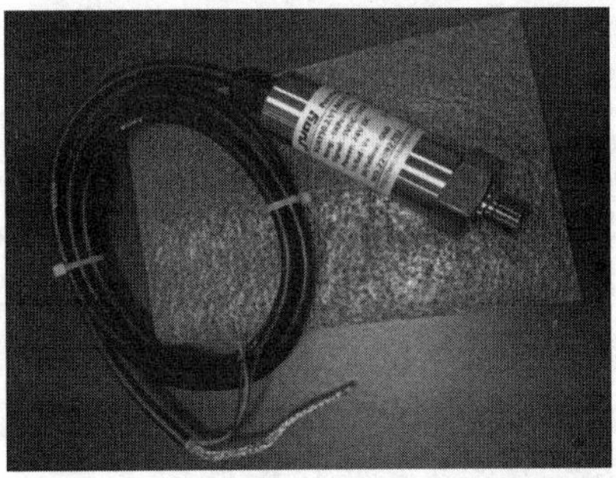

图 3.41　SUAY50 高频动态压力变送器

通过测试比较表明,SUAY50 型小压力传感器可以很好地反映压力波动过程,测试响应频率在 1 kHz 以上,能够满足测试需求,且具有价格实惠、维修方便,不需要采集仪提供激励电压等优点。

(2)噪声传感器

高铁隧道出口噪声一般在 200 Pa 以内,响应频率应在 1 kHz 以上,据此选择噪声传感器。试验中,采用过的噪声传感器主要有美国 PCB 公司的噪声传感器及丹麦 GRAS 公司的噪声传感器,如图 3.42 所示。

(a) PCB公司噪声传感器

(b) GRAS公司噪声传感器

图 3.42 噪声传感器

这两款噪声传感器的性能基本一致,PCB 公司所选用的灵敏度为 250 mV/Pa,GRAS 公司传感器所选用的灵敏度为 150 mV/Pa,电压设定为±5 V。在实际测试中,均可以取得较好的测试效果。

3.3 现场测试

现场测试是科研的重要手段之一,通过现场测试,可以了解工程中的实际问题,满足工程的实际需要,实现多种研究手段的相互验证。

(1)现场测试的事前准备。不同于其他的研究手段,现场测试有更多的不确定性,因此现场测试首先是做好事前准备。在确定现场测试的地点后,先安排人员提前踩点,了解测试地点的交通、供电、气候、饮食、地理环境、风俗习惯、安排住宿等,并对实际测试的难度进行预估。同时,后续人员应进行现场测试的模拟,检查并熟悉仪器,准备备用仪器,预想各种突发情况并提出应急措施,确保到现场后能快速有效地投入到测试中。

(2)现场测试数据采集方式的确定。高速铁路隧道空气动力效应的现场测试数据采集有在线采集和离线采集两种。在线采集是将采集仪器通过电力线载波通信(俗称电力猫)或者电缆与隧道洞外笔记本连接,列车通过时通过笔记本打开采集仪采集数据并将数据直接显示在电脑屏幕上。离线采集是设定采集仪的触发条件,列车通过时采集仪自动采集数据并存储。在线采集需要耗费更多的人力物力,但可以实时了解测试情况,并根据测试数据做出相应的调整。离线采集方便快捷,但发生错误时不易察觉,需要隔段时间拷出测试数据进行分析。

(3)现场测试仪器的安装。高速铁路隧道空气动力效应的现场测试一般是在联调联试期间,列车已经开始运行,仪器安装以及电线的铺设需要考虑列车风的影响。压力传感器、噪声传感器、采集仪可以用木板和胶带固定，电线可以铺设在检查通道的施工缝里。具体的测试设备及测试仪器的使用如图 3.43 所示。

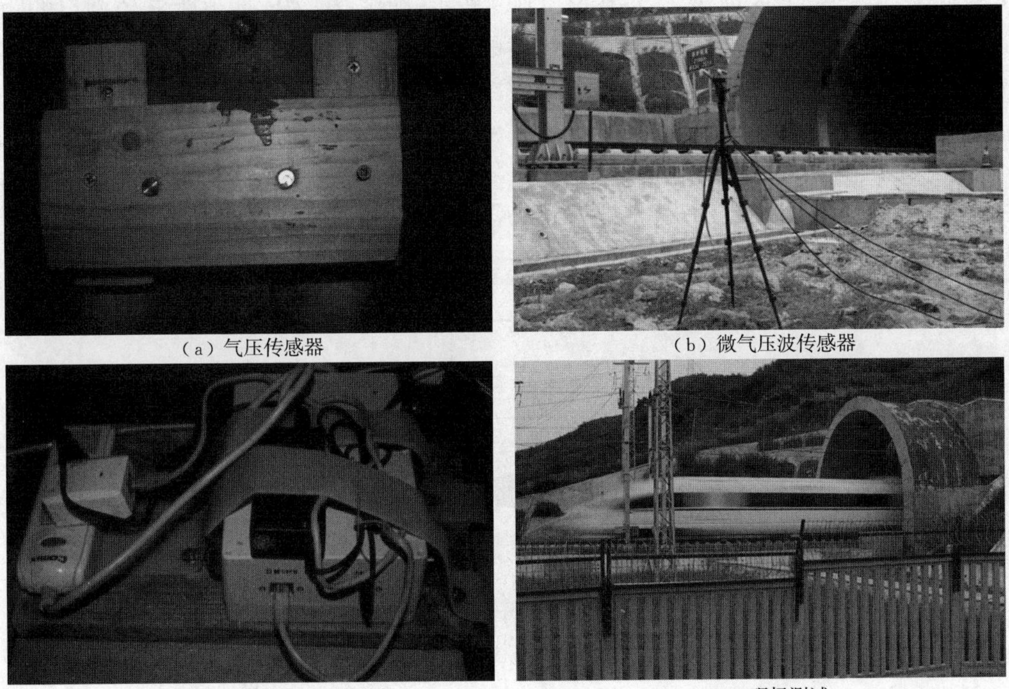

（a）气压传感器　（b）微气压波传感器

（c）数据采集器　（d）现场测试

图 3.43　辛吉坪、铁炉、大乘山隧道测试设备及测试现场

现场测试的进行。在进行现场测试的时候，要注意人身和设备安全，服从项目负责人的安排，积极努力完成任务，避免与施工或者当地人员发生冲突，遇到突发情况先报告负责人。

3.4　工程应用

3.4.1　隧道支洞缓解微气压波分析

1. 缓解微气压波机理

在实际工程中，为加快施工进度所修建的支洞形式多种多样，可以采用单侧或双侧布置，横通道可以是单个或多个。对于横通道设施各个支洞的名称，一般将平行于隧道主洞的通道称为平导（即平行导洞），与隧道和平导垂直的支洞称为横通道。

横通道及平导使隧道洞口区段所产生的气动效应复杂化。横通道的功能与竖井、斜井等的功能类似，只是竖井、斜井距离隧道入口相对较远。

基于对竖井的入射波反射规律的分析，可以确定横通道压力波的传播规律，将横通道的气动压力变化分为 3 个阶段：

（1）首波（标记为①）传播及泄压（压缩波为实线，膨胀波为虚线，下同）

该过程是首波到达横通道处的压力释放过程，与竖井的传播过程一致。

列车进入隧道产生压缩波，传播到竖井与隧道连接处时，一部分波以反号波反射，另一部分波则以 2 个同号波向前传播，如图 3.44(a)所示，图中：l_h 为横通道距隧道洞口的距离；d_h 为主洞与平导间距。当沿横通道向外传播的波到达横通道出口时，以反号波反射回来，向隧道入口传播的波到达隧道入口也产生同样反射，如此往复传播。

(2)2 次波产生与传播

列车到达横通道处，由于空间突变，列车经过再次形成压缩波。该波分为 2 个分支，隧道主洞部分(标记为②)和横通道部分(标记为③)，均为压缩波，如图 3.44(b)所示。

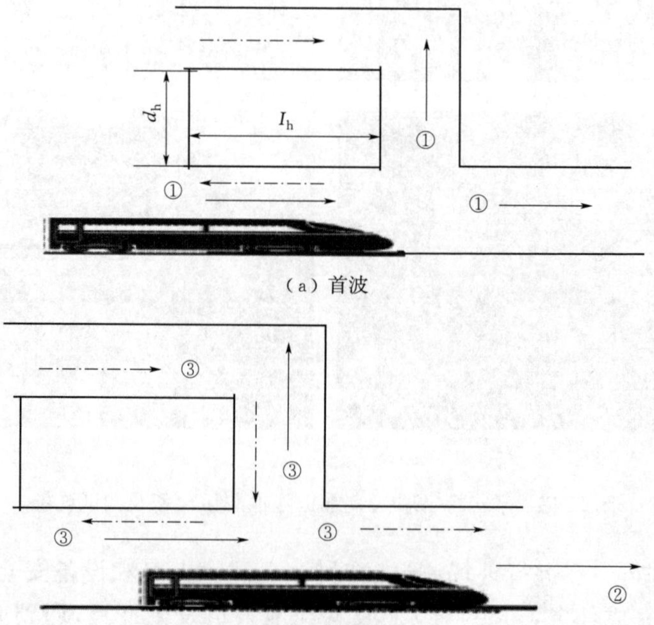

(a) 首波

(b) 二次波产生、传播与反射

图 3.44　横通道气动压力变化

(3)2 次波反射

分配到横通道中的压缩波，到达横通道外开阔空气域转变为膨胀波，向隧道方向传播，在横通道与隧道连接处分为 3 支：隧道入口方向(膨胀波)、隧道出口方向(膨胀波)和反射回横通道方向(转换为压缩波)。

2. 数值模拟

利用商用工程软件 Ansys 中的 Fluent 模块，开展列车进入隧道气动过程的模拟分析。紊流模型选用大涡模型(LES)，计算中介质采用理想气体。

在计算中，列车采用 CRH3 型动车，机车横截面积为 11.624 m^2，车长为 100 m，车速 v_c=350 km/h，隧道面积为 100 m^2，时速 350 km 双线隧道标准设计断面，隧道洞口设置 1 个横通道，h=20 m，d_h=15 m，横通道面积为 29 m^2，平导段隧道面积为 35 m^2，模型的隧道长度为 500 m，隧道两端空气域长度为 300 m，列车距离隧道入口为 100 m，隧道及横通道布置如图 3.45 所示。

在计算中,模型的最小网格尺寸为 0.02 m×0.02 m,并在某些关键区域进行了网格细化。隧道出入口区域采用无反射边界,车头、隧道、横通道模型网格如图 3.46 所示。计算中的迭代次数为 7 次,计算步长为 0.000 5 s,最大残差 0.001。

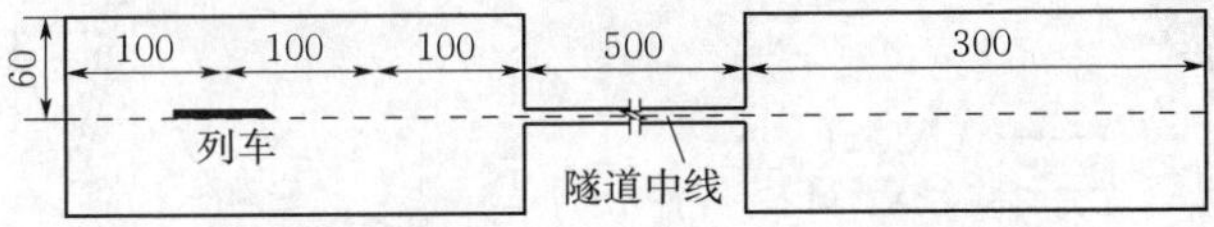

图 3.45 数值计算中隧道及横通道布置示意图(单位:m)

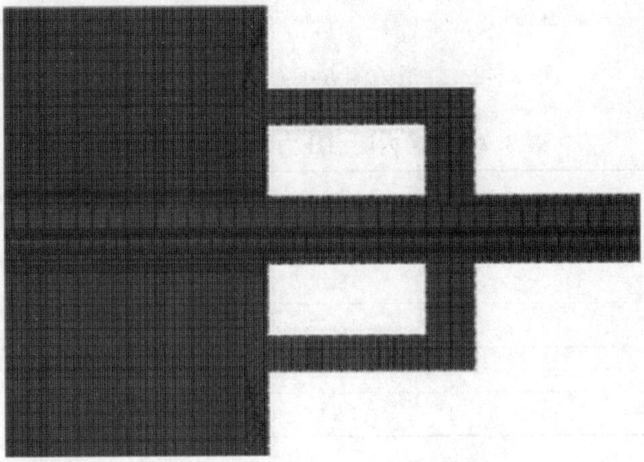

图 3.46 数值计算模型网格分布

3. 计算结果及分析

通过计算得到,在无横通道时,距离隧道洞口 10 m、15 m、20 m 时隧道内测点压力及压力梯度监测曲线,如图 3.47 所示。横通道距离隧道入口 20 m,设置横通道后,隧道内距隧道入口 200 m 处测点压力及压力梯度曲线如图 3.48 所示,各曲线的压缩波及压力梯度峰值见表 3.2。

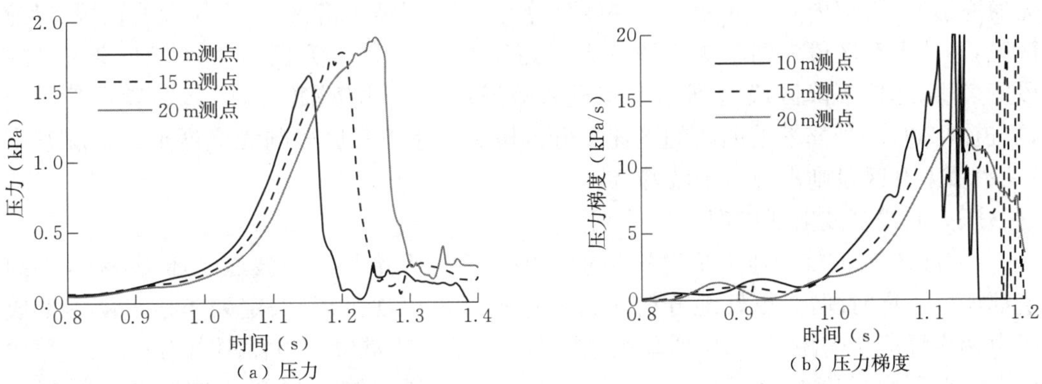

图 3.47 无横通道时隧道内测点压力及压力梯度变化曲线

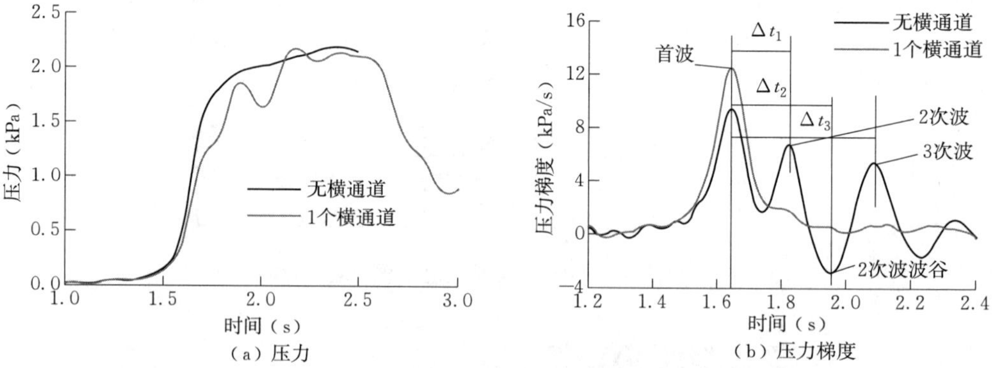

图 3.48　隧道内测点压力及压力梯度曲线

表 3.2　隧道内测点压力及压力梯度峰值

测点距隧道入口距离(m)	无横通道		有横通道	
	压力峰值(kPa)	压力梯度峰值(kPa/s)	压力峰值(kPa)	压力梯度峰值(kPa/s)
10	1.60	18.0	—	—
15	1.80	12.7	—	—
20	1.90	12.6	—	—
200	2.20	12.6	2.17	9.3

1)波动曲线

从有、无横通道的压力及压力梯度曲线可知：

(1)压力梯度在列车进入隧道较短距离即达到峰值，压缩波在列车完全进入隧道前一直增加。列车进入隧道 10～20 m 过程中，压缩波处于上升期，曲线峰值是逐渐增加的，如图 3.47(a)所示，而压力梯度很快上升，在 10 m 左右已经达到峰值，如图 3.47(b)所示。

(2)隧道设置横通道与无横通道相比，压力曲线波动相差较大，会出现次级波峰、波谷。在无横通道时，隧道内 200 m 处压力梯度可分为 3 段：迅速上升区段、平缓上升区段、迅速下降区段，迅速上升区段为列车头部段突入隧道所产生；平缓上升区段为列车车身进入隧道阶段所产生；迅速下降区段为列车车尾进入隧道所产生的膨胀波所引起。设置横通道以后，隧道内 200 m 处压缩波曲线的迅速上升区段和迅速下降区段与无横通道的情况基本一致；在平缓上升区段则出现多个波峰、波谷。

2)压力曲线多波出现机理

(1)首波、2 次波峰值压力梯度峰值形成距离差异无论是压缩波还是压力梯度，要到达峰值都需要一定时间，为更好地分析压力梯度多峰值出现机理，假定列车进入隧道形成首波压力梯度峰值所需距离为 x，列车经过横通道形成 2 次波峰值所需距离为 x，根据前面对洞口多测点压力梯度对比，取 $x=10$ m。图 3.49 为压力波在隧道内传播到达时刻计算简图。

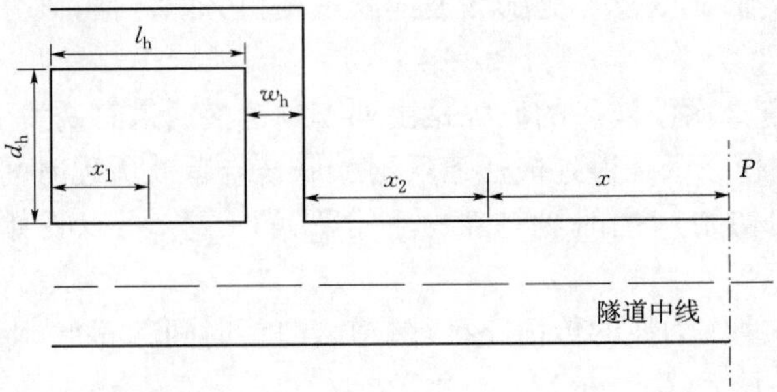

图 3.49 隧道内测点压力波动特性分析简图

计算中，横通道距离隧道入口 $l_h=20$ m，横通道在隧道方向宽度 $w_h=5.9$ m，压缩波传播速度为 $v_b=340$ m/s。以隧道入口为时间起始点，则首波和 2 次波分别到达隧道内 P 处距离所用时间为：

$$t_1=x_1/v_c+(l_h-x_1+\omega_h+x_2+x)/v_b \tag{3.98}$$

$$t_2=(l_h+\omega_h+x_2)/v_c+x/v_b \tag{3.99}$$

$$\Delta t_1=t_2-t_1=(l_h+w_h+x_2)/v_c+x/v_b-x_1/v_c-(l_h-x_1+w_h+x_2+x)/v_b$$
$$=(l_h+w_h+x_2-x_1)/v_c-(l_h+w_h+x_2-x_1)/v_b$$

记 $\Delta x=x_1-x_2$，则有

$$\Delta t_1=(l_h+w_h-\Delta x)/v_c-(l_h+w_h-\Delta x)/v_b$$
$$\Delta x=[(l_h+w_h)(1/v_c-1/v_b)-\Delta t_1]/(1/v_c-1/v_b)$$

经计算得到，隧道内 200 m 测点处首波、2 次波压力梯度峰值出现时刻分别为 $t_1=1.648$ s，$t_2=1.826$ s，则 $\Delta t_1=0.178$ s. 计算得到 $\Delta x=1.7$ m，$x_1>x_2$。

(2)2 次波波谷

2 次波波谷产生的原因可能有两种：

①列车进入隧道所形成的首波分配到横通道的压缩波分支，传播至横通道出口后，反射成为膨胀波向隧道方向传播。该膨胀波到达横通道与隧道交叉处，又分为 3 支：第 1 支转换为压缩波又向横通道出口传播；第 2 支作为膨胀波向隧道入口方向传播；第 3 支作为膨胀波向隧道出口方向传播，该分支正是产生 2 次波波谷的原因。

在该情况下，引起 2 次波波谷的波源与隧道内首波是一致的，只是行走路径不同，在横通道内有 1 个折返的过程，于是得到横通道反射膨胀波与首波历程时间差。

以横通道的中心线作为波的传播路径，隧道入口为时间起算点，则有

$$t_1=x_1/v_c+(l_h-x_1+w_h+x_2+x)/v_h \tag{3.100}$$

$$t_2=x_1/v_c+(l_h-x_1)/v_h+2(w_h+d_h+l_h)/v_h+(x_2+x)/v_h \tag{3.101}$$

于是有

$$\Delta t_2=2(d_h+l_h)/v_h+w_c/v_b=0.233\ \text{s} \tag{3.102}$$

②列车到达横通道时，产生 2 次波在隧道内传播的同时，在横通道内也产生压缩波。该横通道压缩波传播至横通道出口后，反射成为膨胀波向隧道方向传播。该膨胀波到达横通道与隧道交叉处，又分为 3 支：第 1 支转换为压缩波又向横通道出口传播；第 2 支作为膨胀

波向隧道入口方向传播；第 3 支作为膨胀波向隧道出口方向传播，该分支正是产生 2 次波波谷的原因。

在该情况下，引起 2 次波波谷的波源是由列车到达横通道时诱发引起的压缩波，在横通道内传播并折返的过程。于是得到横通道反射膨胀波与首波历程时间差。

由于该工况波的初始产生时刻与第一种情况的一致，所以初始时间 t_1 可以按公式(3.100)进行计算。

以横通道的中心线作为波的传播路径，隧道入口为时间起算点，则有

$$t_2=(l_h-w_h)/v_c+2(d_h+l_h)/v_h+(x_2+x)/v_h \tag{3.103}$$

于是有

$$\Delta t_2=(l_h+w_h-x_1)/v_c+(2d_h+l_h+x_1-w_h)/v_h=0.323(\text{s})$$

由计算曲线上检测到的 $\Delta t_2=0.314$ s，所以，第 2 种诱发原因更为合理。

(3)横通道产生压缩波的 2 次反射波(压缩波)

对 2 次波波谷的分析表明，从横通道传播到隧道都是膨胀波，在监测曲线中看到有第 3 个波峰，而波峰一定是压缩波引起，其产生原因为分配到横通道中的压缩波，经横通道出口及隧道入口反射，再次向隧道出口方向传播的压缩波，

参考图 3.49，首波及该压缩波到达隧道内测点 P 的时刻为

$$t_1=x_1/v_c+(l_h-x_1+w_h+x_2+x)/v_h \tag{3.104}$$

$$t_2=(l_h+w_h)/v_c+2(d_h+l_h)/v_h+(2l_h+w_h)/v_b+2(x_2+x)/v_b \tag{3.105}$$

于是有

$$\Delta t_3=(l_h+w_h-x_1)/v_c+(2d_h+3l_h+x_1)/v_b=0.457(\text{s})$$

实际监测曲线的时间差为 $\Delta t_3=0.45$ s。

上述计算，隧道内测点压力梯度峰值出现时间差见表 3.3。

表 3.3 压力梯度多波峰出现时刻对照表

首波波峰次数	峰值时间差	
	数值计算	理论分析
2 次波波峰	0.178	0.178
2 次波波谷	0.314	0.323
3 次波波峰	0.450	0.457

3)压力波传播特性应用

通过分析可知，列车在经过的设置横通道后，隧道内压力出现多波峰、波谷的原因是在横通道处压缩波、膨胀波的传播、反射。利用这些特性，可以更好理解压力梯度曲线中波峰、波谷的产生原因。

针对第 3 压力梯度峰值，可知横通道的不利位置，分析思路如下：

当压缩波首波分配到横通道内的分支，传播到达横通道出口，反射到达横通道与隧道交叉点处时刻与列车经过该点时刻重合，会使分配到横通道的压缩波叠加，则有

$$x_1/v_c+(l_h-x_1)/v_b+2(l_h+d_h)/v_b=(l_h+w_h)/v_c \tag{3.106}$$

$$l_h=[(x_1-w_h)/v_c+(2d_h-x_1)/v_b]/(1/v_c-3/v_b) \tag{3.107}$$

算例中，$x_1=10$ m，$d_h=15$ m，则 $l_h=49$ m。

$l_h=50$ m 和 $l_h=20$ m 时的压力梯度对比分析曲线如图 3.50 所示。

$l_h=50$ m 时，首波的 2 次波峰时间差为 $\Delta t_1'$，首波的 3 次波峰时间差为 $\Delta t_3'$；$l_h=20$ m 时记 2 次压力梯度为 P_2，3 次压力梯度为 P_3，$l_h=50$ m 时对应的压力梯度分别记为 P_2'、P_3'。

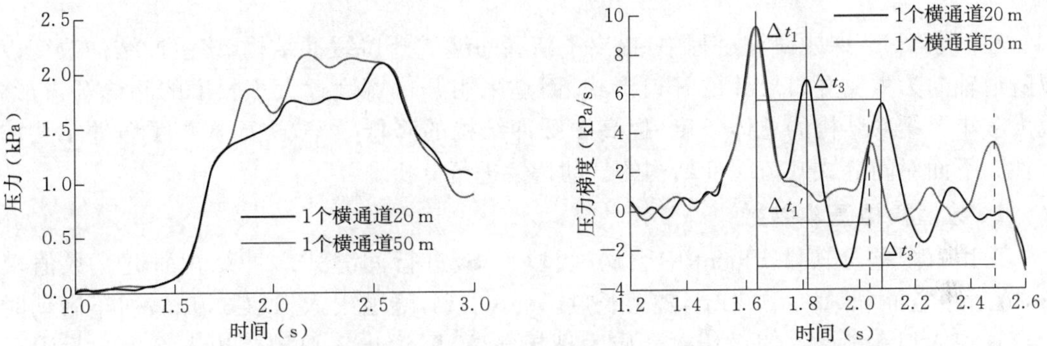

（a）压力　　（b）压力梯度

图 3.50　不同横通道设置位置时隧道内测点压力及压力梯度曲线

（测点距隧道入口 200 m）

计算得到 $\Delta t_1'$、$\Delta t_3'$ 的理论值分别为：$\Delta t_1'=0.4$ s，$\Delta t_3'=1.0$ s，由图 3.49 得到

$\Delta t_1'=0.4$ s，$\Delta t_3'=0.85$ s；$P_2'=3.3$ kPa/s，$P_3'=3.4$ kPa/s；$P_2=6.6$ kPa/s，$P_3=5.3$ kPa/s。

通过对比分析表明：首波、2 次波、3 次波峰的时间差理论值与计算值一致，不随横通道位置变化而改变。$l_h=50$ m 时的计算值 $\Delta t_3'$ 小于理论值，主要原因是：原则上 3 次波峰值应继续升高，但 $t=2.5$ s 后车尾的膨胀波到达了[图 3.48(a)]，所以峰值出现时刻小于理论值。

横通道 $l_h=50$ m 时的 3 次波出现了叠加，$P_2'<P_3'$；而 $l_h=20$ m 时，$P_2'>P_3'$，由于车尾膨胀波的到达，限制了 3 次波峰值的继续上升。否则，P_3' 会更高。

列车以相同速度经过相同断面横通道，不同横通道位置工况下，首波压力梯度峰值一致，与横通道位置无关，而引起的 2 次波压力梯度峰值有很大差异，$P_2'\gg P_3'$。这说明，横通道隧道洞口距离大，压力波传输距离长，容易受其他反射波影响，列车经过横通道所产生的 2 次波会有所减弱。因此，仅从横通道的气动特性分析其设置位置的优劣是不够的。从本文的算例表明，横通道位置 $l_h=50$ m 更为合理。

4. 结论

在设置的横通道条件下，通过对车隧气动特性的理论分析和数值模拟，得到如下结论：

(1)在列车进入隧道过程中，压缩波压力达到峰值需要较长时间，在列车车体进入隧道过程中一直是增加的，而压力梯度达到峰值所需时间较短，在列车进入隧道 10 m 左右，即达到峰值。

(2)列车进入隧道形成首波压力梯度峰值所需运行距离要略大于列车经过横通道形成 2 次压力梯度波峰值所需运行距离。

(3)列车经过横通道时，在横通道内也产生压缩波，其反射、传播影响隧道内压力梯度多个波峰、波谷的出现和峰值的大小。

(4)随着横通道距隧道入口距离增大，列车经过横通道所产生的次级压力波动效应会有所降低。横通道位置设置在 50 m 与设置在 20 m 处相比，首波压力梯度峰值基本不变，但次级波的压力梯度峰值更小。

3.4.2 间缝式开口隧道缓冲结构气动特性分析

在国家“863”课题研究过程中，提出了新型间缝式开口缓冲结构，该缓冲结构改变以前以隧道轴向为主要开口尺寸的开口形式，而是采用开口宽度远大于长度的间缝开口形式，大大减小了缓冲结构的总体长度，提高了缓冲结构的降低效率，进而提高了缓冲结构的经济性。下面对间缝式开口缓冲结构的气动特性进行分析。

1. 数值模拟基本参数

采用有限差分软件 Fluent 中大涡模型(LES)进行间缝式缓冲结构研究。数值模拟中，隧道净空面积 A_r=100 m^2，隧道长度 L=500 m，隧道出入口取 300 m，列车启动时刻距离隧道入口 100 m。假设传播介质为理想气体，隧道出入口周围边界设置为无限远域(pressure far-field)。列车模型采用 CRH3 型列车，列车截面积 A_s=11.62 m^2，隧道阻塞比 $\beta(\beta=A_s/A_T)=0.116$，列车速度取 v=350 km/h。计算中，在隧道内距入口 200 m 处设置压力监测点，对比压缩波首波压力梯度变化情况，分析缓冲结构缓解微气压波的效果。

隧道及隧道出入口空气域选取如图 3.51 所示。间缝式单开口缓冲结构网格划分及结构尺寸标记如图 3.52 所示。

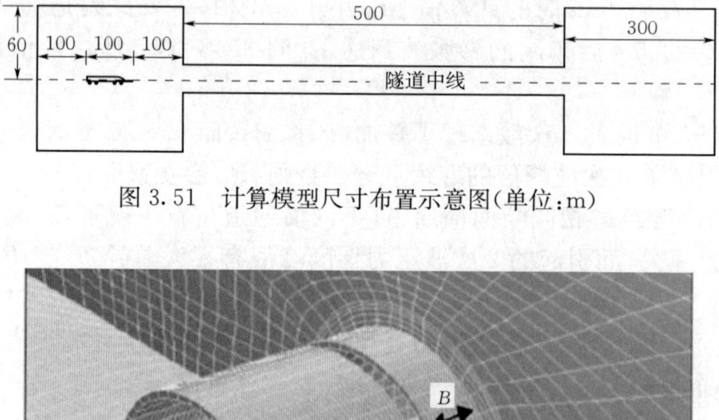

图 3.51 计算模型尺寸布置示意图(单位:m)

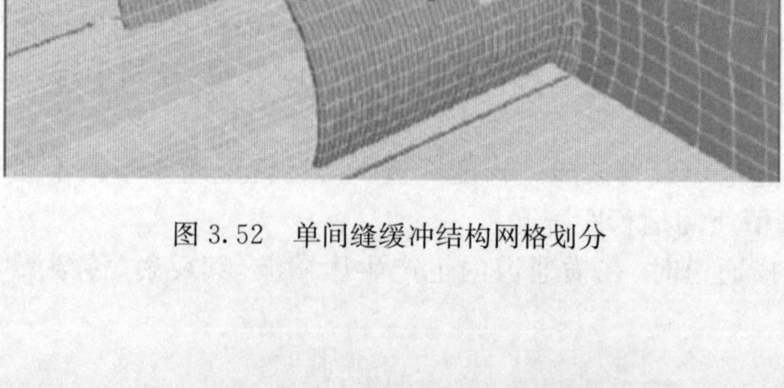

图 3.52 单间缝缓冲结构网格划分

影响间缝式缓冲结构气动降低效果的主要因素为开口率和开口距离(开口率=缓冲结构开口面积/隧道横断面面积),不同开口距离对应不同的开口宽度。计算中间缝式开口环向弧段长度为 17.6 m,开口距缓冲结构入口距离 $A=6$ m。对于单间缝缓冲结构,通过改变开口纵向长度 X,研究开口率对缓冲结构气动降低效果的影响。具体计算工况参数见表 3.4。双间缝缓冲结构,保持开口距离 $A=6$ m、开口间距 $B=12$ m 不变,通过改变开口纵向长度参数 X 和 Y 来分析开口率对缓冲结构气动降低效果的影响。具体计算工况参数见表 3.5。

表 3.4 单间缝缓冲结构数值计算参数

结构参数	工况 1	工况 2	工况 3
A(m)	6.0	6.0	6.0
X(m)	1.0	1.28	1.5
B(m)	3.0	3.0	3.0
开口率(%)	17.6	22.53	26.4

表 3.5 双间缝缓冲结构数值计算参数

结构参数	工况 4	工况 5	工况 6
X(m)	1.0	1.0	0.75
B(m)	12	12	12
Y(m)	1.5	0.4	0.4
开口率(%)	44.0	24.6	22.0

2. 间缝式缓冲结构缓解效果

1)单间缝缓冲结构

单间缝缓冲结构计算得到的压力梯度曲线如图 3.53 所示,具体计算结果见表 3.6。

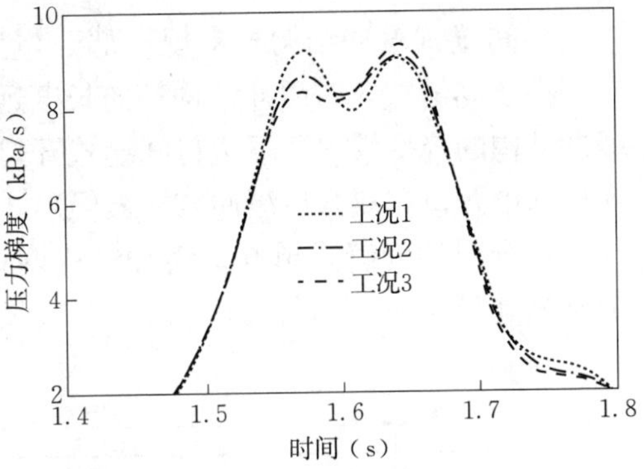

图 3.53 压力梯度曲线

从计算结果可以看出,在开口距离 $A=6$ m 时:

(1)单间缝缓冲结构的压力梯度曲线显示 2 个波峰,首波及二次波波峰。

(2)随着开口率的增大,首波压力梯度波峰不断降低,二次波波峰不断上升。

(3)开口长度为 1.28 m 时(开口率为 22.53%)。首波和二次波波峰相等,压力梯度降低率最高。工况 2 为单间缝缓冲结构的最优形式。

表 3.6 数值模拟计算结果

结构参数	工况 1	工况 2	工况 3
开口率(%)	17.6	22.53	26.4
首波峰值(kPa/s)	9.31	9.14	8.36
二次波峰值(kPa/s)	8.80	9.08	9.34
压力梯度降低率(%)	32.04	33.28	31.82

注:无缓冲结构时,压力梯度曲线为单峰曲线,峰值为 13.7 kPa/s。

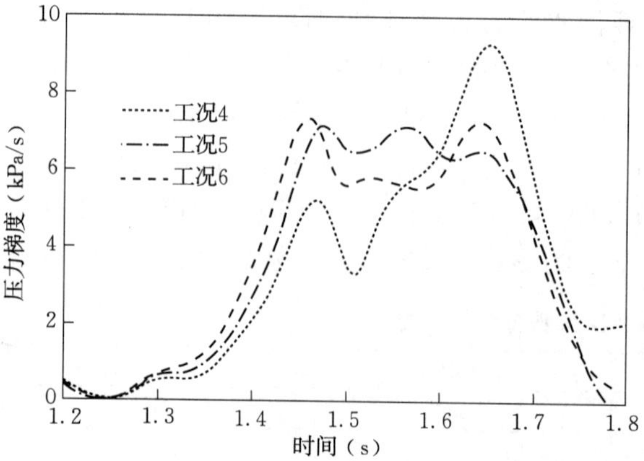

图 3.54　压力梯度曲线

2)双间缝缓冲结构

双间缝缓冲结构各工况计算得到的压力梯度曲线如图 3.54 所示，具体计算结果见表 3.7。

从计算结果可以看出，在开口距离 $A=6$ m，开口间距 $B=12$ m 时：

(1)双间缝缓冲结构的压力梯度曲线显示出 3 个波峰，首波及 2 个次级波波峰。

(2)随着总开口率增大，首波压力梯度波峰不断降低，而次级压力梯度峰值会有所升高。

(3)第一开口宽度为 1.0 m，第二开口宽度为 0.4 m 时，首波和二次波波峰接近，压力梯度降低率最高。工况 5 为双间缝缓冲结构的最优形式。

表 3.7　数值模拟计算结果

结构参数	工况 4	工况 5	工况 6
开口率(%)	44.0	24.6	22.0
压力梯度峰值(kPa/s)	9.3	7.1	7.3
压力梯度降低率(%)	32.1	48.2	46.7

3)间缝式缓冲结构与常规顶部开口型缓冲结构对比

由于间缝式开口缓冲结构环向长度远大于纵向长度，使缓冲的长度大大减小，从而提高了缓冲结构的降低效率。下边将间缝式开口缓冲结构与常规顶部开口型缓冲结构进行对比，常规顶部单开口和双开口缓冲结构最优形式如图 3.55 和图 3.56 所示，具体参数见表 3.8。

综合对比间缝式单开口缓冲结构两种最优工况和顶部单开口缓冲结构的最优工况，其中延米降低率=压力梯度降低率/有效长度，见表 3.8 和表 3.9。

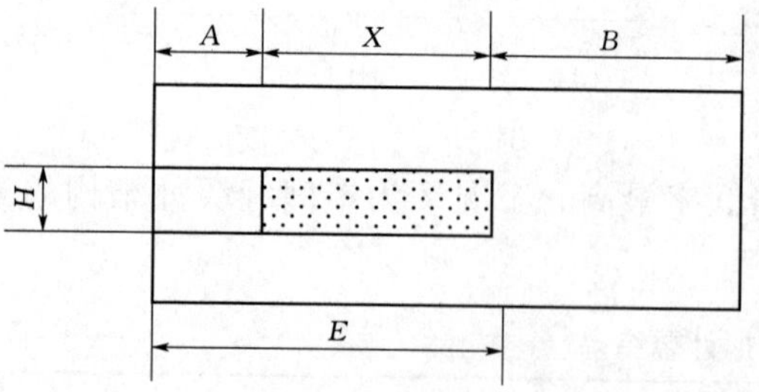

图 3.55　顶部单开口缓冲结构示意图

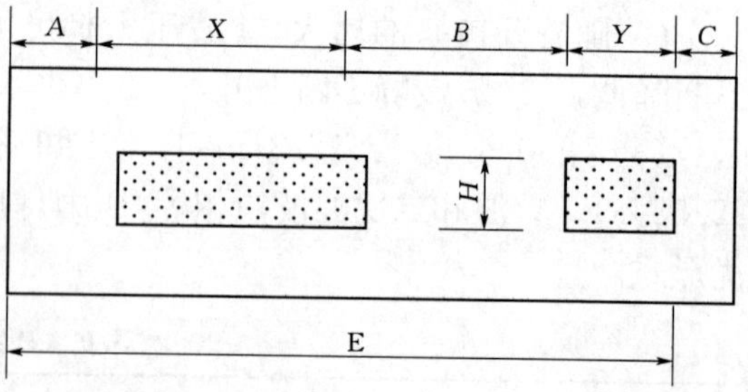

图 3.56　顶部双开口缓冲结构示意图

表 3.8　顶部开口型缓冲结构最优工况参数表

结构参数	A(m)	X(m)	B(m)	Y(m)	H(m)	E(m)	压力梯度峰值(kPa/s)	压力梯度降低率(%)
顶部单开口	4	9.5	2	—	4	13.5	8.25	39.78
顶部双开口	3	10.5	9	3	4	25.5	7.30	46.70

表 3.9 间缝式开口与顶不开口型缓冲结构对比

缓冲结构	有效长度 E(m)	压力梯度降低率(%)	延米降低率(%)
顶部单开口	13.5	39.78	2.95
间缝式单开口	7.28	33.28	4.57
顶部双开口	25.5	46.70	1.83
间缝式双开口	19.4	48.2	2.48

从上述对比可以看出：总压力梯度降低率方面，间缝式开口缓冲结构和顶部开口缓冲结构效果相当，但在延米降低率（降低率/缓冲结构长度）方面，间缝式缓冲结构优势明显，间缝式开口缓冲结构降低效率更高、经济性更好。

3. 结论

对新型间缝式缓冲结构的气动特性分析，得出如下结论：

(1)列车经过单间缝缓冲结构压力梯度曲线有 2 个波峰，在开口距离确定的条件下，随着开口率的增大，压力梯度峰值曲线首波波峰不断下降，二次波波峰不断上升。通过分析，确定出优选开口参数，压力梯度降低率达 30%以上。

(2)列车经过双间缝缓冲结构压力梯度曲线有 3 个波峰，随着总开口率增大，首波压力梯度波峰不断降低，而次级压力梯度峰值会有所升高。通过分析，确定出优选开口参数，压力梯度降低率达 45%以上。

(3)与常规的顶部开口型缓冲结构相比，间缝式缓冲结构延米降低率的优势明显，说明间缝式缓冲结构降低效率更高、经济性更好。

(4)通过模型试验和现场测试，对数值计算结果进行了印证。该新型缓冲结构形式已经应用于工程实际，由于其简便的设计形式，将有很广阔的应用前景。

3.4.3 高速铁路隧道缓冲结构气动载荷与结构应力特性分析

1. 车隧气动荷载概述

随着列车速度的提升，由高速所带来的问题越来越明显，其中安全问题尤为突出。当高速列车进入隧道时，其过程可近似描述成活塞运动。高速列车由三维的半无限空间进入隧道有限空间时，空间体积的突变使得高速列车挤压空气产生压缩波和膨胀波，波在隧道内往复传播，隧道结构长期在应力波作用下，易发生疲劳破坏。为了缓解洞口微压波的破坏作用，一方面洞口的缓冲结构会设置多个开口，使结构的强度有所降低；另一方面，因洞口结构形式多为明洞，故其受力状态较之洞身更为不利。因此，洞口缓冲结构段气动载荷特性是隧道结构的分析重点，有必要开展相关的研究。

国内外高速铁路隧道都出现过由于气动荷载原因造成的结构破坏如衬砌掉块问题，如今隧道结构气动载荷问题已经引起了广大学者的重视，但是对于隧道结构洞口段，特别是对缓冲结构气动载荷特性的研究还较少，本小节将针对缓冲结构的气动特性进行分析，确定缓冲结构的薄弱部位，以便为工程设计提供指导。

车隧气动耦合分析涉及对列车进入隧道时的流场分析和压缓冲结构上的应力场分析。结构分析主要包括结构自重应力场的计算以及结构在气动压力作用下的结构动应力场分析,气动压力的分析和计算是关键,下面对分析理论和计算方法做简要介绍。

2. **隧道缓冲结构气动荷载影响分析**

1)基本参数拟定

车隧气动载荷分析可分为两个部分:列车进入隧道气动载荷的计算及气动载荷对结构影响的计算。

在流体计算中,选取隧道断面为 100 m^2,如图 3.57 所示。隧道长度取 500 m,车长 100 m,列车进入隧道前距隧道入口 100 m,计算区域总体长度 1 100 m,计算模型尺寸如图 3.57 所示。列车采用 CRH3 列车,列车车头网格如图 3.58 所示。计算模型尺寸布置示意如图 3.59 所示。

对于顶部设置单一开口的缓冲结构,其结构形式简单,施工比较方便。在合理的开口参数下,其压力梯度降低率会取得较好的值. 为此有必要对其开口参数进行研究。

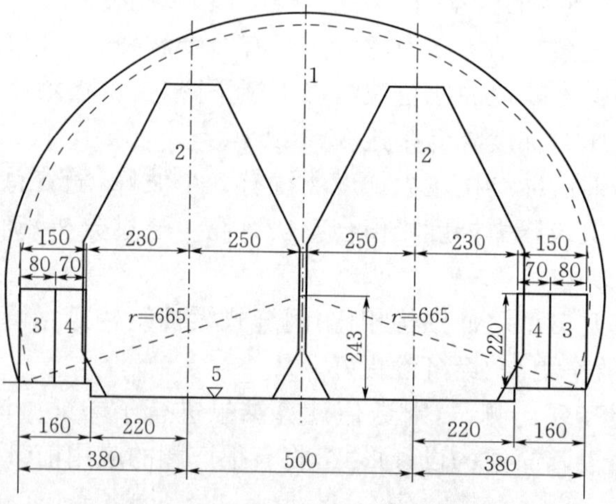

图 3.57 隧道断面图(单位:cm)
(1—隧道中线,2—线路中线,3—安全空间,4—救援通道,5—内轨顶面)

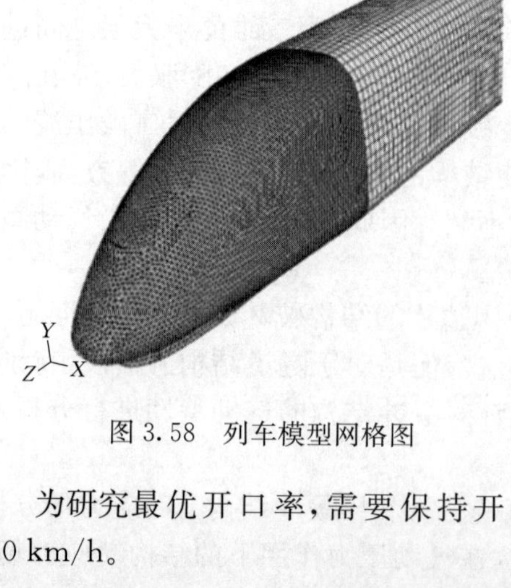

图 3.58 列车模型网格图

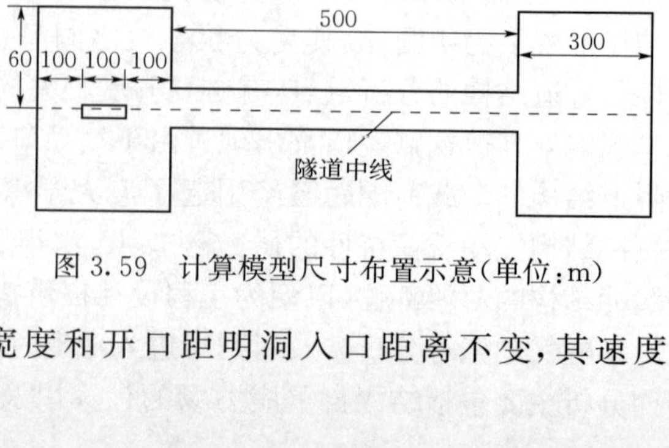

图 3.59 计算模型尺寸布置示意(单位:m)

为研究最优开口率,需要保持开口宽度和开口距明洞入口距离不变,其速度为 350 km/h。

洞口缓冲结构选取顶部单开口缓冲结构，模型网格及结构尺寸如图 3.60 和图 3.61 所示。在结构计算平台中的缓冲结构网格如图 3.62 所示。

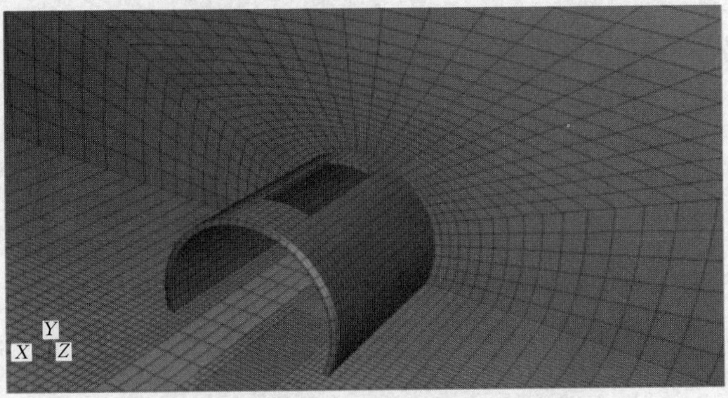

图 3.60　流场分析中的隧道缓冲结构网格

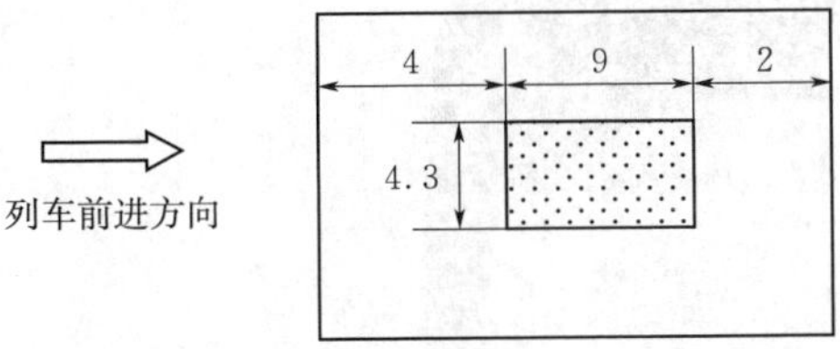

图 3.61　隧道缓冲结构开口尺寸(单位:m)

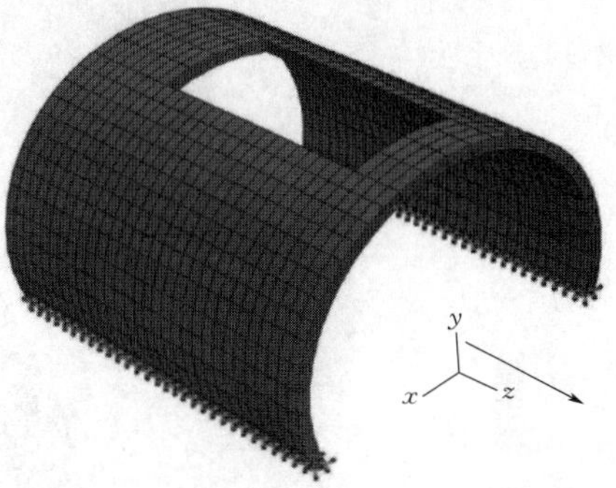

图 3.62　隧道缓冲结构计算网格

在对缓冲结构进行气动载荷分析时，结构厚度取 0.5 m，计算中的其他力学参数见表 3.10。

表 3.10　缓冲结构力学参数

弹性模量 E(GPa)	泊松比 ν
31.5	0.2

2)计算结果

采用静力法、拟动力法分析列车经过隧道所产生的气动载荷对结构的影响，结果显示：静力法计算气动载荷所引起的额外应力增加值为 30 kPa 左右，而拟动力法计算气动载荷所引起的额外应力增加值可以达到 60 kPa。下文将只针对耦合分析法引起的应力情况进行分析。

在列车进入隧道缓冲结构段时刻，不同计算平台得到的车头周围压力场和缓冲结构应力场分布如图 3.63 所示。从图中可以看到，隧道缓冲结构的拱顶部位在自重场作用下的应力较大，且结构的破坏易引发较严重的事故。另一方面隧道缓冲结构内侧所受到的影响必然强于外侧。因此，对缓冲结构内侧拱顶中线各点的压应力变化进行分析。

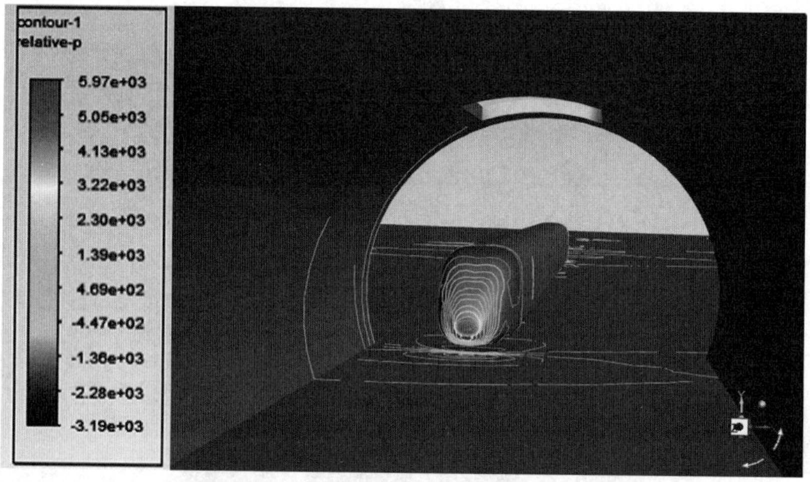

（a）Fluent 平台的压力场

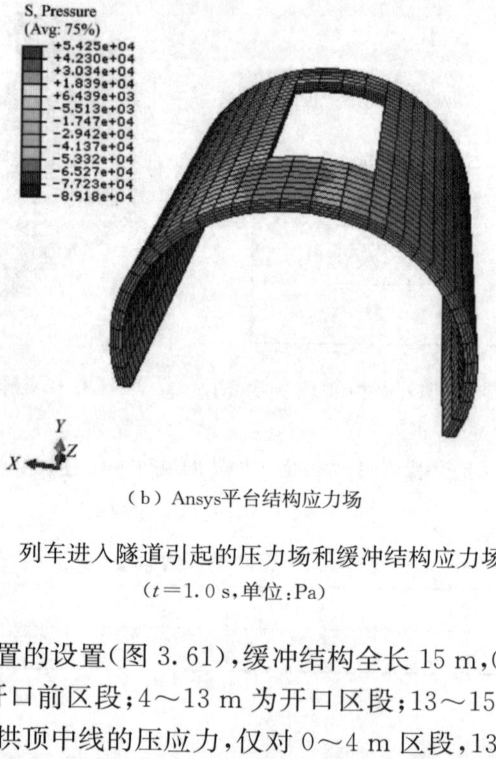

（b）Ansys平台结构应力场

图 3.63　列车进入隧道引起的压力场和缓冲结构应力场云图

（t=1.0 s，单位：Pa）

根据缓冲结构开口位置的设置（图 3.61），缓冲结构全长 15 m，0～4 m 区段为缓冲结构洞外到开口区段，定义为开口前区段；4～13 m 为开口区段；13～15 m 为开口至隧道区段，定义为开口后区段。关于拱顶中线的压应力，仅对 0～4 m 区段，13～15 m 区段进行分析。在隧道缓冲结构内侧拱顶中心线设置监测点，计算得到各监测点处的附加压应力的时程曲线，如图 3.64 所示。

在计算中选取双线隧道（图 3.65），以隧道中心线为坐标原点，列车行进方向为 z 轴方向，则离列车较近的为 $-x$ 侧。为比较列车因离隧道缓冲结构壁面距离不同所引起的结构应力差异，对于距离地面高 2.5 m 处壁面靠近列车一侧（$-x$ 侧）和远离列车一侧（$+x$ 侧）分别选取测点，分析其压应力变化。计算得到缓冲结构内侧边壁沿行车方向的附加压应力的时程曲线，如图 3.66 所示。缓冲结构壁面压应力峰值与距隧道缓冲结构洞口距离的相关曲线如图 3.67 所示。

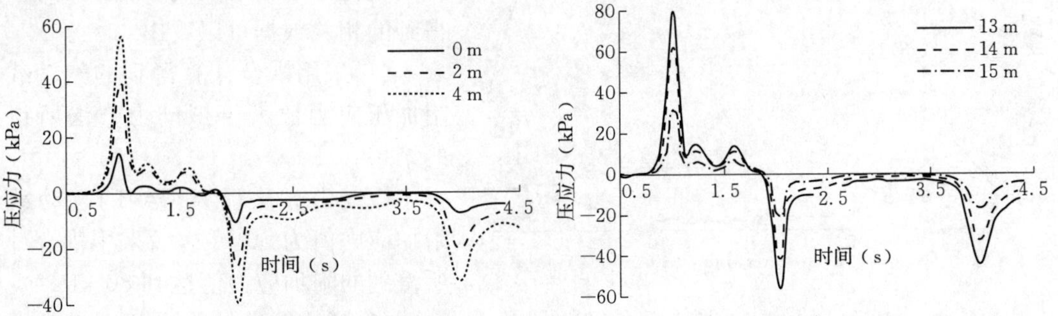

（a）开口前区段　　（b）开口后区段

图 3.64 缓冲结构拱顶中心线附加压应力变化时程曲线

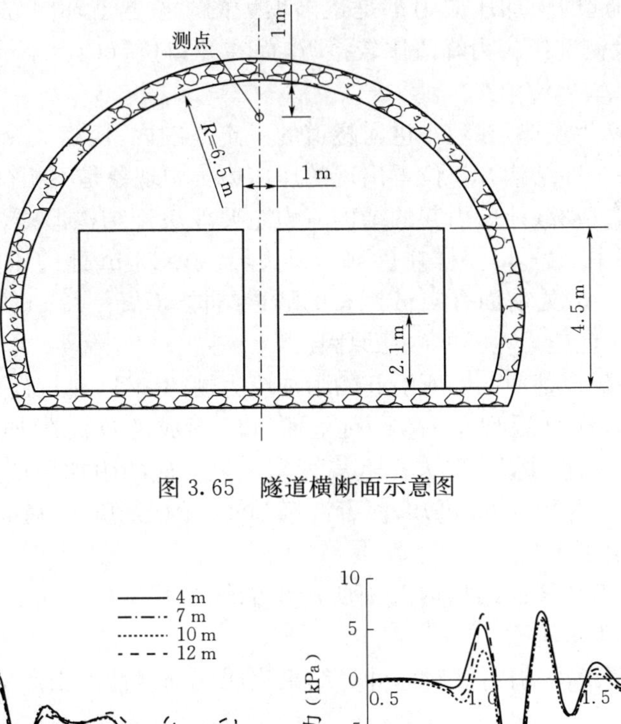

图 3.65 隧道横断面示意图

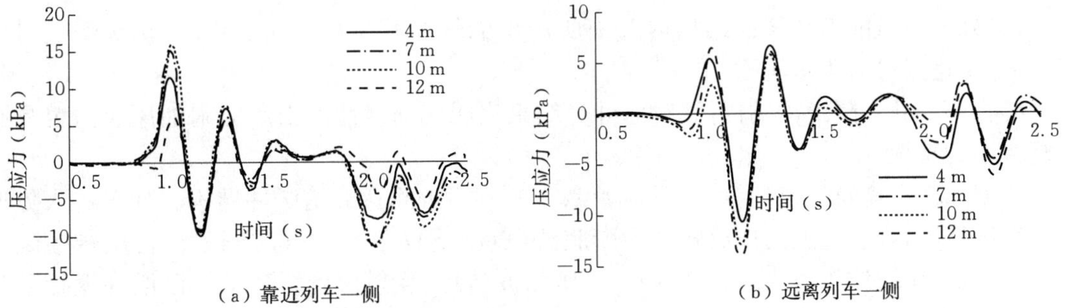

（a）靠近列车一侧　　（b）远离列车一侧

图 3.66 缓冲结构侧壁压应力变化时程曲线

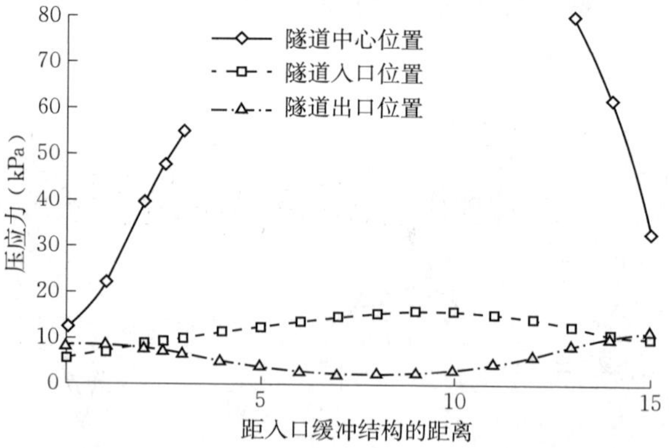

图 3.67 缓冲结构壁面首个附加压应力峰值与距洞口距离相关曲线

3)结果分析

通过对列车进入隧道缓冲结构段气动载荷与结构应力特征进行分析，所得到的相关数据可以看出：

(1)采用耦合计算得到的气动载荷附加压应力值大于拟动力方法所得到的结果。

拟动力方法计算得到的气动载荷附加应力值为 60 kPa，而采用耦合计算所得到的附加应力值达到 80 kPa。

(2)隧道缓冲结构拱顶开口部位属于气动载荷附加应力集中区。

由图 3.63 可知，通过隧道轴向分析，在缓冲结构拱顶中线处，由洞外到缓冲结构开口区段及由隧道内部向缓冲结构开口位置区段，气动载荷引起的附加压应力都是逐渐增大的。按隧道环向分析，在隧道洞口起点($x=0$)，隧道拱顶及侧部压应力峰值比较接近，而在开口位置($x=4$ m，$x=13$ m)处，拱顶出现高压应力。

依据压缩波的产生规律，在列车进入隧道的一定范围内，压缩波峰值是逐渐增加的，这与图 3.63 显示的在缓冲结构开口位置出现的压应力集中现象是不相符的。

根据上述分析，气动载荷所引起的结构应力主要取决于结构形式。在开口位置结构薄弱，必然引起应力集中。另外，同样在拱顶开口边界，$x=13$ m 处的压应力要大于 $x=4$ m 处。从结构上分析：4 m 处前面有 4 m 完整的隧道结构，而 $x=13$ m 处后面只有 2 m 的完整隧道结构。这是引起应力差异的内在原因。

(3)气动载荷在隧道壁面两侧所引起的附加应力规律一致，靠近列车一侧压应力略高。

由图 3.66 可知，在靠近列车一侧，列车通过所形成的首波附加压应力及车尾经过($t=2$ s)引起的压应力绝对值均要大于远离列车一侧对应的附加压应力值，且有多个波峰和波谷。对比图 3.65 与图 3.66 可知，两者波峰和波谷的出现时刻基本上是一致的，但是拱顶处的波峰和波谷值更大。

(4)列车通过隧道在缓冲结构内壁面所产生的气动载荷是波动变化的，车头经过时为正压力，车尾经过时为负压力。

结合压缩波在隧道内的传播特性，计算结果表明气动载荷所引起的附加压应力也具有往复传播的特性。

依据列车车速及波速计算，车尾在 $t=2$ s 时刻附近到达隧道缓冲结构。列车进入隧道时产生压缩波，到达隧道出口后转换为膨胀波(负压波)，在 $t=4$ s 时刻附近再次传播到缓冲结构位置(压缩波传播速度为 340 m/s，压缩波传播、反射回到缓冲结构区段往返行程为 1 000 m)。图 3.64 中压应力时程曲线可体现这些规律。

3. 结论

通过对列车经过隧道缓冲结构段气动载荷—结构应力特性分析，得出如下结论：

(1)采用耦合计算得到的气动载荷附加应力值大于拟动力方法所得到的结果。在列车以时速 350 km 通过时，所引起的附加应力值达到 80 kPa。

(2)在列车进入隧道时，隧道缓冲结构拱顶开口部位属于气动载荷附加应力集中区，引起应力集中的内在原因是缓冲结构形式。

(3)气动载荷在隧道壁面两侧所引起的附加应力规律一致，靠近列车一侧压应力略高。

(4)列车通过隧道在缓冲结构内壁面所产生的气动载荷是波动变化的，并且逐渐衰减，车头经过时为正压力，车尾经过时为负压力。

3.4.4 列车气动阻力系数研究

随着列车运行速度的提高，气动阻力逐渐成为行车的主要能耗，而列车在隧道内运行时，气动阻力能耗增加更为显著。这是由于列车由明线转至隧道，行车阻塞比增加，体现在气动阻力计算上改变了气动阻力系数大小。

对于列车在隧道内运行的气动阻力，比较经典的是将空气视为不可压缩气体的原朝茂计算方法。随后许多学者，采用试验和数值模拟方法进行了研究。黄志祥采用风洞试验方法研究车辆流线型头型的气动力学特性及降低气动阻力的措施。蔡军爽采用数值模拟方法，分析动车组转向架、风挡以及受电弓等附属设施及列车不同区域对整车气动阻力系数的贡献值。

以上研究得到列车气动阻力组成，对列车各部分对阻力系数贡献进行了分析，而对不同阻塞比下，列车在隧道内运行气动阻力系数分析尚待研究。

基于此，下面采用大涡湍流模型(large eddy simulation，LES)研究高速列车在明线及在隧道内气动阻力系数的变化，以期列车在不同阻塞比的隧道内运行时，列车气动阻力的计算方法提供参考。

1. 气动阻力系数组成分析

气动阻力的形成是由于空气介质的黏滞力及运行物体表面压力共同作用所导致，其大小与运行物体速度平方成正比。

气动阻力系数是反映气动阻力大小的一个无量纲参数，列车气动阻力系数 C_d 可以记为

$$C_d=\frac{D}{\frac{1}{2}\rho v^2 A'} \tag{3.108}$$

式中 A'——列车横截面面积；

ρ——空气密度；

v——列车运行速度；

D——列车气动阻力大小。

参考 Raghu S 等学者的分析，列车气动阻力可分为两部分：一个是由于空气介质和车体的相互作用形成的空气摩擦阻力，该部分与车长相关；另一个是由于在列车首尾产生压差形成压差阻力，该部分与车长无关。由此，可将与反应列车所受气动阻力大小的气动阻力系数分为两部分：与车身长度相关部分和与车身长度无关部分。

选取两种车长气动阻力系数，可得到列车压差阻力系数和沿程阻力系数的表达式，其公式分别为

$$C_{dp}=\frac{C_{ds}l_l-C_{dl}l_s}{l_l-l_s} \tag{3.109}$$

$$\lambda'=\frac{C_{ds}-C_{dp}}{l_s}\cdot d' \tag{3.110}$$

式中 C_{ds}——短列车气动阻力系数；

C_{dl}——长列车气动阻力系数；

l_s——短列车长度；

l_l——长列车长度；

C_{dp}——压差阻力系数；

λ'——列车车身沿程阻力系数；

d'——列车车身水力直径。

上述分析表明：依据两个不同车长的气动阻力系数，可以确定列车压差阻力系数及车身沿程阻力系数，从而确定任意车长的气动阻力系数。该规律主要是针对明线运行列车进行的分析。

参考已有的气动阻力系数分析方法，采用三维数值方法，对列车在明线及隧道内运行的行车气动阻力系数进行分析，探讨气动阻力系数的变化规律。

2. 数值计算基本参数模拟

1)计算工况拟定

考虑到要分析列车压差阻力系数和沿程阻力系数，选取两种车长、明线及三种不同阻塞比的隧道内运行工况进行分析。

计算中，列车总长度分别取 60 m、90 m，各工况的列车运行速度均取 500 km/h。列车在明线运行时，采用单向及双向车头两种形式；隧道内运行时，列车仅为单向车头。各工况汇总见表 3.11。

表 3.11 仿真分析工况汇总表

隧道断面(m^2)	车长(m)	车头形式	隧道断面(m^2)	车长(m)	车头形式
明线	60/90	单向/双向	58	60/90	单向
100	60/90	单向	46.4	60/90	单向

列车车头形式为 CRH3 型，列车车型参数见表 3.12，建模时并未考虑受电弓等附属结构。

表 3.12 CRH3 型列车模型参数

车体参数类别	量值	车体参数类别	量值
车体最大宽度(m)	3.265	车头变截面长度(m)	6.52
车体最大高度(m)	3.89	列车模型长度(m)	60/90
车体横截面积(m^2)	11.62		

2)紊流模型的选取

对于列车气动特性分析,学者们所选取的紊流模型各有不同。蔡军爽采用 DES (detached eddy simulation)紊流模型,谭晓明则在分析中采用 LES(Large Eddy Simulation)紊流模型。这里采用 ANSYS 公司 Fluent 软件中,LES 紊流模型 WALE 子模型进行分析。速度、压力耦合方式采用耦合算法,方程采用中心差分格式离散。WALE 模型参数取 $C_{wale}=0.325$,墙面普朗特常数取 0.85,选取的计算时间步长为 0.5 s,每步迭代 20 次。

3)计算区域选取

计算工况分为列车在明线及隧道内运行两种状态,其中:

(1)明线计算工况包括:两种车长、两种列车车头、车尾形式,共四个工况。模型尺寸为 500 m(长)×200 m(宽)×75 m(高),初始时刻车尾距计算区域边界为 100 m。

(2)隧道计算工况包括:三个不同隧道面积(100 m^2、58 m^2、46.4 m^2),1 种列车车头形式、两个车长,共六个工况。选取隧道模型长度为 1 500 m,隧道出入口空气域长度为 370 m,宽度和高度与明线工况一致。初始时刻,列车距隧道入口 150 m。计算模型区域布置如图 3.68 所示。

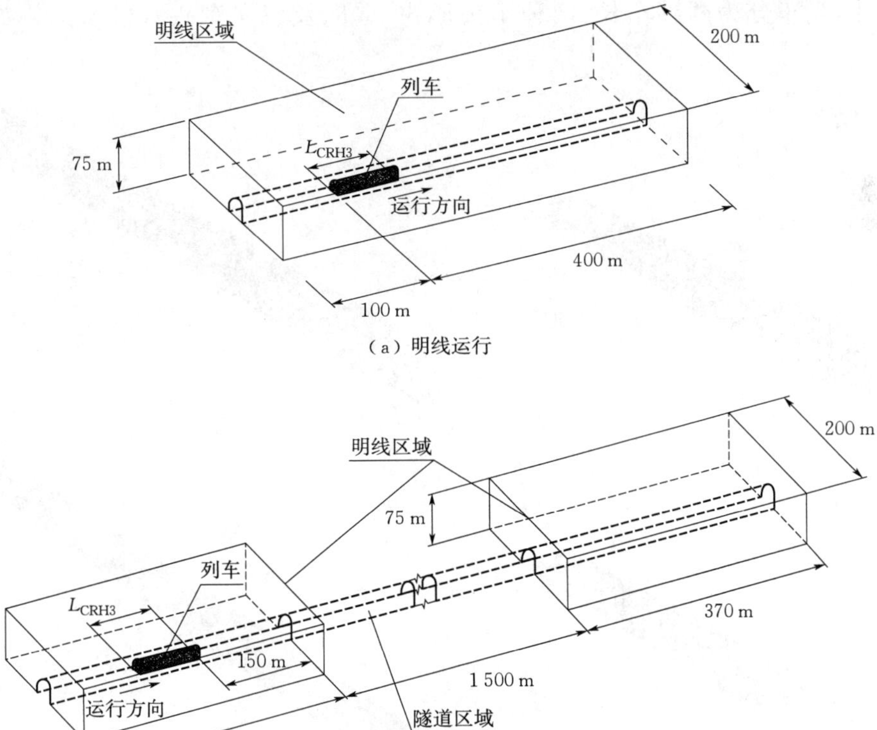

(a) 明线运行

(b) 隧道内运行

图 3.68 计算域设置示意图

采用滑移网格与动网格结合,实现列车与周围区域相对运动,静态区域、动态区域及滑移面的设定如图 3.69 所示。计算模型中,流体介质选取为可压缩理想气体。

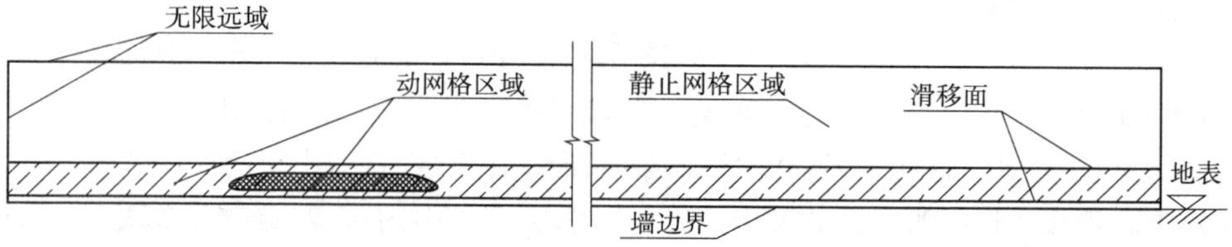

（a）列车在明线运行

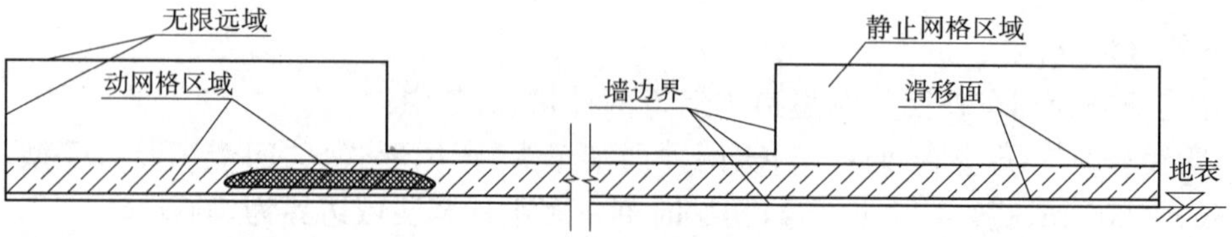

（b）列车在隧道内运行

图 3.69 计算区域划分及边界设置图

4)车体及计算区域模型网格

计算中,列车分为两种车长、两种车头形式(单向及双向车头),模型网格如图 3.70 所示。

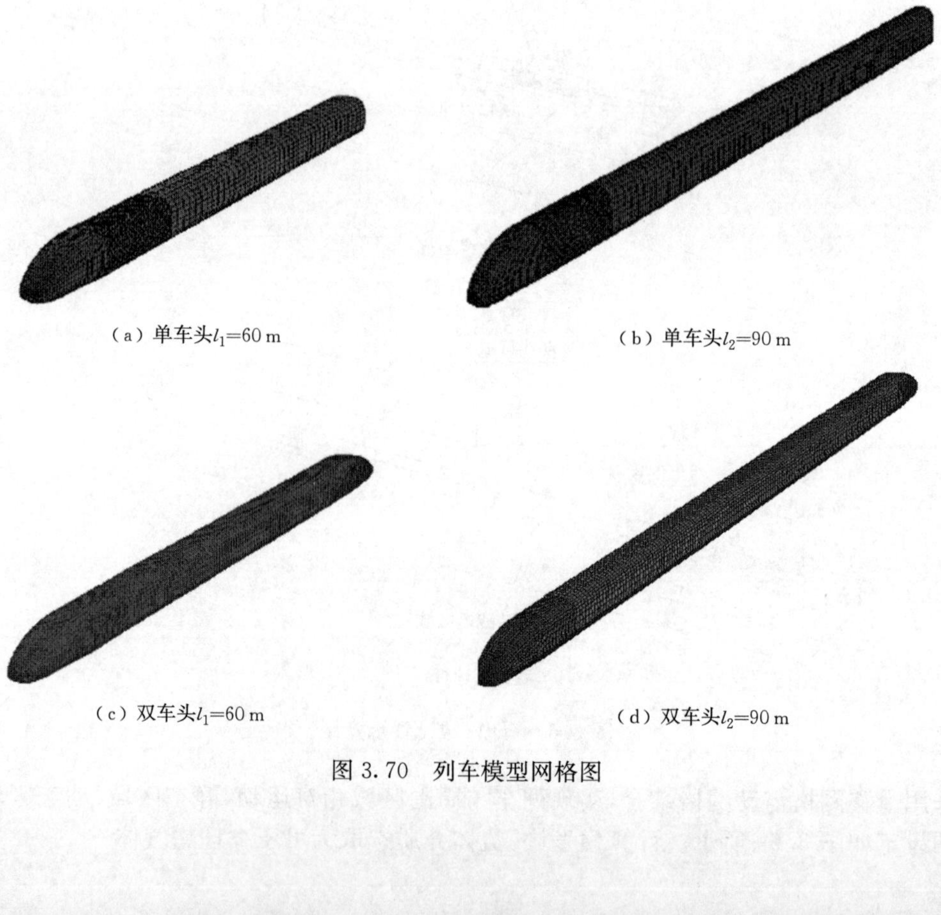

（a）单车头l_1=60 m

（b）单车头l_2=90 m

（c）双车头l_1=60 m

（d）双车头l_2=90 m

图 3.70 列车模型网格图

计算中，列车明线及隧道内运行时，计算区域网格如图 3.71 所示。

（a）列车明线运行

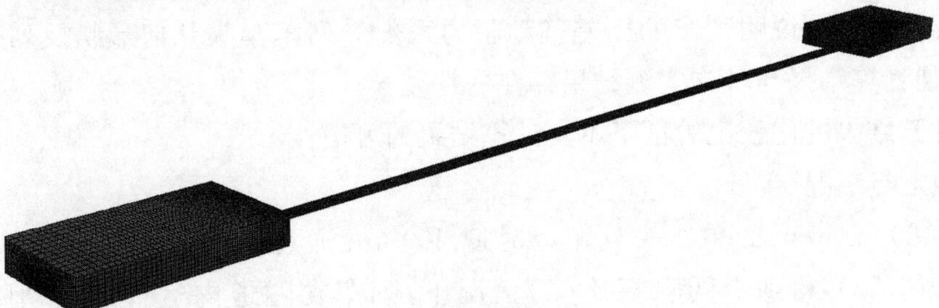

（b）列车隧道内运行

图 3.71　列车明线及隧道内运行时模型区域网格图

3. 计算结果及分析

1）明线运行工况

监测列车明线运行时车身气动阻力，如图 3.72 所示。可以看出：在起始阶段气动阻力较大，经一段时间后，气动阻力逐渐趋于稳定。这主要由于在数值计算中，列车是从静止状态瞬间提速至预设运行速度，造成在初始阶段车体受较大气动阻力。经 0.5 s 运行后，气动阻力逐渐趋于稳定。

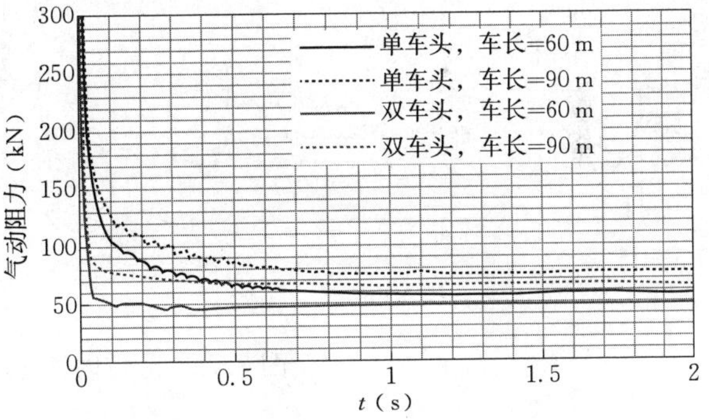

图 3.72　明线气动阻力系数时程曲线

对于特定的列车及运行工况，其气动阻力系数应为恒定值。在图 3.72 中，选取 1 s 后的气动阻力结果，按式（3.108）计算车长在明线的气动阻力系数。

对车长分别为 $l_1=60$ m、$l_2=90$ m 两种车长计算的明线气动阻力系数分别为 C_{d1}、C_{d2}，参考式（3.109）和式（3.110）计算得到压差阻力系数 C_{dp} 和沿程阻力系数 λ'。所得结果汇总见表 3.13。

表 3.13　明线下数值计算气动阻力系数与日本车型数据比较

列车型号	横截面积（m^2）	水力直径（m）	气动阻力系数		车身沿程阻力系数 λ'	与实测结果相对误差（%）	压差阻力系数 C_{dp}	与实测结果相对误差（%）
			C_{d1}	C_{d2}				
CRH3 单车头	11.62	3.6	0.420	0.551	0.0157	1.8	0.158	5.3
CRH3 双车头			0.340	0.465	0.0150	6.3	0.09	40
Jp-100	12.6	3.54	—	—	0.016	—	0.15	—

将计算得到的列车明线运行气动阻力系数与 Raghu 等人文章中日本车型数据进行比较，结果显示：

(1)沿程阻力系数与日本 Jp-100 车型接近。

单车头列车和双车头列车的气动沿程阻力系数基本一致，与日本测试结果最大误差为 6%。这说明列车的沿程阻力系数基本稳定，受车型影响小。

(2)单车头列车的压差阻力系数与日本车型基本一致，而双车头的压差阻力系数与日本车型差异较大。这说明列车的压差气动阻力系数受列车车头几何形状及列车截面积的影响较大，使计算结果与日本实测结果存在一定差异。

上述计算结果的比较也验证了本文计算结果的可信性。

2)隧道运行工况

车长为 60 m/90 m 的单车头列车以时速 500 km 通过不同断面隧道(阻塞比分别为 0.116/0.20/0.25)，得到不同阻塞比(β)情况下，列车在隧道内运行的气动阻力曲线如图 3.73所示。

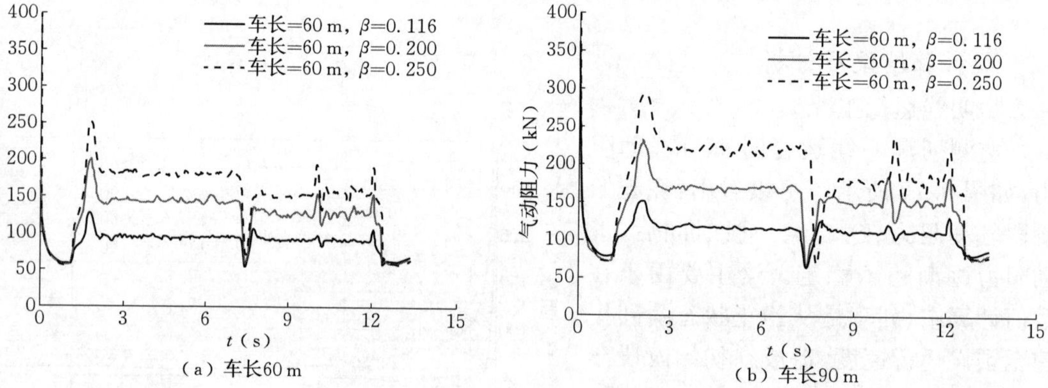

图 3.73 隧道内气动阻力时程曲线

杨永刚已对列车在隧道内运行气动阻力进行了分析，这里也做简略分析。可将气动阻力曲线分为三个阶段：

(1)进入/冲出隧道阶段：列车由明线逐渐进入隧道及列车冲出隧道逐渐进明线，引起列车周围流场发生强烈变化，气动阻力出现很大波动。

(2)平稳运行阶段：列车完全进入隧道，列车运行未受其进入隧道所产生的压力波影响时，列车气动阻力曲线趋于稳定值。

(3)压力波动阶段：列车在隧道内运行，列车进入隧道所产生的压力波到达隧道出入口反射回来与列车相遇时，引起列车气动阻力波动。

纵观列车在隧道内运行过程，其气动阻力并非稳定不变的，而在计算列车在隧道内运行气动阻力系数时，应选取气动阻力稳定的区段进行分析。

在图 3.74 中，3 s 后列车阻力大小趋近稳定，直至 7 s 左右列车与反射回来的低压膨胀波相遇,引起气动阻力波动。故这里选取 3～6 s 区段进行分析。

取列车在隧道内运行分析区段气动阻力平均值,按式(3.108)计算气动阻力系数。对于列车明线运行,相当于隧道内净空面积无限大,此时阻塞比为 0。将不同阻塞比下,列车气动阻力系数列于表 3.14,气动阻力系数与阻塞比拟合回归曲线如图 3.74 所示。

回归结果显示,气动阻力系数与阻塞比呈指数函数关系,其回归相关性良好。

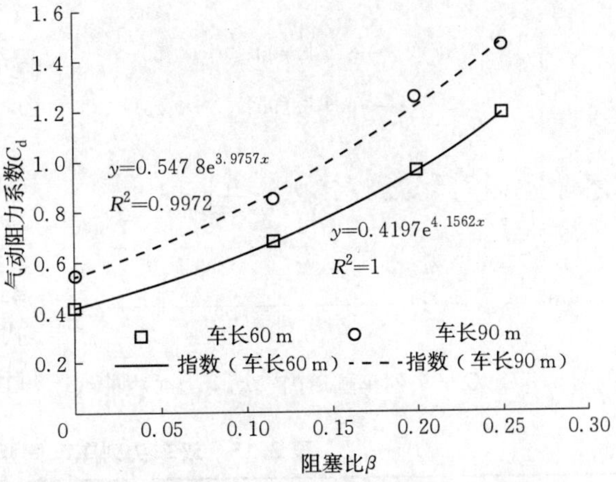

图 3.74 列车气动阻力系数随阻塞比变化曲线

表 3.14 单车头列车不同阻塞比气动阻力系数

隧道横截面积(m²)	阻塞比(β)	气动阻力系数	
		$C_{d(l=60\ m)}$	$C_{d(l=90\ m)}$
明线	0.0	0.42	0.551
100	0.116	0.68	0.85
58	0.20	0.96	1.25
46.4	0.25	1.19	1.46

3)计算结果分析

对列车在明线及不同阻塞比隧道内运行气动阻力系数分析,表明:

(1)列车明线运行的沿程气动阻力系数与日本测试结果基本一致。压差气动阻力系数受列车车头、车尾几何形状及列车截面积的影响较大,与日本测试结果有一定差别。

(2)对不同阻塞比下的气动阻力系数进行曲线拟合,表明气动阻力系数与隧道阻塞比呈现指数函数关系。

(3)根据拟合曲线方程,提出列车气动阻力系数拟合方程为

$$C_d = C_d^0 \cdot e^{4\beta} \tag{3.111}$$

式中 β——列车在隧道内运行时的阻塞比;

C_d^0——列车在明线运行气动阻力系数。

4. 气动阻力系数规律应用

通过上述分析中,得到了列车在隧道内运行的气动阻力系数预测公式,下面对其应用给出双车头列车气动阻力系数预测分析示例。

根据前面的分析,已经获得双车头列车的明线气动阻力系数,据此则可以得到双车头不同阻塞比的气动阻力系数。

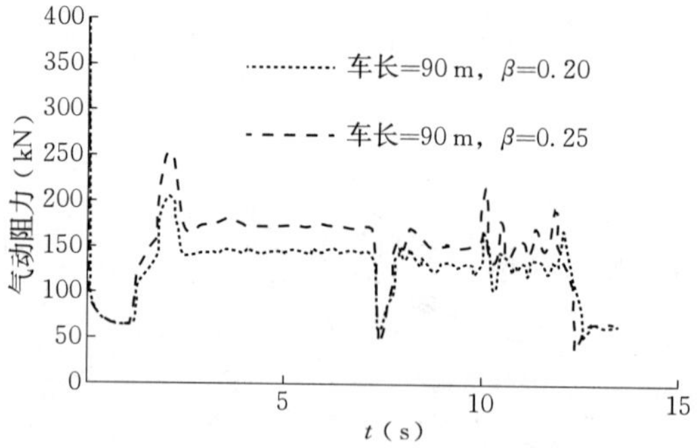

图 3.75　双车头列车隧道内气动阻力时程曲线

以双车头、90 m 车长的列车为例，则气动阻力系数方程为

$$C_{\text{双车头}}^{90\ \text{m}}=0.465e^{4\beta} \tag{3.112}$$

与对单车头列车的气动阻力计算方法一致，得到列车为双车头时，90 m 车长、阻塞比 β 分别为 0.2、0.25 的列车在隧道内运行的气动阻力时程曲线，如图 3.75 所示。按式(3.112)的气动阻力系数预测结果与数值计算结果汇总见表 3.15。

表 3.15　双车头列车不同阻塞比气动阻力系数

隧道横截面积(m²)	阻塞比(β)	气动阻力系数		
		数值仿真	公式预测	相对误差
明线	0.0	0.465	—	—
58	0.20	1.060	1.035	2.36%
46.4	0.25	1.270	1.264	0.47%

由表 3.15 可以看出数值计算结果与公式预测结果吻合良好，误差在 5%以内。

5. 结论

通过对列车明线及隧道内不同阻塞比情况下，列车气动阻力系数分析，得出如下结论：

(1)建立三维数值模型，采用 LES 紊流模式，计算了不同车长列车在明线运行的气动阻力系数，并与日本的车型阻力数据比较，表明采用 LES 紊流模型对列车气动阻力分析的可信性。

(2)气动阻力系数与隧道阻塞比服从指数函数关系，并提出列车在隧道内运行的气动阻力系数预测公式。

(3)对气动阻力系数预测公式在预测双车头列车在隧道运行的气动阻力系数的应用进行了分析，并检验实用性。

在数值分析中，对于车身部分(受电弓、车辆连接处等)细部构件并未考虑，这会对计算精度造成一定影响，但其对气动阻力系数与阻塞比的基本规律影响较小，所提公式对预测列车在隧道内运行时不同隧道阻塞比下的气动阻力系数，具有一定参考价值。

3.5 小　　结

本章针对开展车隧气动研究的三种方法：数值模拟、模型实验、现场测试方法进行了阐述，介绍了所涉及的基本理论方程、软件分析的一般流程及实验测试装置的软硬件参数设置等，并给出了采用这些方法进行工程分析的实例，可对相似问题研究提供参考。

4 超高速铁路车隧气动及结构特性分析

现今，我国高速铁路列车时速一般为 250～350 km，但国内已经具有更高时速的列车测试，未来我国高速轨道交通将向着更高速度发展。

4.1 超高速铁路气动问题

现今国内高铁对于超高速的速度大小并没有明确规定，经调查研究，当高速铁路速度超过 500 km/h，与高速列车运行有关的指标，如列车气动问题、车体振动、噪声等会大幅增长。在列车速度达到 500 km/h 以上，相关技术指标需要进行革新。故当列车运行速度大小超过 500 km/h，一般认为其为超高速列车，其系统的安全运营将会引入新的问题。

如今，国内外已经对超高速列车进行的相关研究与测试，并给出了超高速铁路的运行方案，主要包括：

(1)常压运行模式：该模式是现今大量应用的轨道交通运行模式，该模式下可采用轮轨或磁浮的车轨接触形式，可靠性高、技术成熟，但常压运行下的超高速轨道交通列车运行的能耗较大，对于更高速度的适用性较差。

(2)真空管道运行模式：将列车置于密闭的真空管道低压气体环境中，有效降低列车气动阻力，可以在相同牵引力条件下达到更高的速度。

(3)分级降压真空管道运行模式：为了实现列车明线运行与真空管道运行的无缝连接，利用分隔门将真空管道分段，在实现列车管道运行区段的节能运行条件下极大地保留管内真空压力势能。

本章将针对上述三种超高速铁路运行模式的特点以及相关问题进行分析。

4.1.1 运营模式对气动问题影响

国内外现有针对超高速铁路的研究表明，将超高速铁路列车与磁浮相结合是更高速度轨道交通发展的大势所趋。磁浮可以消减绝大部分的轮轨阻力，使列车运行最高运行速度突破轮轨的瓶颈。论技术可能性，轮轨可跑时速 600 km，论商业可行性，时速 500 km 可以作为轮轨的最高运行速度，时速 500～600 km 的空间，需要用磁浮来填补。

1. 常压运行模式气动特性

现有研究表明，随着列车运行速度的提升，列车的气动阻力随速度呈现二次方递增，轮轨摩擦阻力呈现线性递增。因此在常压运行模式下，当列车速度由高速提升至超高速，气动阻力将急剧增加。低速下磁浮列车的空气阻力比例低于轮轨，除说明其空气阻力可能较小外，另外一种可能性是其空气阻力以外的阻力比轮轨的大。总之，80%以上的能耗用于克服空气阻力是不经济的。

此外超高速较长的线路中，必然会遇到线路通过隧道的情况，当列车速度进一步提高，在相同阻塞比条件下，列车引起隧道内的气压波动以及洞外微压波将更为剧烈，在列车突入隧道过程中产生的瞬变压力也更大，相比高速列车在明线运行，更易引起乘车人员的舒适度问题，因此超高速列车或需要更高的密封指数来保证车体内的压强舒适度。

对于超高速列车，更高的速度意味着更高的风险，如何在超高速铁路系统发展过程中规避相关风险，是超高速铁路研究内容中的重要组成部分。

2. 真空管道运行模式气动特性

对比超高速列车常压运行的气动特性，当将列车置于低气压的密闭空间内，即真空管道内可以有效规避常压运行下的相关问题。当列车在密闭低压的真空管道内超高速运行时，虽然列车阻塞比增加，阻力系数增加，但列车运行过程中周围气体密度减小，可以起到降低气动阻力的作用；另外，现今设计的真空管道往往与磁浮相结合，故可以近似忽略轮轨摩擦阻力，实现阻力节能。

由于列车行驶在管道内并不存在阻塞比突变，故可以避免由超高速引起的隧道内压力波动过于剧烈的不良效应，人员的舒适性可以得到保证。

但真空管道还存在相关问题，对于如此高的速度，真空管道的建设里程较长，管道结构相比常压运行额外引入新的工程量，总体建设成本较高；在如此大里程的管道结构中，需要保证结构具有良好的气密性，其管道结构的气体抽吸系统和保压系统还需额外设计。因此，真空管道在降低行车气动阻力的同时还引入了额外的真空势能抽气能耗。在保证尽量小的真空势能损失的条件下可以使得列车行车阻力大大减小，进而实现真空管道交通系统气动节能。

3. 分级降压真空管道运行模式气动特性

对于全程真空管道交通系统，当列车由静止逐渐加速至目标速度，相比常压运行，列车在低速度行驶阶段并未降低过多的气动阻力能耗，但需要较多的保压抽气的势能能耗，因此，真空管道只有在列车长期处于超高速运行条件下的气动节能效率较高。

基于上述观点，可使列车在明线区段进行速度的提升以及降速，在超高速列车处于目标速度的区段内将列车置于真空管道当中，实现气动高效节能。然而，为了使列车无缝进出管道，必然会引起管道内低压气体与外界常压大气之间的混合，造成额外的真空势能损失。

为了实现外界明线和管道内气体的压强梯度变化，分级真空管道自端部管段直至中间管段压强的逐次降低，管道列车在运行过程中的气动阻力变化随压强而变，自入口至出口呈现常压—次低压—低压—次低压—常压的变化方式。

4.1.2 不同运行模式下的气动特性对比

1. 明线

超高速列车的明线运行与现有高速铁路运行模式相比较，其建设成本低，技术成熟、容易实现，并且可以与现有的常规高速铁路线路相结合。但该种型式同样存在一定的局限性。

(1)线路问题

磁浮由于其高速行驶，磁浮高速运行所造成的列车附近的压力变化，会对周围环境产生负面影响，也就是说磁浮需要较为开阔的运行环境。当磁浮线路连通两座城市，常常需要穿越隧道区段，由于磁浮相比高速铁路拥有更快的速度，进出隧道过程中阻塞比的突变引起如高速铁路车隧的不良气动效应的问题，而且其超高速会使得这些不良气动效应大幅增加。

因此明线磁浮运行建设的选线比高速铁路更苛刻。

(2)阻力问题

现有研究表明：不管是磁浮列车或是轮轨列车，当速度超过 300 km/h 时，列车运行阻力的 80%以上均为空气动力学阻力，当速度达到 400 km/h 以上时，气动阻力所占比例将达到 90%。因此，阻力问题是超高速列车运行的关键问题。

2. 真空管道

为保证真空环境，列车需在密闭环境中运行，即真空管道运行模式。

(1)环境友好

相较于明线运行模式，真空管道可使列车运行环境与外界隔绝，从而消除列车超高速运行对周边环境的影响。

(2)阻力较小

真空管道内部维持的真空环境可以有效降低列车超高速运行的气动阻力。

(3)车隧不良气动效应可控

管道的横截面面积可控，阻塞比可以平稳过渡，消除了压缩波和微压波的不良影响。

但是如今真空管道还未大规模应用，其原因主要在以下几个方面：

(1)管道密封性

现有的真空泵功率可以做到对管道快速大功率抽气，但是管道的工艺限制、地震、地基沉降变化、材料的温度变化特性以及一些人为因素都会使管道密封性难以保证。为解决相关问题，可以通过操作真空泵调整内部真空情况，达到目标真空值。

(2)救援问题

由于真空管道的特殊型式，其理想位置往往不在地表，已有真空管道方案多是将管道架设在高架上或者埋在地下。超高速列车在真空管道内运行，当遇到车厢脱轨或其他特殊情况时，救援工作难以展开，特别是真空环境对车内人员不利，管道的密闭型式限制了外界救援力量的介入，救援难度会进一步加大。因此在真空管道设计时还需要考虑合理的救援方案。

(3)材料和成本因素

真空管道线路有高架，地面以及地下等型式，但无论哪种型式都需要考虑真空管道外壳需要应用高性能材料；真空管道的阻塞比比明线大，如果选取阻塞比取值较大，则难以对列车运行时的不良气动效应起到削弱的效果，反之，如果阻塞比取值较小，则会使得截面面积过大，建设和运行成本大幅提高。

(4)阻力与制动

真空管道内,阻力可以通过调节气压来调整,可以类比飞机降落后的制动过程。飞机降落后,其机翼上的挡风板立起,飞机的横截面面积增大,受到的气动阻力增大,通过气动阻力进行制动。而真空管道内压强可控,内部列车也可以利用阻风板等设施,在常压甚至高压区段进行气动阻力制动,这就有效地弥补了无轮轨运行模式在制动方面的不足。

基于上述论述,真空管道的材料、气动性能、成本、安全性等方面还具有非常大的研究潜力。随着研究的深入,真空管道会是未来超高速列车最为理想的运行方式。

3. 运营模式的选择

隧道运行模式,最常见的例子就是城市地铁。在城市地铁车站,可以感受到列车以30～50 km/h运行造成的活塞风,如果是500 km/h以上的超高速,这种活塞风将会十分剧烈。现有的一些埋于地下的高铁车站,其气动压力问题是设计过程中的重要问题,如隔离门、舒适度等都会因为隧道阻塞比较大的原因需要着重考虑。对于超高速隧道运行模式,会对相关方面有更为严苛的要求。

真空管道运营模式,由于内部环境为低真空气体,高速列车运行的不良气动效应会大打折扣,但是全程真空同样会在车站等人员密集位置存在风险,防灾救援等问题需要合理规划。

依据隧道、真空管道及明线运行模式的特点,采用多种方式混合的运行模式更为合理,其理由在于:

(1)低速及到站阶段采用明线模式。列车运行启动及到站停车阶段,其主要以较低的速度运行,采用常规铁路的明线运行模式,可以使乘客更易于接受,而且节省了真空车站配套设施建设的大量投资。

(2)高速—超高速阶段采用真空管道模式。在列车运行提高到一定速度后,气动阻力成为主要动力能耗,采用真空管道运行模式。此时,将列车置于真空管道中运行更为合理。

(3)列车进出管道段采用隧道运营模式。将管道分隔为几个区段,出入口段为常压段,内部区段为真空区段。尽管此种设置会造成一定量的低压能损失,但是这样可以实现常压隧道与真空管道的无缝衔接。通过合理优化管段长度及分隔门开关时刻等参数,可以实现将能耗损失降至最低。

4.2　真空管道系统车隧气动特性及设计要点

在高铁技术持续进步达到超高速运行的过程中,气动问题成为重点问题之一,因此解决相关气动问题对高铁提速与相关技术发展极为重要。对于超高速列车,现今较为主流的方向是将超高速列车置于真空管道内的密闭低压环境中运行。

然而,与传统的高铁列车运行方式不同,真空管道的超高速运行方式需要额外设立管道结构创造密闭低压空间,需要考虑压差荷载在管道结构的力学特性,比如桥梁、隧道、路基等结构进行综合分析。此外,与常规列车和大气相连的运行气压环境不同,真空管道的气动相关问题需要着重研究,相关内容如下。

4.2.1 气动问题要点

根据气动特性的相关公式可知，车体的气动阻力与列车运行速度的平方成正比，行驶过程中的噪声与列车行驶速度的6次方成正比。因此当列车行驶至500 km/h的速度以上，这种不良的气动效应就会被进一步加大，因此需要对列车高速运行状态下的气动特性进行研究分析。

1. 阻力问题

对于超高速铁路隧道气动阻力问题研究，可根据高速铁路阻力相关公式得到，当列车速度为超高速时，列车运行阻力会大幅提高，总阻力的绝大部分来自空气动力学阻力。

当超高速列车以目标速度匀速行驶时，根据受力平衡关系，列车的牵引力与列车阻力相等，如果列车阻力过大，将会导致能耗过大，运行经济性差的问题。因此对超高速列车，探究列车阻力尤其是气动阻力的规律，进一步降低气动阻力，将会是十分重要的工作。

2. 舒适度问题

对于超高速铁路交通，其舒适度亟待研究。对于超高速列车运行舒适度主要包括列车气动舒适度与变速舒适度。

(1)气动舒适度

在超高速铁路运行条件下，其列车车体周围的气体压力环境十分复杂，压强绝对值较大。尤其是列车通过隧道的全过程，由于阻塞比的突变以及隧道内的压缩波、膨胀波的影响，导致车体周围压强突变，进而使得车体内部的压强变化十分剧烈，当车体内的压强的幅值以及压强变化率达到人体承受的极限时，列车内乘客的耳膜就会受到压迫，严重的甚至有刺痛的感觉，超高速铁路列车需要有更好的气密性来阻止这样的情况发生。

(2)变速舒适度

为了达到超高速运行模式的目标速度，列车在出入站过程中有加速和减速的过程，调控列车合理的加速度大小，即考虑变速舒适度。如果加速度过大，在加速减速过程中就会使列车运行平顺性降低，进而造成乘客乘坐的不适；如果加速度过小，想要达到较快的超高速，加速或减速时间就会过长，列车以目标速度行驶时间短，影响超高速铁路交通系统的运营效率，故要求对效率与舒适度综合考量，合理选型。

3. 噪声问题

当列车以大于500 km/h的超高速行驶时，噪声问题也不应忽略。根据已有研究，列车气动噪声与速度的6次方成正比，因此，当以超高速行驶时，噪声问题会极为严重。

噪声来源是多方面的。首先，超高速铁路轨道在温度变化的作用下以及运行年限的增长，其平顺性会有所下降，故轮轨摩擦、振动等因素使列车在高速运行过程中产生噪声；其次，列车在超高速行驶过程中，转向架、受电弓以及车厢连接位置都会有气体涡流，造成额外阻力并引起气动噪声；再者，超高速铁路进出隧道的噪声，如洞口微压波的爆鸣声音，会对周围的环境产生不良影响；无论是车内的乘客还是线路周围人员都会受到上述的噪声问题的影响。

针对上述超高速铁路噪声问题，应在超高速铁路选线设计过程中多加考虑，建议选用隔声效果较好的列车模型，并进一步优化轮轨，提高超高速列车运行的平顺性。超高速列车通过的隧道，可在隧道洞口设立缓冲结构，或者在隧道外线路两边种植茂密的树木。

4. 环境要求

在常压超高速铁路运行过程中，当遇到暴雨、台风、雷电等不良的天气，往往会推迟发车，造成延误。对于更高速度的超高速列车运行，这种环境方面的要求将会更加苛刻。此外列车的运行还会受到横风的影响，或对运行稳定性造成安全性的影响；另外，常压超高速列车运行过程通过隧道时，在隧道出口位置产生微压波，伴随而来的噪声引起隧道洞口周围的环境问题。微压波压强峰值与列车运行速度的三次方成正比，故对于超高速列车，微压波问题将更为严重。

因此，对超高速轨道交通系统，考虑到列车速度过高下列车易遭受外界环境的影响，可采用真空管道营造密闭的车辆运行空间，规避外界环境的不良影响，且消除了微压波，可以有效地避免上述问题。

5. 温度问题

在列车以超高速运行的状态下，列车外表面和管壁与空气介质进行高速的相对运动，由于空气介质的黏性作用，会产生剧烈摩擦，引起空气介质对系统内的物体加热的现象，称为气动热。与常压运行条件不同，在真空管道的密闭空间中，管道—列车气动热难以耗散，热量积聚在管道内，气动热将导致系统内设备的使用寿命降低，同时使列车的刚度、热应力、热应变发生变化，影响列车的安全运行。

这种气动热在列车速度较高、阻塞比较大时十分明显，因此为了保证合理的建设成本，较高的运行效率以及运行的安全性，管道内气体温升问题或难以避免，管道设计时需要同时考虑运营经济性和能耗问题。如积聚在管内的热量不能及时地排出，必然会影响管道—列车系统的运营。

管道散热问题可采用以下方式解决：(1)采用较小的阻塞比；(2)列车壁面采用绝热材料或者绝热设计；(3)管道内部安装散热片等散热装置；(4)控制列车发车时间间隔。

6. 其他问题

基于以上相关问题，有学者提出利用真空管道来规避超高速列车运行过程中的不良气动效应。但与现有铁路相比，采用真空管道运行模式还会引入其他的问题：

(1)清洁空气问题

在超高速列车运行过程中，车辆要进行气体交换，从车厢排出污浊气体并向车厢内输入清洁气体。如果采用传统的高铁运行模式，超高速高速列车空调系统可以直接从外界取材，为内部空间营造较好的气体条件；而在真空管道中，车辆外界为低真空，难以进行气体交换。

(2)救援问题

列车在真空管道中超高速运行过程中，由于车辆内部为常压，外部为低压，有压差压迫的风险；真空管道相对密闭的环境使得发生危险时难以从外界进行救援。列车在真空管道中运行的救援方式还需要额外考虑。

4.2.2 真空管道系统设计要点

1. 断面型式以及阻塞比选型

阻塞比是影响真空管道气动效应的关键因素之一。真空管道大的截面面积意味着较小的阻塞比，列车运行环境气体密度较小，会使得产生的压力波动强度较小，气动效应会大幅减小，但是建设成本会显著提高，而较大的阻塞比又会使这种不良气动效应显著增加，行车舒适度降低。如何选择合理的阻塞比大小应作为一关键问题。

此外，对真空管道的型式需要进行考量。由于围岩的压迫作用，设计隧道往往采用马蹄形隧道，而对于真空管道，其设计型式可以选择其他的形状如矩形、圆形等。

2. 结构设计与材料设计

现有隧道是用混凝土作为衬砌，抵抗围岩的压力，而真空管道结构设计还需要考虑气密性。混凝土类似的材料，骨料不均匀，其结构中会含有空气，因此并不适合用来维持真空环境。

如果线路需要在地下通过，对材料不仅有承载力的要求，还要求材料有良好的耐磨性。此外真空管道的建设周期长，还要考虑成本等因素。因此，找寻气密性好、强度高、耐磨性强、成本可控的材料还需要进行一定的探索。

3. 管道内部车隧气动压力波动

当列车突入管道时，与高铁隧道一样，管道内部气体会出现压力波动，列车前方为正压区，后方为负压区。这种富含能量的波动，把能量传递给车辆与管道，波动在管道内部反射来回运动，即使强度不大，也会使得材料发生疲劳破坏，影响结构耐久性。

4. 真空压力变形研究

真空抽气过程中，外界气体压强不变，管道内部气体压强较小，故会产生向内的压迫作用，如果真空管道埋在地下，那么还要承担围岩的压迫，具有向内变形的趋势，在这趋势之下，如果管道材料变形过大，会造成侵限，影响列车运行，材料变形还会引起裂缝等薄弱点，存在安全隐患。

5. 能耗研究

管道的能耗研究的对象有三个：管道、气体和列车。

低压管道交通需要在列车行驶之前对管道内气体进行抽真空处理。低真空环境可以有效减小很大一部分的气动阻力能耗。真空环境的营造及维持需要真空泵进行抽气处理，虽然引入了真空泵抽气的能耗，但是与减小的气动阻力能耗相比较小，故认为抽真空来降低超高速列车能耗的方式是合理的。

此外，还可以对管道—列车系统进行节能处理。如当列车从真空管道与明线之间来回行驶，真空管道出入口分隔门的开关会浪费真空管道内部部分真空。如果能够对管道进行分级处理，各个管段能够通过分隔门使得内部气体压力独立，则可以有效减小这部分损失。

6. 风险以及防灾救援设计

真空管道中高速运行、管道内外存在压差等特点会使列车运行全过程存在许多风险源。当发生事故后，由于管道与外界隔绝，救援方式与传统的高速列车有所不同，如何采取措施进行救援也亟待研究。

4.3 真空管道静态气动—结构特性分析

超高速真空管道交通系统的几何形式与常规高速铁路隧道近似，因此常规高铁列车通过隧道引起的各种问题，如阻力、噪声、振动较大等问题，以及洞内压缩波、膨胀波引起的舒适性问题，结构疲劳问题，列车阻力变化现象等都具有一定的近似性。除了流体空间的气动问题，管道结构内外的压差也会引起结构的受力变形，管道整体会受到外界大气的挤压作用，不适当的管道壁材料以及结构设计会使真空管道变形过大，或产生塑性变形，对内部行车安全造成隐患。

为了探究采用支墩支撑的圆形真空管道结构在内外气压差下的受力变形规律，选取布置在明线的真空管道，通过弹性理论对管道力学特性进行数值分析，并采用相似模型试验以及数值模拟的方法分别探究管道结构在不同的受力状态下的应力应变分布，以此对不同受力状态下的真空管道结构进行安全性评价。

4.3.1 压差荷载下管道结构力学特性分析

1. 管道布置形式

前人关于真空管道运输系统的研究主要集中在列车—管道系统的空气动力学，针对管道结构设计的研究尚处在探索阶段。忽略水土压强，仅考虑自重作用及管内外气压差作用下的管道受力变形情况，研究对象的选取采用支墩支撑的明线真空管道系统，如图 4.1 所示。

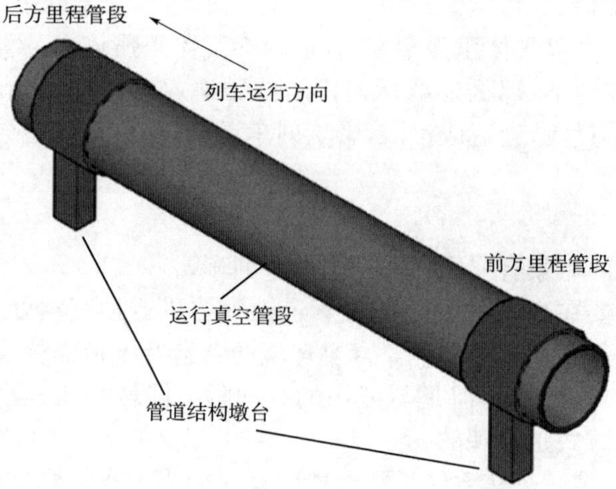

图 4.1 支墩形式的明线真空管道示意图

为便于研究，假设真空管道线路为直线，管道分段布置，方便管道系统的安装。忽略列车振动及管道附属结构如轨道板、承轨结构等对管道变形的影响，管道结构仅受到压差荷载、支墩套筒的位移约束及重力作用。

自真空管道系统施工，管道在自重与支墩反力下发生了受力变形，当系统进入运营阶段，管道还会受到压差荷载的作用。为了保证在不同管内气压环境下，管道能够沿着单一应力路径进行往返的受力变形，应使管道结构长期处于弹性阶段。

假定管道壁材料为三维各向同性材料，根据弹性理论，管道的荷载和边界位移约束均会引起结构微元的应力应变。对于本文研究的明线管道结构，套筒的支撑作用控制管道端部位移为0，圆柱坐标系下，径向存在管内外分布压强的受力约束，环向与里程方向为结构位移约束，其中环向为圆环自约束，在里程方向上，运行管道段具有来自墩台套筒及相邻管道段的位移限制，二者之间不同作用形式会使管道处于不同受力状态，并影响应力应变分布，包括：

(1)三向受力状态：管道结构端部封闭，受到径向和里程方向的压差荷载作用，且墩台对管道里程方向无约束。

(2)平面应变受力状态：管道受到端部墩台及前后管段的位移约束，管道圆心高度位置里程方向无应变作用，上下半圆的里程方向应变仅来自自重。

(3)横截面受力状态：在里程方向上，管道结构与墩台间无力学作用，管道在压差下在里程方向伸长且该向无应力。

当忽略管道自重，上述三种状态的管段的受力情况以及变形方式如图4.2所示，为管道纵剖面示意图。

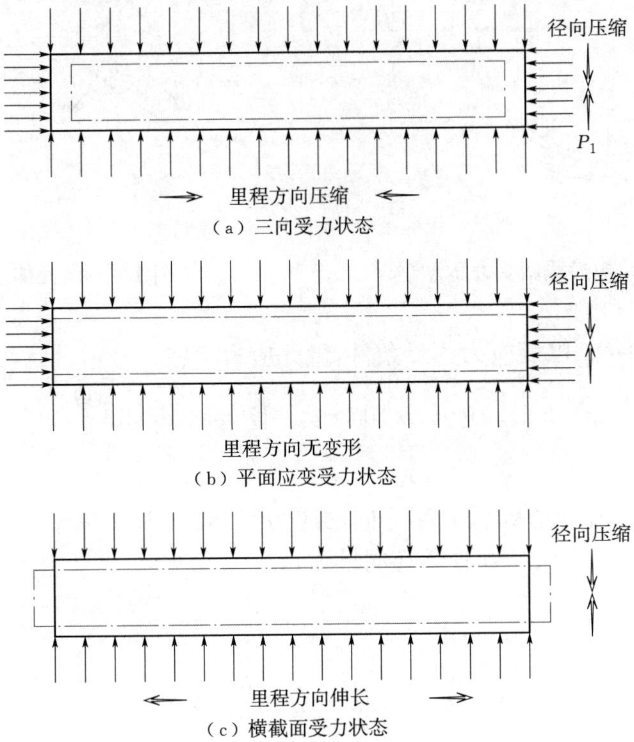

图4.2 管道结构受力变形示意图

其中：

(1)三轴受力状态下，全程真空管道结构受到里程方向与径向的压差荷载作用，处于三轴受力状态。

(2)平面应变受力状态下，管道结构与围岩共同变形，受到的静摩擦力与里程方向受力变形平衡，管道在里程方向无应力，与传统隧道受力状态近似。

(3)横截面受力状态下，管道里程方向无受力和位移约束，仅横截面方向存在应力，参考弹性理论，与平面应力受力状态的规律一致。

2. 真空管道的弹性力学解

1)管道结构应力

当忽略管道自重，压差荷载下圆柱形管道弹性力学分析过程可将管道视为有壁厚的圆筒结构。单位里程管道的横截面受力情况如图 4.3 所示。在圆柱坐标系下，三维管道微元存在径向、环向、里程方向的应力。对于某足够小的微元体，三个方向应力两两正交。关于柱坐标系对称的圆筒结构，其横截面内的弯矩剪力均为 0，微元体应力如图 4.4 所示。

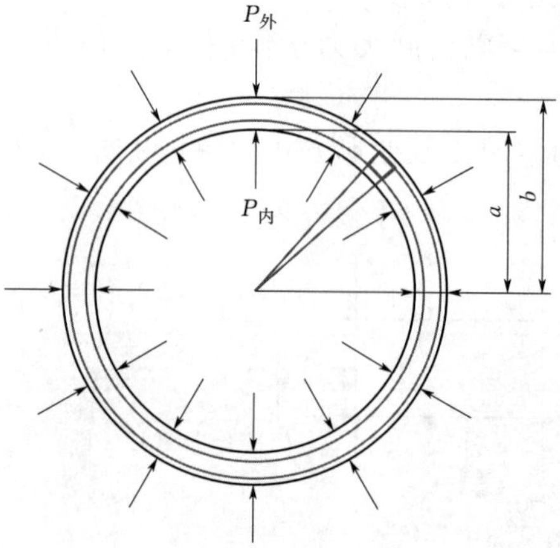

图 4.3　管道结构横截面受力示意图

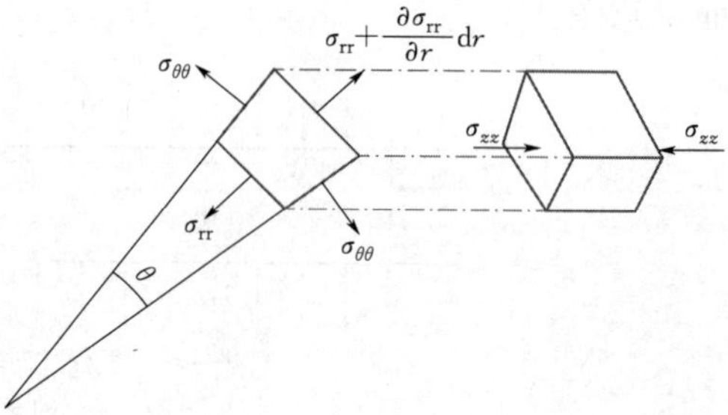

图 4.4　微元体应力

根据径向受力平衡，以及应力边界条件，微元应力存在：

$$(\sigma_{rr}+d\sigma_{rr})(r+dr)d\theta-\sigma_{rr}rd\theta-2\sigma_{\theta\theta}dr\sin\frac{d\theta}{2}=0 \tag{4.1}$$

$$(\sigma_{rr})_{r=a}=P\ (\sigma_{rr})_{r=b}=0 \tag{4.2}$$

根据上述条件求解管道壁径向和环向的应力表达式，取单位里程管道段，并对结构纵截面应力进行积分得到单位长度管道环向轴力：

$$\sigma_{rr}=\frac{a^2}{b^2-a^2}\left(1-\frac{b^2}{r^2}\right)p \tag{4.3}$$

$$\sigma_{\theta\theta}=\frac{a^2}{b^2-a^2}\left(1+\frac{b^2}{r^2}\right)p \tag{4.4}$$

$$N_{\theta\theta}=\int_a^b\sigma_{\theta\theta}\,dr=\int_a^b\frac{a^2}{b^2-a^2}\left(1+\frac{b^2}{r^2}\right)p\,dr=aP \tag{4.5}$$

$$N_{rr}=P_{外}-P_{内} \tag{4.6}$$

在里程方向上，管道轴力与平均应力为

$$F_z=\pi a^2P-F_X \tag{4.7}$$

$$\bar{\sigma}_{zz}=\frac{a^2(P-F_X)}{(b^2-a^2)} \tag{4.8}$$

式中，F_X 为管段受到的里程方向的外力，如管道及支墩反力等。当管道处于三向受力状态：$F_X=0$；平面应力状态：$F_X=P$；平面应变状态：$0<F_X<P$。

在弹塑性力学中，主应力可以表征材料的应力状态，并控制材料强度破坏状态。对于弹性材料，可选取主应力作为结构设计指标。圆柱坐标系下，管壁微元可被视作正六面体，主应力参考笛卡尔坐标系结果，三维空间柱坐标系下三个主方向上的主应力 σ_1、σ_2、σ_3 为式(4.9)之解。

$$\sigma^3-J_1\sigma^2-J_2\sigma-J_3=0 \tag{4.9}$$

式中　$J_1=\sigma_{\theta\theta}+\sigma_{rr}+\sigma_{zz}$

$J_2=\sigma_{\theta\theta}\sigma_{rr}+\sigma_{rr}\sigma_{zz}+\sigma_{zz}\sigma_{\theta\theta}+\tau_{\theta r}^2+\tau_{rz}^2+\tau_{z\theta}^2$

$J_3=\det(\sigma_{ij})$

当忽略管道自重，管道壁无切应力作用，此时最大主应力绝对值为

$$|\sigma_{\max}|=\sqrt{\sigma_{rr}^2+\sigma_{\theta\theta}^2+\sigma_{zz}^2} \tag{4.10}$$

根据式(4.10)可知，比较三种状态下的最大主应力绝对值，管道处于三向状态的结果最大，平面应变次之，横截面受力状态最小，故从力学破坏的角度，横截面受力状态下真空管道安全性最高。

2)模型概述

管道试验模型如图 4.5 所示。模型为外直径 20 cm、厚 5 mm 的弹性有机玻璃管，管道端部设置套筒模拟管道支墩，套筒之间的管道长 2 m。为模拟管道里程方向的自由变形，采用滚轮消除该方向摩擦，如图 4.6 所示。

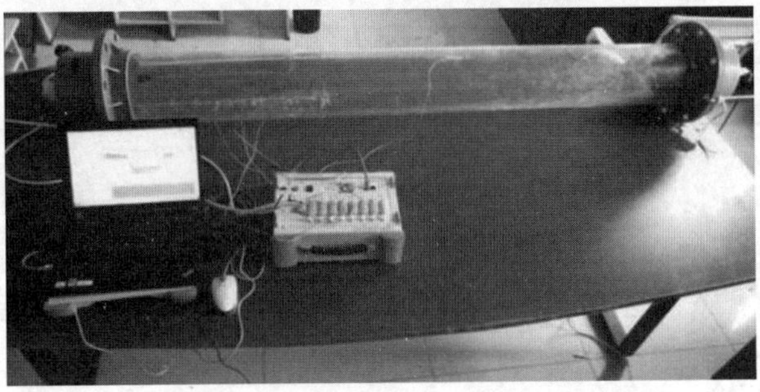

图 4.5　模型试验现场照片

图 4.6　模型试验自由滚轮

试验加载前，模型管道下方具有重力支撑，开始记录应变数据后撤掉支撑，使管道在自重作用下发生变形，随后通过真空泵对管道内密闭空间抽气，当达到目标气压后，真空泵可实现管内密闭气体保持某一低压不变，关闭真空泵后管内气体缓慢恢复至常压状态。

通过电阻应变片采集管道模型内壁、外壁的应变数据，测点布置如图 4.7 所示。通过应变片测得管道的环向应变与里程方向应变，其中环向应变片布置在管顶位置，分别在距离管端 500 mm、600 mm、700 mm 位置 1、2、3 处的管道外壁、内壁布置环向应变片、纵向应变片。并额外布置中心应变片于管道高度方向及里程方向的中点测试应变 ε_{zz}^5，该位置的应变结果抵消了由于自重引起的不均匀里程方向应变分布，可反映管道在该方向的整体变形情况。

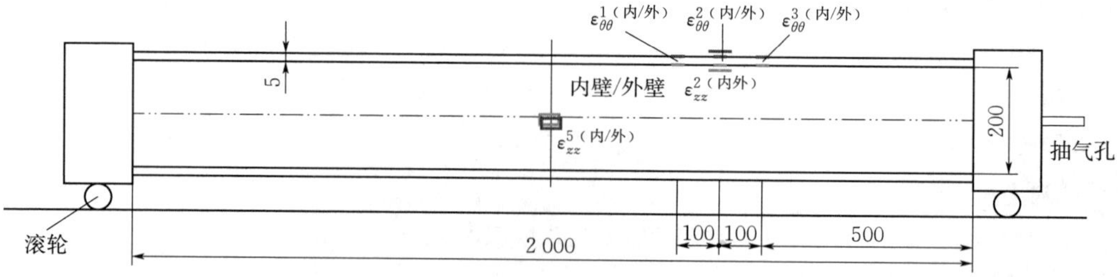

图 4.7 模型管道纵剖面示意图(单位:mm)

3)管道结构应变

为探究不同压差荷载下的管道应力情况，模拟管道在三种状态下受到 25 kPa、50 kPa、75 kPa、100 kPa 压差荷载下的受力变形。当管内气体达到目标真空度后，采用真空泵对管内气体进行保压 1 min，保证管内气压均布，取进入保压阶段 60 s 后的结构应变平均值作为代表值进行分析，加载工况见表 4.1。

表 4.1 三向受力状态加载工况

工况			实验模型 管内表压(kPa)	原型管道 管内表压(kPa)
三向受力	平面应变	横截面受力		
1—1	—	—	−2.5	−25
1—2	—	—	−5	−50
1—3	—	—	−7.5	−75
1—4	2	3	−10	−100

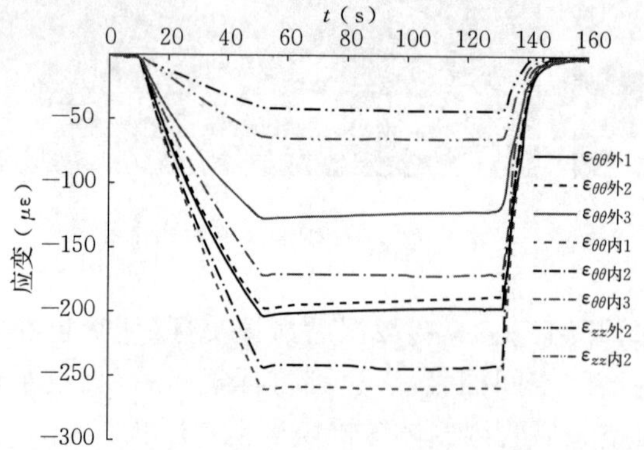

图 4.8 三向受力模型管道应变时程曲线(工况 1—4)

(1)三向受力状态

抽气过程中管内气体压强呈现降低、稳定、再升高的趋势。管道结构环向以及里程方向应变随时间变化规律如图 4.8 所示。

由图 4.8 可知，管道的应变在试验载过程中分为三阶段：

①加载阶段：管道在 0～10s 内仅由自重产生应变；10～50 s 管壁压应变在压差荷载作用下大幅增加，且该阶段环向和里程方向的压应力随时间线性变化。

②保压阶段：管内气压达到目标值，进入保压阶段，此时管道壁应变保持相对稳定，略有降低的趋势，这是由于模型抽气孔位于一侧端部，初始保压阶段管内气体未混合均匀所导致的。

③卸载阶段：关闭真空泵，管道压应力以衰减的速率逐渐趋近于 0。

由于管道端部受到了套筒的约束作用，靠近里程中点的位置，结构环向应变较大。管道环向应变 $\varepsilon_{\theta\theta2}$ 以及里程方向应变 ε_{zz2} 随压差荷载的变化规律如图 4.9 所示。

由图 4.9 可知，管道环向和里程方向应变与管道压差呈正相关变化；其中，管道的环向应变与压差量值呈现较好的线性关系；里程方向应变在压差和自重的共同作用下，考虑到管道在自重作用下的变形为非线性，试验结果的里程应变为非线性随压差递增。

综合上述结果，可认为模型管道的受力变形总体上处于弹性阶段。

(2)平面应变受力状态

在 100 kPa 压差荷载条件下，于模型管道端部施加里程方向的拉力，模拟管道支墩反力，从而平衡该方向的应变，使管道处于平面应变状态。由于模型试验的管道自重影响，管道里程方向上拱顶受压，底部受拉，横截面难以达到均匀的无应变状态。假定应变随高度线性变化，认为 $\varepsilon_{zz4}=0$ 时，各管道横截面应变积分为 0，各管段里程区间内结构整体上处于平面应变状态(图 4.10)。

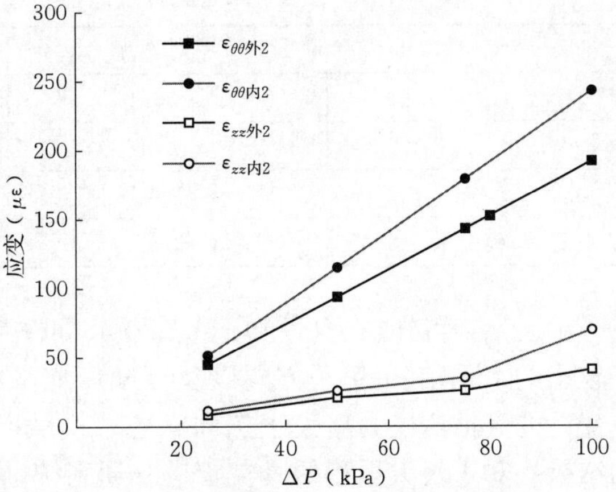

图 4.9 管道环向与里程方向应变随压差变化

当管道自三向受力进入平面应变状态，由于管端拉力作用，抵消了端部压差荷载引起的应变。管道结构相比三向轴力状态下的里程方向应变降低，环向应变略微增加，且管道内壁环向应变明显高于外壁，说明管道径向具有变薄的趋势。

(3)横截面受力状态

为使模型试验的管道在横截面整体上应力为 0，须抵消管道里程方向的压差荷载，对管道端部施加大小为 $F=\Delta P\pi r^2$ 的拉力并进行抽气，管道在里程方向上自由变形，使管道处于横截面受力状态。结构应力如图 4.11 所示。其中 96～160 s 区段管道处于横截面受力状态。

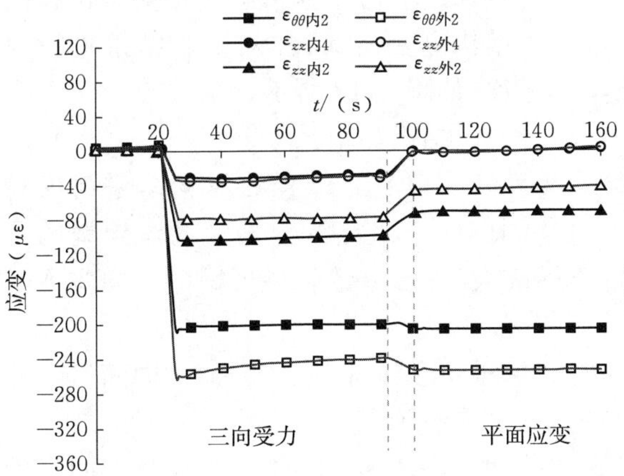

图 4.10 平面应变状态管道结构应变

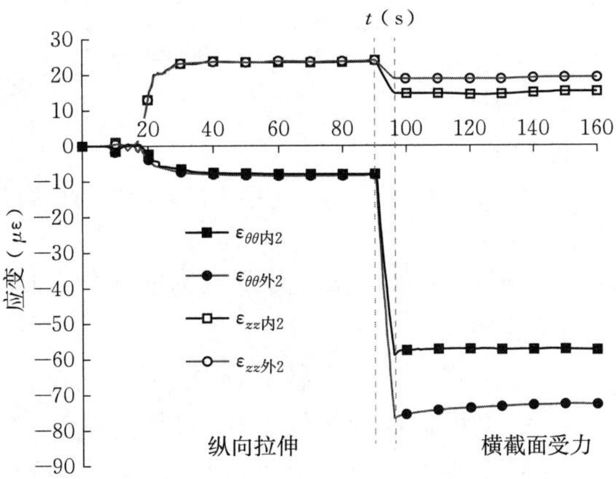

图 4.11 横截面受力下管道结构应变

比较三种受力状态下的管道在内外压差 100 kPa 下的应变大小见表 4.2。

表 4.2　三种状态下的管道应变（ΔP＝100 kPa）

应变	三向受力	平面应变	横截面受力
$\varepsilon_{zz2\text{内}}$	−66με	−71με	61με
$\varepsilon_{zz2\text{外}}$	−39με	−44με	77με
$\varepsilon_{\theta\theta2\text{内}}$	−196με	−204με	−238με
$\varepsilon_{\theta\theta2\text{外}}$	−246με	−255με	−292με

由表 4.2 可知，在自重和压差荷载共同作用下，模型管道应变值在三种受力状态下均处于较小的水平，其中里程方向以及环向压应变在三向受力与平面应变状态下接近，且平面应变下的管道压应力略大于三向状态。横截面受力状态下的环向应变高于前两种状态下的结果。对于长大里程的真空管道交通系统，后两种管道受力状态较为适用。

3. 真空管道力学数值仿真

对于墩台布置的真空管道系统，相同管道跨度、管壁材料以及净空面积下，合理的真空管道壁厚设计可以提升结构强度，从而抵御压差荷载下管壁变形过大引起的侵限问题，但过厚的管壁也会引起自重荷载过大，考虑到真空管道较大的长度，也会使工程造价过高。因此，本小节通过数值仿真的方法，采用 Abaqus 中荷载结构模型静力计算方法验证前文试验结果，并探究壁厚对管道结构应力分布影响。

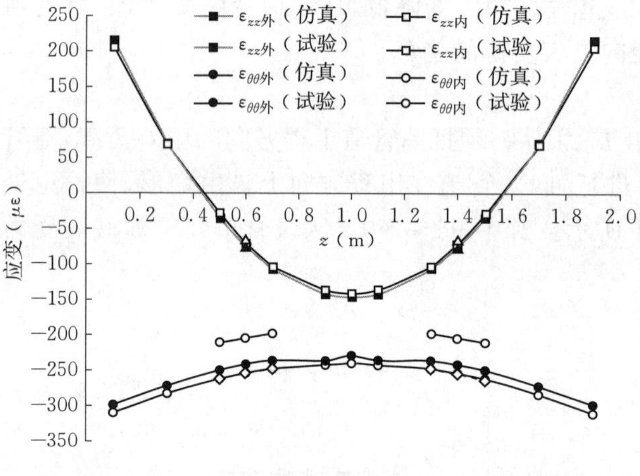

图 4.12　数值仿真与模型试验的管道应变

1）数值仿真精度验证

为了验证数值仿真的合理性，选取与模型试验相同尺寸的管道系统进行仿真分析，计算工况参考模型试验工况 2，此时管道处于平面应变状态，在管道端部横截面施加全约束，以模拟固定的管道支墩，并考虑结构的自重。选取仿真结果中拱顶测点位置的结构应变情况，并与试验结果进行对比，如图 4.12 所示。

结果显示：

（1）数值仿真的应变结果与模型测试值较为接近，其中管道外壁的环向应变相差约为 35 με，由于成都的大气压略低于标准大气压，导致管道外壁的环向应变略小于模拟值。

（2）压差和自重荷载下，圆柱形管道拱顶环向的受压变形在管道端部最大，中间里程处最小，沿里程近似抛物线分布，且管道内外壁的应变大小较为接近。

（3）里程方向上的拱顶应变在端部为拉应变，中间里程为压应变，受力规律类似两端固定的悬臂梁。

对比管道在无重力和受重力两种条件下受力状态。模型中，对管壁内临空面施加 −100 kPa的均布力模拟管道压差荷载，取距离管道小里程端部 30～33 m 区段结构内力云图进行展示，如图 4.13 和图 4.14 所示，并将无重力仿真结果与理论解进行对比见表 4.3。

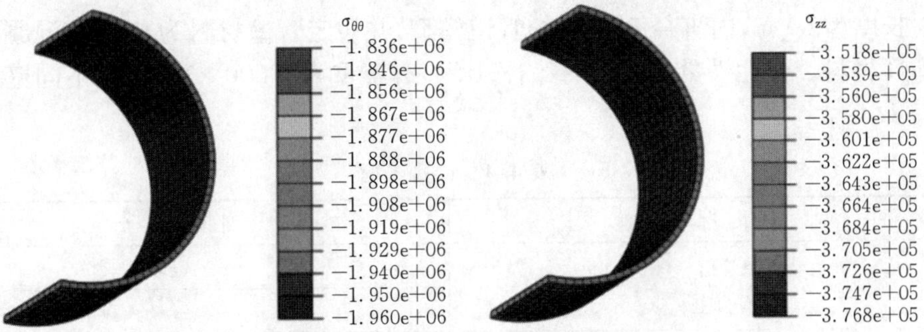

图 4.13　无自重下管道结构应力(30～33m)

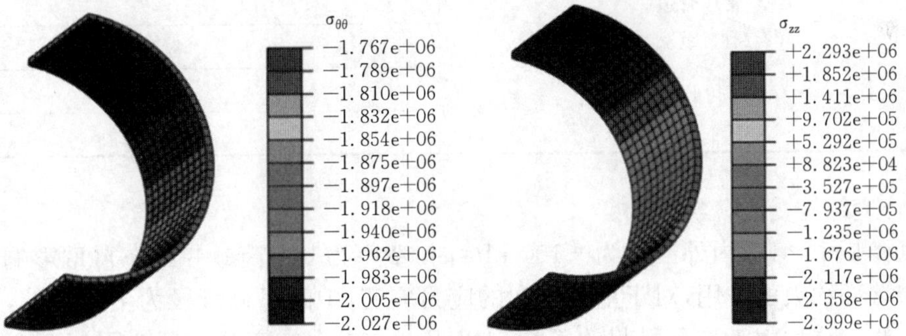

图 4.14　自重下真空管道结构应力(30～33m)

表 4.3　模拟解与理论和试验解比较

力学结果		数值解析解	仿真解	相对误差(%)
$\sigma_{\theta\theta}$(MPa)	拱顶外壁	−1.95	−1.96	0.51
	拱顶内壁	−1.85	−1.84	0.54
轴力 $N_{\theta\theta}$(kN)		−285	−284	0.35
弯矩 M_Z(kN·m)		0	0	0

压差荷载引起的真空管道结构应力沿圆周均匀分布，内壁的环向以及里程方向应力略高于外壁。根据弹性力学的应力可叠加性，重力引起管道拱顶压应力增加，底部略有降低，这是由于中间里程管段自重产生挠度变形，拱顶里程方向受压变形严重，在材料泊松比变形特性下管壁环向伸长，在封闭圆环自约束下环向应力升高，管道底部规律则相反。

加入自重荷载后，管道环向应力分布发生了变化，截面平均应力不变；里程方向应力大幅增加，拱顶受压，管底受压。管道里程方向应力主要来自管道自重荷载，环向应力主要来自管道内外压差荷载。

综上，可认为仿真结果精度满足研究要求。

2)管道壁厚的力学影响分析

(1)计算工况说明

建立长度为 60 m,内直径 5.7 m 的管道模型,并假定管壁材料为与 C40 混凝土性能相当的纯弹性材料。弹性模量 3.2 GPa,泊松比 0.2,容重为 2 500 kN/m^3。不同壁厚的计算工况见表 4.4。

表 4.4 计算工况

运行工况	管壁厚 h(m)
真空管道 (无/有自重)	0.15
	0.15
真空/常压管道 (无/有自重)	0.10
	0.15
	0.20
	0.30
	0.40
	0.50

(2)管道结构受力分析

仿真模型中,管道内外压差为−100 kPa 时,壁厚为 0.15 m,并考虑自重影响。由于管道自重与端部约束的作用,对于里程方向的应力应变,中间里程管段为上压下拉,端部管段为上拉下压。这种由于自重引起的不均匀里程方向应力应变分布还会引起其余两方向的力学分布不均匀性。选取 $z=30$ m 以及 $z=5$ m 的管道横截面进行应力应变分析,如图 4.15所示。

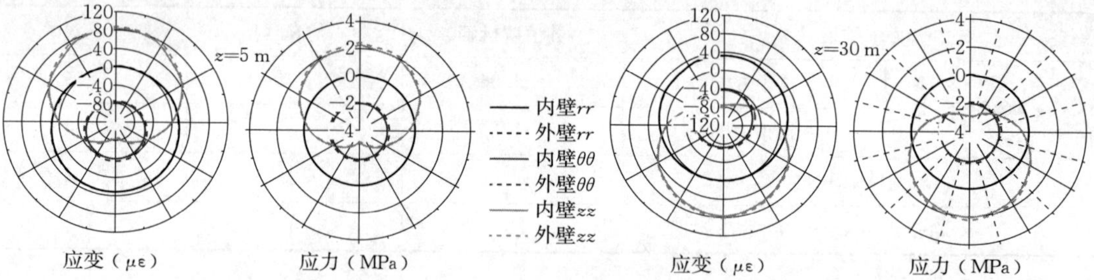

图 4.15 真空管道应力应变分布

图 4.15 结果显示的管道壁应力应变规律如下:

①径向上:端部附近管道结构管底以及中间里程管道拱顶产生正向应变,该方向应力沿着环向均匀分布,由于该方向无位移约束,不均匀的径向应变并不影响该方向的应力,应力沿着圆周分布较均匀。

②环向上:端部附近管道拱顶环向压应变高于管底,虽然管道压差荷载均布,但由于里程方向拱顶受拉,管底受压,拱顶环向压应变增加,管底压应变降低,中点里程管道环规律则相反。

③里程方向上：管道应力应变分布规律较为一致，在端部里程拱顶受拉，底部受压，中间里程管段呈现相反规律。

考虑到管道自重以及均匀分布的压差荷载，管道弯矩最大位置应出现在拱顶或管底。图 4.16 显示沿里程方向，隧道拱顶、管底的里程方向弯矩以及横截面弯矩，结果显示弯矩 M_x 在端部里程为负弯矩，管道整体呈现向上凸起的变形趋势；中间里程为正弯矩，整体呈现向下凹陷的变形趋势。每平方米断面的平均最大弯矩约为 1.04 kN · m，与隧道相比，明线布置的真空管道弯矩较小，且当管道形状为均质圆筒时，具有较高的抗弯安全性。

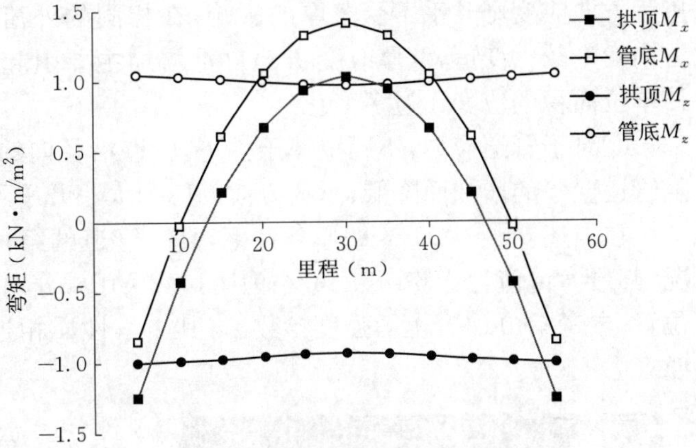

图 4.16 管道拱顶、管底弯矩

(3)壁厚对管道应力应变的影响

在不同壁厚条件下，中间里程以及端部里程管道横截面上的应变以及应力分布情况分别如图 4.17 和图 4.18 所示，图中应力应变结果为内外壁较大量值者。

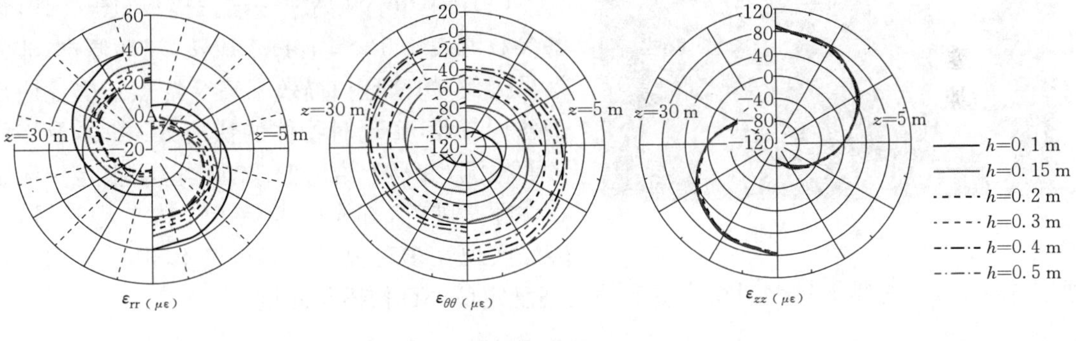

图 4.17 不同厚度下的管壁应变

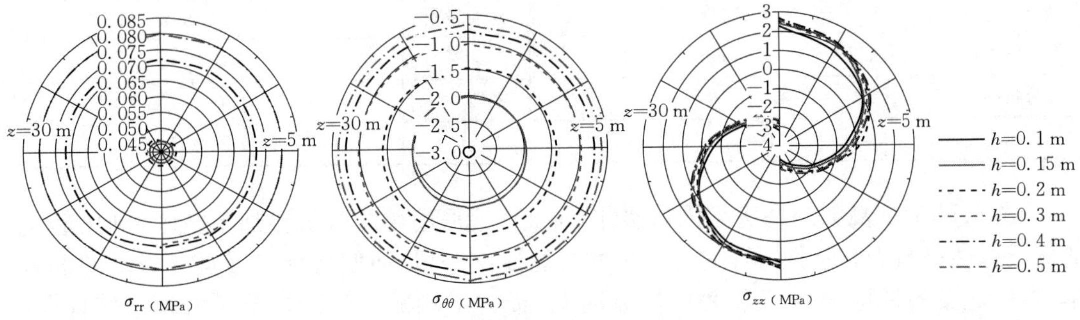

图 4.18 不同厚度下的管壁应力

由图 4.17 和图 4.18 可知：

①对于管道应变，不同壁厚条件下，管壁结构在环向的应变相差最大，径向应变次之，里程方向应变则几乎不受壁厚的影响，在相同的外荷载下，较薄的管壁引起管道在横截面方向发生较大变形，壁厚改变引起自重增加主要引起里程方向受力变化，而同时壁厚增加使单位面积的应变无过多变化。

②对于管道应力，不同壁厚条件下，管壁沿径向的应力相比其余两方向较小，环向应力随管道壁厚的增加而降低，里程方向的应力大小几乎不随壁厚变化，与应变规律较为接近。

在上述 0.1～0.5 m 壁厚条件下，真空管道的第一主应力极值最大出现在壁厚最小工况，其最大量值为 9.6 MPa，最小为－14.2 MPa，分别位于管道端部拱顶以及里程中点拱顶位置，参考 C40 混凝土的强度参数，与其力学性质相近的弹性材料均可满足管道结构受力要求。

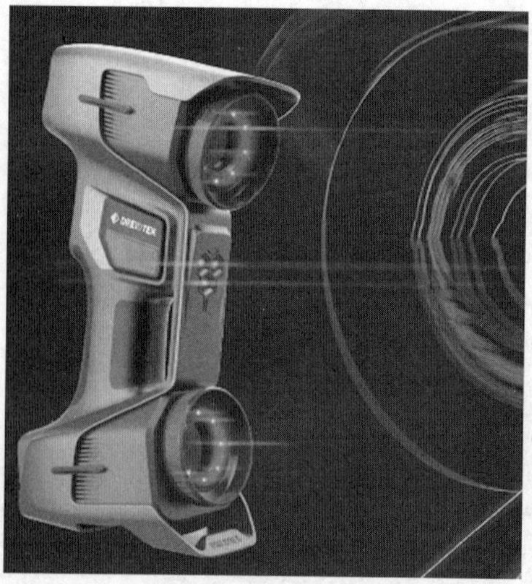

图 4.19　三维扫描仪

4.3.2　管道模型变形三维扫描测试

对直径 160 mm、200 mm 的真空管道进行低压变形测试分析，采用高精度压力传感器，校准低压值，对不同直径管道进行检测，测试数据相互对比验证。

1. 三维扫描设备

(1)INNO－SCAN 三维扫描仪(图 4.19，设备参数见表 4.5)，具有技术成熟，轻巧便携，非常容易操作，精密且扫描效率高等特点。广泛应用于各行各业，实现对物体的快速 3D 扫描及三维形面检测，并马上给出偏差对比检测报告。无论软件还是硬件，都充分考虑了人体工程学设计，轻松实现在多种复杂环境及工作现场使用。扫描工作时，可轻松实现对大型物体或零件高精度定位，3D 扫描与测量。

表 4.5　三维扫描设备参数

激光类型	22＋1 条蓝色激光线(2 级人眼安全)	空间精度	(0.025＋0.015)mm/m
测试速度	13 000 000 次测试/秒	基准焦距	425 mm
点分辨率	0.025 mm	景深	350 mm
面分辨率	0.1 mm	零件大小	0.05～4 m
扫描精度	0.025 mm	认证	符合 EC 标准

(2)SUAY50 高频动态压力传感器(图 4.20)是采用德国微机械加工技术，利用硅优良的杨氏弹性模量力学特性，低阻抗，小尺寸的感压核心，从而使得传感器具有极高的固有频率、宽广优良的带宽，以及亚微秒的上升时间(极为陡峭的上升沿)、干净的幅频特性曲线，使其非常适合应用于军事工程、化爆实验、石油勘采与试井、材料力学、土木工程学、岩土力学、液压动力机械试验、缩模试验、轨道交通等科学实验和生产实践中，得到不失真且快速

变化的动态压力波形与有效压力值，配合 SUAY 高输入阻抗、低输出阻抗、低噪声、高频响专用信号处理电路，使其成为动态测压的优选产品。

图 4.20　测试用传感器

通过激光发射器，发射激光线到物体表面，两个工业相机捕捉激光线在物体表面发生的变形，通过算法，计算出每个点的空间坐标，形成物体的三维数据模型如图 4.21 所示。

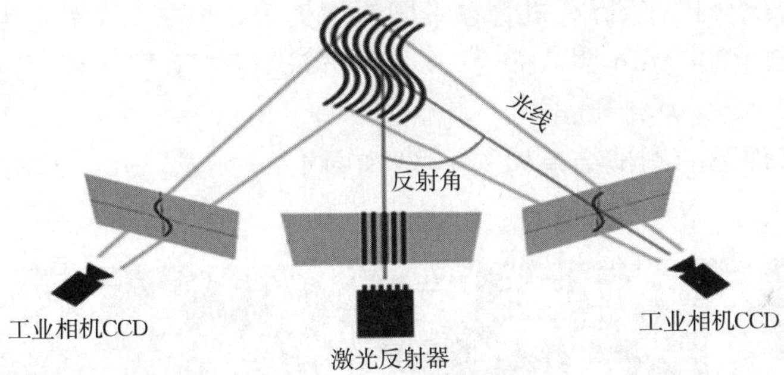

图 4.21　扫描仪原理

2. 三维扫描过程

扫描系统测试过程如下：在管道结构表面进行染色，并在外表面粘贴定位片。为了避免重力作用下，管道自然下坠所产生的变形，将有机真空管竖直放置；对管道进行抽气，并对结构的初始状态以及抽气状态进行扫描，获得管道初始和后期形状；对测点位置相减作差得到管道变形情况。

试验现场照片如图 4.22 所示，试验参数见表 4.6。

图 4.22　扫描系统测试管道变形示意图

表 4.6 管道参数

管道号码	直径(mm)	壁厚(mm)	长度(mm)
1	160	3	2 000
2	200	5	2 000

将有机玻璃管两端密封使内部空气与外界隔绝，并在端部支出抽气软胶管，对有机玻璃管染色并粘贴定位片(为三维扫描仪提供空间定位)，连接压力传感器。

(1)D160 管道扫描测试：对 D160 管道，连接管道、传感器、压缩泵，对管道抽真空至 －20 kPa、－30 kPa、－40 kPa、－50 kPa 的表压，对管道进行三维数据采集。

(2)D200 管道扫描测试：对 D200 管道，连接管道、传感器、压缩泵，对管道抽真空至 －20 kPa、－40 kPa、－60 kPa、－80 kPa 的表压，对管道进行三维数据采集。

3. 结果分析

采用分析对比软件 Geomagic Control，对三维扫描仪扫描的有机管在不同低压状态下的三维数据进行对比分析，分析有机管在不同低压力下，与常压状态发生的变形分析，从管道中间各取长度方向 900 mm，共 1 800 mm 对管道进行表面积计算，分析管道不同状态下的表面积变化。

20％真空度条件下的测试结果如图 4.23 和图 4.24 所示，－0.02 MPa 状态与常压状态下进行对比分析。

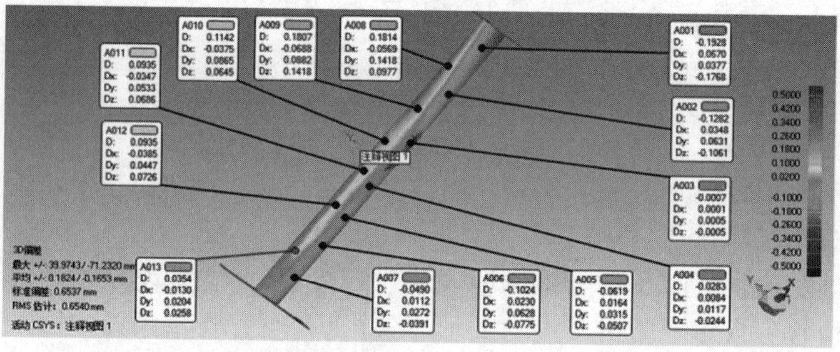

图 4.23 D160 测试管道与常压径向对比图 $Z-Y$(低压值 0.02 MPa)

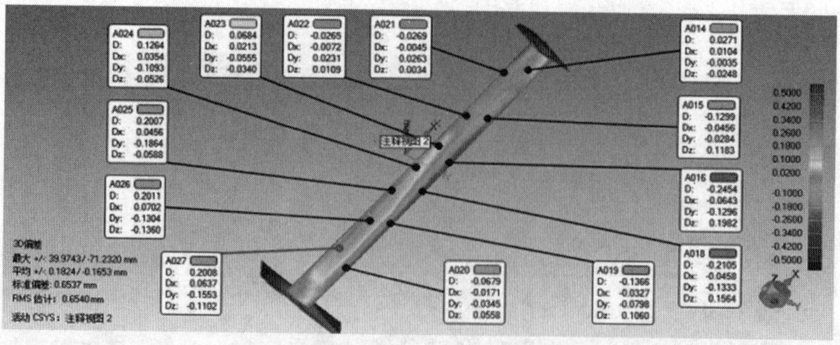

图 4.24 D200 测试管道与常压径向对比图 $Y-Z$(低压值 0.02 MPa)

在−20 kPa 的管内表压下，管道结构的径向最大变形量为 0.24 mm。常压状态下管道表面积为 905 258.63 mm^2。在−20 kPa 的管内表压下，管道表面积 905 185.71 mm^2，表面积缩小 72.92 mm^2。

4.4　超高速列车真空管道气动参数及结构形式设计

4.4.1　真空管道气动参数设计

1. 设计方法说明

对于真空管道列车，其设计理念是将真空列车置于管道中的真空环境下运行，从而减小气动阻力。虽然与明线相比，管道运行的型式加大了运行阻塞比，但在足够低的压力条件下，会使列车运行阻力大幅减小，与加大阻塞比产生的过大阻力抵消，并进一步减小气动阻力。使列车的阻力远小于明线运行的阻力，达到节能高速运行的目的。

因此，阻塞比选型和真空度选型是低压管道交通设计过程中的重要问题。现有的真空泵可以较好地控制管道内的气体压力环境，所以如何对阻塞比科学合理选型是主要问题。

当管道内空间面积足够大，可认为其气动效应无限接近于明线运行的型式，可以减小由高阻塞比带来的不良气动效应。理想的真空管道高速交通系统应具有尽可能小的气动阻力和尽可能高的运行速度，为实现这一目标，应尽可能地降低真空管道的管道压力，使其接近于真空状态，并需要尽可能地减小阻塞比。然而，这种解决办法在实践中并不十分实际，因为这意味着，管道必须建造得非常大，而这么大的管道的建设和后期维护费用较大，对于实际的真空管道高速交通系统，受建设及运营成本的限制，管道压力和阻塞比不能无限地减小。因此，在进行管道压力和阻塞比的最优设计时，还需要进一步考虑经济成本的影响。如何权衡这一标准是设计过程中需要探讨的关键。

刘加利等人在《真空管道高速列车气动特性分析》文章中，对不同阻塞比的列车运行情况进行了分析，如图 4.25 和图 4.26 所示。

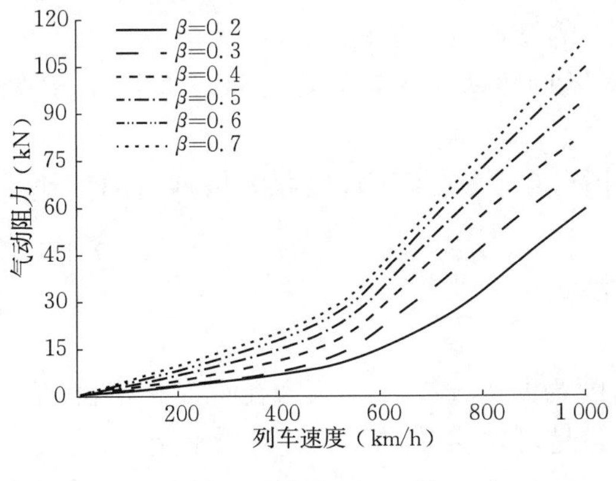

图 4.25　不同阻塞比下气动阻力随列车速度的变化

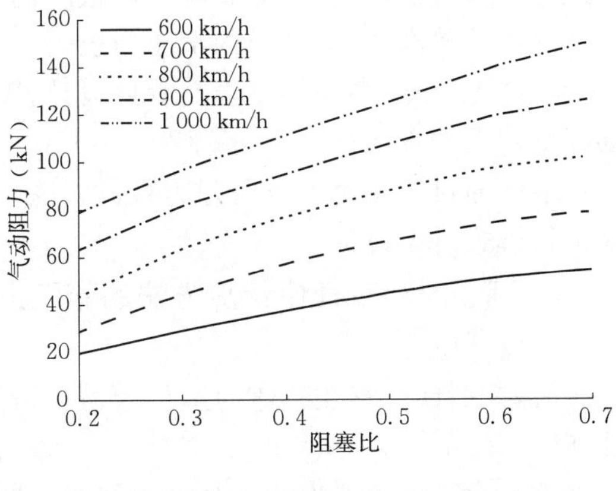

图 4.26　不同列车速度下气动阻力随阻塞比的变化

由图 4.25 和图 4.26 可知，当列车运行速度越快，通过减小阻塞比所节省的气动阻力能耗越大，这意味着对于超高速列车运行而言，需要对更加细致的阻塞比进行规划。

对于超高速铁路真空管道设计，Tae-Kyung Kim 等人研究了管道运行的关键参数：

(1)$P—D$ 关系，即当管道与明线有着同样的平均气动阻力，管道内部压强以及速度—阻塞比之比之间的关系。

(2)$P—\beta$ 关系，即内部气体压强以及阻塞比之间的关系。

(3)$D—v$ 关系，即多个阻塞比以及内部气体压强下，平均气动阻力以及列车运行速度之间的关系。

(4)$v—P$ 关系，即列车速度(包括运行速度以及极限速度)以及内部气体压强之间关系，有助于管道列车的设计。

(5)$v—\beta$ 关系，即当绕车局部流马赫数达到 1 时，管系临界速度与堵塞率之间的关系。

因此在超高速列车(真空管道)的设计过程中，可以根据管道列车预计的运行速度以及极限速度，对列车和隧道断面型式以及管道内部的气体压力环境进行综合选型，对于列车速度还要考虑牵引力大小的约束。

超高速铁路—真空管道系统参数合理的选型，对系统运行的安全性、高效性、节能性等均具有较高的要求，合理的设计方法应兼顾运行的多种需求。

考虑到不同的系统性能需求，对于管道设计思路可分为两种侧重点，当管内压力很低(如真空状态)且阻塞比很小时，可以实现理想的管道系统，其列车的运行阻力小、运行速度快、效率高。然而，管内压力和阻塞比不能无限地降低。因此，如果给定了推进系统，并决定了运行速度，则应考虑两种不同的设计方法：

(1)第一种设计方法是通过最小化冲击波引起的气动阻力来增强空气动力特性。在该方法中，工作速度被假定为抑制冲击波产生的临界速度，这种方法注重系统运行的效率。

(2)第二种设计方法侧重于经济方面，而不是气动特性。对于有益的运输，超高速列车更快的运行速度是有利的。尽管考虑到空气动力学方面，较小的阻塞比是合适的，但列车的尺寸需要足够大，以便人员或货物运输。另一方面，增加管道(隧道)的尺寸会增加成本。因此，仅通过调节运行速度和阻塞比很难达到经济设计的目的，因此，即使阻塞比增加且运行速度保持较高，降低管道内部压力也是一种有效的管道设计方法。

总之，对于超高速列车真空管道设计，以系统运行效率为先还是以经济利润为先，还需要根据建设的具体情况进行选型。

下面通过原朝茂法以及阻力系数方法分别计算列车气动阻力，以此为依据对超高速铁路运行模式进行设计。

2. 基于原朝茂理论计算方法的等阻力设计

1)设计思路

目前，高铁列车在隧道内运行的最高设计速度为时速 v_0，可以认为在现有标准隧道设计断面条件下，列车运行时所产生的气动阻力能耗是可以接受的。假定未来的超高速列车在管道内运行时所产生的气动阻力能耗不超过该阻力，那么这样的气动阻力能耗也是可以接受的。因此在真空管道设计时，可以依此为控制指标，根据原朝茂空气阻力理论中气动阻力与列车行车速度、阻塞比、车长、空气密度等参数的关系，确定超高速列车真空管道的设计参数。

真空管道参数设计时，主要是确定真空管道的压力 p_z，根据理想气体状态方程，已知标准大气压 p_0，标准空气密度 ρ_0，根据理想气体状态方程可知真空管道压力可以表述为

$$\rho_z=\frac{p_z\rho_0}{p_0} \tag{4.11}$$

选定速度为 350 km/h 高铁列车在标准隧道断面中运行的空气阻力 D_0 作为控制指标值。取列车横断面积 A 和车长 l 为定值。根据上式可得到以阻塞比 β、ρ_z 和 v 为变量的函数：

$$g\left(\beta,\frac{p_z\rho_0}{p_0},v\right)=D_0 \tag{4.12}$$

根据该函数关系可以绘制出 3 个变量之间的三维曲面，在固定任意 1 个变量的情况下，就可以得到了另外两个变量的函数关系曲线。

在阻塞比固定的情况下，可以绘制出真空管道工作压力—运行速度的关系曲线，其函数型式可以表示为

$$h(p_z,v_0)\big|_{\substack{\beta=\beta_{常量}\\ D=D_0}}=0 \tag{4.13}$$

于是可以在一个坐标图中，绘制出不同阻塞比下的真空管道工作压力与行车速度之间的关系曲线，以作为在等气动阻力条件下真空管道工作压力与行车速度选取和设计的依据。

2)理论计算

选取列车运行速度为 350 km/h，在高铁标准单线隧道中行驶的空气阻力作为基准气动阻力。列车采用 CRH3 型动车，列车长度 $l=103$ m，列车横断面积 $A_{车}=11.62$ m^2；隧道横断面积 $A_{隧}=70$ m^2，隧道断面如图 4.27 所示。原朝茂计算基准气动阻力参数见表 4.7。

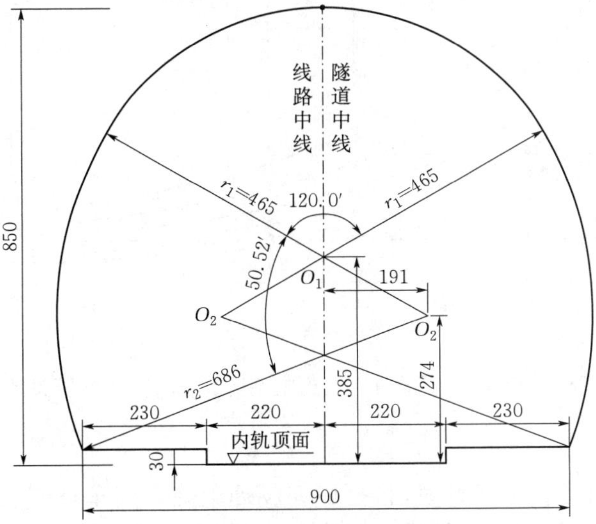

图 4.27 速度为 350 km/h 高铁单线隧道内轮廓(单位:cm)

表 4.7 原朝茂计算基准气动阻力参数

列车横截面积 (m^2)	隧道横截面积 (m^2)	阻塞比	列车长度(m)	运行速度 (km/h)	大气压 (kPa)	空气密度 (kg/ m^3)
11.62	70	0.166	103	350	101.325	1.225

结合前面原朝茂法对列车在隧道内行车的气动阻力系数的推导并结合式(4.12)，计算得到列车空气阻力基准值 D_0，D_0 为 65.3 kN。

以 65.3 kN 作为控制指标，取列车面积和长度为定值，得到不同阻塞比(β=0.2～0.7)、速度(v=500～1 224km/h)条件下，真空管道的工作气压 p_z。

表 4.8 列出了阻塞比 β=0.2，时速 v=500～1 224 km/h 的真空管道工作气压设计结果。各个阻塞比、设计车速条件下真空管道所需工作气压如图 4.28 所示。

表 4.8 真空管道参数设计结果

阻塞比	v(km/h)	P_Z(kPa)	p_z/p_0
0.2	500	46.002	0.454
	700	23.507	0.232
	900	14.186	0.140
	1 000	11.450	0.113
	1 224	7.701	0.076

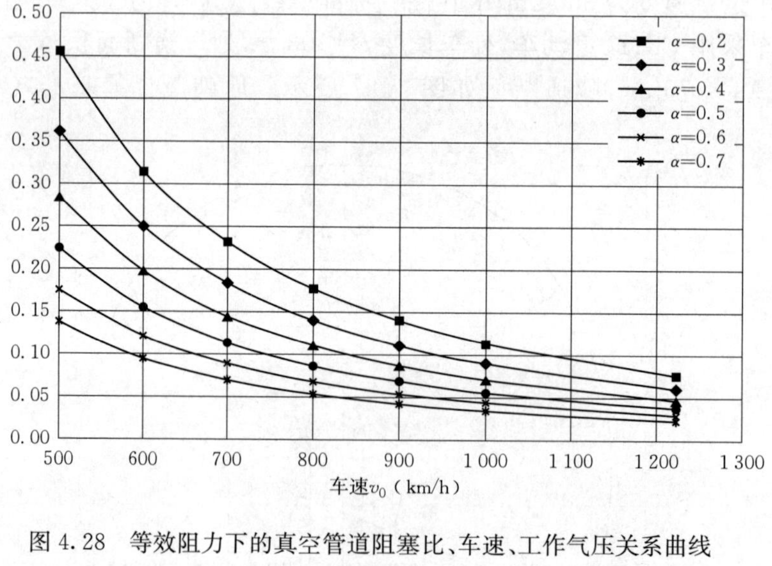

图 4.28 等效阻力下的真空管道阻塞比、车速、工作气压关系曲线

由图 4.28 可知：

(1)在进行真空管道参数设计时，根据原朝茂理论确定列车空气阻力控制指标，然后反算不同时速和阻塞比条件下真空管道的工作气压，依次为参考对真空管道进行参数设计。

(2)同一阻塞比条件下，随着车速的增加，工作气压降低幅度变缓慢。由此可知，过高真空度对于降低真空管道列车空气阻力影响不大，将造成能源浪费。

取阻塞比 β=0.2、速度 v=500～1 224 km/h 工况进行数值模拟，与理论结果进行对照。

3）数值计算

（1）基本假定

结合相关学者前期对真空管道的研究，做出以下假定：

①考虑到列车行驶过程流场的复杂性，故假定为湍流模型。

②高雷诺数流场计算收敛困难，且真空管道空气稀薄，故假定为不可压缩气体。

③忽略转向架、受电弓、车头车尾与车身连接部分等复杂结构，将列车简化为具有一定几何外形的三维立体。

（2）数值模型以及网格划分

LES 模型被认为是具有应用前景的湍流模式，故选择此模型进行数值模拟。鉴于 LES 模型对网格尺寸要求高，对车头、车尾网格加密，保证计算精度。

对于等阻力模型的模拟中，列车周围采用非结构化网格，列车前后采用结构化网格，运用动态层技术进行网格更新，加快计算速度，实现管道壁面静止，列车壁面以设计时速运动，能较好地模拟列车在真空管道内行驶所引起的流场变化。

考虑列车起动阶段空气阻力逐渐增加，待阻力稳定后，即取 1～2 s 的空气阻力作为数值计算结果。列车最高速度 1 224 km/h，2 s 总共运行 680 m，故取无限长真空管道中的 1 km管道建立三维模型。由于不计 0～1 s 列车空气阻力，故车尾距管道入口相对较近为 14 m，车头距管道出口 883 m。车头和车尾采用相同形状（CRH3 型）。

管道侧壁及列车壁设置为壁面边界，管道入口和出口分别设置为压力入口和压力出口，真空管道系统如图 4.29 所示。列车和真空管道网格分别如图 4.30 和图 4.31 所示。计算迭代次数为 8 次，计算步长为 0.001 s。

图 4.29 真空管道系统示意图（单位：m）

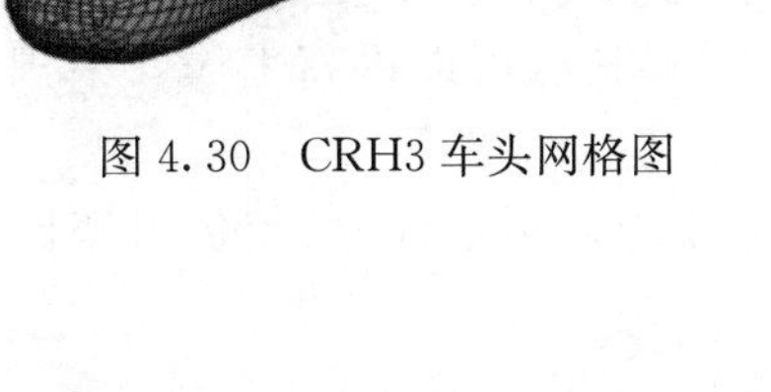

图 4.30 CRH3 车头网格图

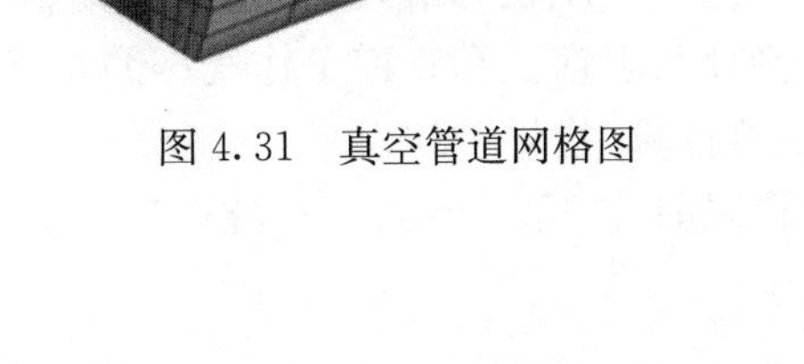

图 4.31 真空管道网格图

(3)计算结构及分析

通过计算,得到阻塞比 $\beta=0.2$、速度 $v_0=500\sim1\,224$ km/h 各工况下,真空管道中列车空气阻力时程曲线,取列车行驶至平稳段(1～2 s)作为数值计算平均值,限于篇幅,仅列出速度为 1 224 km/h 工况结果,如图 4.32 所示,各个工况下列车空气阻力值及误差见表 4.9。

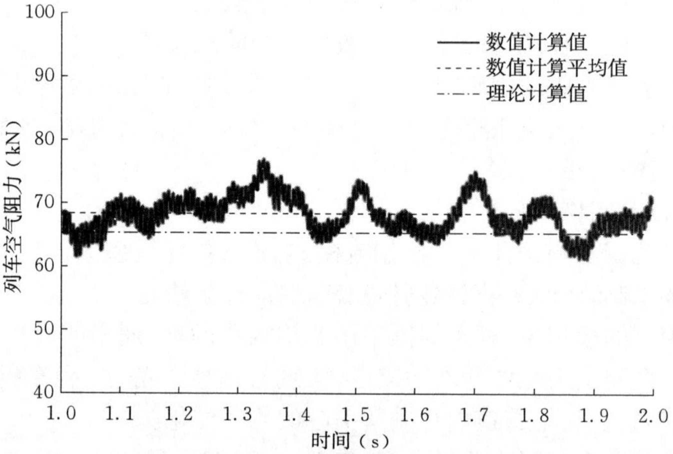

图 4.32　真空管道列车空气阻力时程曲线($\beta=0.2$、$v=1\,224$ km/h)

表 4.9　真空管道列车空气阻力理论与数值计算结果对照表($\alpha=0.2$)

车速(km/h)	空气阻力(kN)		相对误差(%)
	原朝茂理论值	数值计算值	
500	65.34	64.60	1.14
600	65.34	65.72	−0.58
700	65.34	65.94	−0.90
800	65.34	66.72	−2.06
900	65.34	67.70	−3.48
1000	65.34	66.87	−2.29
1224	65.34	68.32	−4.36

根据原朝茂理论,计算时速 350 km 的列车在标准断面隧道中行驶的空气阻力,以此为控制指标,进行真空管道参数设计,并与数值结果进行对照,得出如下结论:

(1)经数值对照,原朝茂理论计算的列车空气阻力与数值结果相互吻合,表明该理论适用于高速与超高速列车的空气阻力分析。该理论用于低压状态下真空管道列车空气阻力计算时,阻塞比 $\beta=0.2$、时速 $v_0=600\sim1\,224$ km/h 工况,其值偏小,误差在 5%以内,满足工程要求。

(2)选取常压状态下,列车空气阻力作为控制指标,运用原朝茂理论,对真空管道列车的运行速度、阻塞比和管道工作气压的相互影响规律进行研究,可以提高工作效率,避免烦琐的数值计算,指导工程设计。

(3)以时速 350 km 列车在隧道中行驶的空气阻力作为控制指标,绘制各阻塞比、车速下真空管道工作气压参数选取曲线，可为真空管道参数设计提供参考。

3. 基于阻力系数计算方法的等阻力设计

1)真空管道等阻力理论公式

在前面的分析中，是以原朝茂法作为阻力系数及行车阻力计算的依据。由于该方法在进行阻力系数计算时，做了许多假定，因此会对分析计算造成误差。下面采用阻力系数分析预测公式，计算行车阻力，并开展相关的真空管道参数设计。

参考式(4.12)并结合阻力系数预测公式，将基于基准阻力 D_0 的公式可以表示为

$$\frac{1}{2}\times\frac{p_z\rho_0}{p_0}\times v^2\times A_{车}\times(C_{d0}\times e^{4.0\beta})=D_0 \tag{4.14}$$

该公式是关于工作气压 P_z、标准大气压 p_0、标准空气密度 ρ_0、行车速度 v、列车横断面积 $A_{车}$、阻塞比 β、阻力系数 C_{d0} 的变量函数，确定一个参数就可以绘制出一组曲线，由此就可以开展真空管道的相关参数设计。

2)等阻力基准值计算

在开展等阻力设计时，首先需要确定基准阻力值 D_0 的大小。

根据第 2 章中 CRH3 列车的阻力系数预测公式，可以得到某一阻塞比条件下的阻力系数大小。

在采用原朝茂法进行等阻力设计时，基准阻力值 D_0 计算所用到的参数见表 4.7。基于这些参数，采用阻力系数预测方法，重新计算基准阻力值 D_0。

通过 2.4 小节中对阻力系数的拟合公式 $C_d=C_0\cdot e^{4.0\beta}$ 可知，需要首先计算明线条件下($\beta=0$)的阻力系数大小 C_{d0}。

根据阻力系数计算公式：

$$C_d=C_{dp}+\frac{\lambda}{d}l \tag{4.15}$$

对于 CRH3 明线运行的情况，取相应的压差阻力系数以及沿程阻力系数得到：

$$C_{d0}=C_h+\frac{\lambda}{d}l=0.158+\frac{0.0157}{3.6}\times 103=0.607$$

利用第二章阻力系数的拟合公式，可以计算出对应工况下的阻力系数。

对于原朝茂计算工况的阻塞比($\beta=0.166$)，阻力系数为

$$C_d=0.607\cdot e^{4.0\times 0.166}=1.179$$

则可以求出相应的等效气动阻力大小为：

$$D_0=\frac{1}{2}C_d\rho_0 v_0{}^2 A_{车}=0.5\times 1.179\times 1.225\times\left(\frac{350}{3.6}\right)^2\times 11.6=79.3(\text{kN})$$

3)等阻力设计理论计算

依据计算得到的基准阻力 $D_0=79.3$ kN，进行等阻力真空管道参数设计，可得到真空管道运行模式下的阻塞比、车速以及工作气压的关系如图 4.33 所示。当已知运行阻塞比，依据相关的回归分析曲线得到相应的气动阻力系数，进而得到列车周围气压与运行速度之间的关系。为了与前面对照，这里同样选取阻塞比为 0.2 工况，列举等阻力设计下的列车运行速度与气压关系见表 4.10。

表 4.10　等效气动阻力下的阻塞比、车速、气压

阻塞比	v(km/h)	P_z(kPa)	P_z/P_0	原朝茂法 P_z(kPa)	误差(%)
0.2	500	43.323	0.428	46.002	6.18
	700	22.104	0.218	23.507	6.35
	900	13.371	0.132	14.186	6.09
	1000	10.831	0.107	11.450	5.72
	1224	7.229	0.071	7.701	6.52

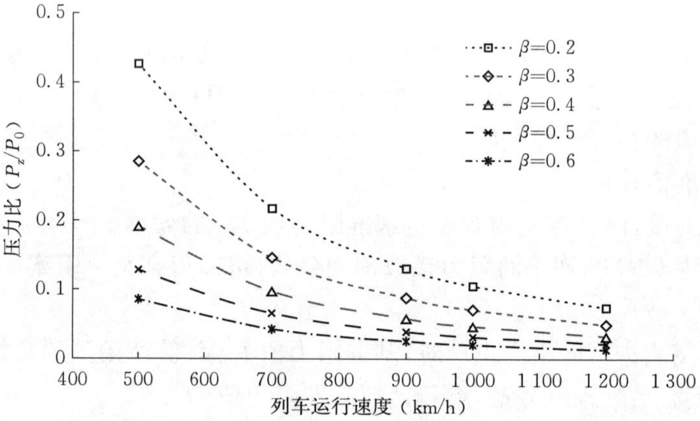

图 4.33　等效气动阻力不同阻塞下真空管道车速—工作气压关系曲线

可以看出：尽管采用原朝茂方法计算的等效气动基准阻力与阻力系数预测计算的等效气动基准阻力值有较大差异，但是两者的设计参数误差并不大，均在 10%以内。

考虑到原朝茂法依据不可压缩气体计算基准阻力，而阻力系数预测法是依据可压缩气体进行的相应计算，因此阻力系数预测法的计算结果应该更具有可信性。

4.4.2　真空管道双层衬砌结构设计力学分析

沈志云通过分析国外列车空气阻力占比得出：当速度达到 400 km/h 以上时，空气阻力将占总阻力的 80%。随着超高速铁路最大设计速度的提升，列车的空气阻力问题成为限制超高速铁路发展的重要因素。

为了解决这一问题，早在 1904 年，Goddard H R 就提出了将高速列车置于真空中运行的构想，以此来减小列车运行过程中产生的阻力和噪声；20 世纪 90 年代，Oster D 在其申请的专利中首次出现了真空管道运输系统(evacuated tube transportation，ETT)的相关概念，并且后续对车辆、管道、应急设备等方面进行了更为细致的研究。管道作为真空管道运输系统的载体，决定了整个系统的安全性和可靠性。目前真空管道的结构形式主要有高架式、地下隧道式、地面式等类型。对于地下隧道式真空管道，除了要保证其严苛的气密条件之外，在复杂的围岩中能否做到安全、可靠的运营也非常关键。

国内外学者对盾构隧道双层衬砌力学特性进行了大量的相关性研究。周建军等以黏土作为模拟地层，分析了圆形低真空隧道结构的内力分布，并与推导得出的解析解进行对

比分析。梁敏飞等以越江隧道为工程依托，提出了新型的双层衬砌盾构隧道力学分析模型，并验证了该模型进行数值仿真时的准确性。何川等以狮子洋水下盾构隧道为工程依托，总结了不同情况下隧道纵向沉降与内力变化规律。周济民采用相似模型试验、数值模拟等方法，研究了地层条件、局部荷载等因素对隧道管片及双层衬砌内力影响规律。于清洋采用模型试验与数值仿真等研究方法，得到了盾构隧道管片与二次衬砌之间荷载分配规律。

上述研究主要针对双层衬砌结构的数值仿真模型的优化、高水压条件下的双层衬砌盾构隧道的力学特性，对于真空环境下的双层衬砌结构受力特性鲜有学者进行相关研究。

近年来，随着真空管道运输体系的不断发展，采用盾构法施工真空管道的可行性也不断得到验证。本节以上海淤泥质黏土为地层条件，分别对复合式和叠合式的双层衬砌真空管道进行了力学特性分析，并探讨了不同竖向荷载下、不同结构形式对双层衬砌真空管道结构力学特性的影响。

1. 结合面模拟分析

近年来，国内外学者基于梁—弹簧模式主要提出了 3 种双层衬砌数值模拟分析模型：衬砌梁—接头弹簧—结合面梁模型、衬砌梁—接头弹簧—结合面接触摩擦模型以及衬砌梁—接头弹簧—结合面弹簧模型。上述计算模型存在一定缺陷，因此，姚超凡针对计算模型的缺陷对其进行改进，使得计算参数的选取更加科学。当盾构管片修筑完成后，直接浇筑二次衬砌，两层衬砌之间不做加强密封性的夹层处理，结构的结合面既能传递径向压力，又能传递衬砌间的剪切力。这样的结构称为叠合式衬砌结构，径向压缩计算示意如图 4.34 所示。

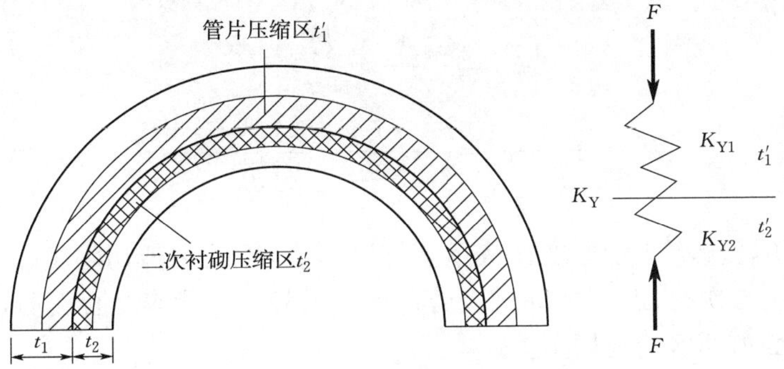

图 4.34 叠合式双层衬砌接合面压缩刚度计算示意

$$K_{Y1}=\frac{E_1A_Y}{t_1'}=\frac{2E_1A_Y}{t_1} \tag{4.16}$$

$$K_{Y2}=\frac{E_2A_Y}{t_2'}=\frac{2E_2A_Y}{t_2} \tag{4.17}$$

$$K_Y=\frac{1}{\dfrac{1}{K_{Y1}}+\dfrac{1}{K_{Y2}}}=\frac{K_{Y1}\cdot K_{Y2}}{K_{Y1}+K_{Y2}}=\frac{2E_1\cdot E_2\cdot A_Y}{E_1t_2+E_2t_1} \tag{4.18}$$

式中：E 表示弹性模量，t'表示厚度，t 表示压缩区厚度，K 代表压缩刚度。其中下标 1 代表管片，下标 2 代表二次衬砌，下标 Y 代表压缩区。另外，A_Y 代表结合面压缩区的横截面面积，K_Y 代表结合面压缩区的压缩刚度。

荷载作用于双层衬砌结构，使得管片和二次衬砌相互错动，产生方向相反的切向位移 δ_1、δ_2，则结合面的剪切位移 δ 为管片与二次衬砌之间的相对切向位移，即 $\delta=\delta_1+\delta_2$，如图 4.35 所示。

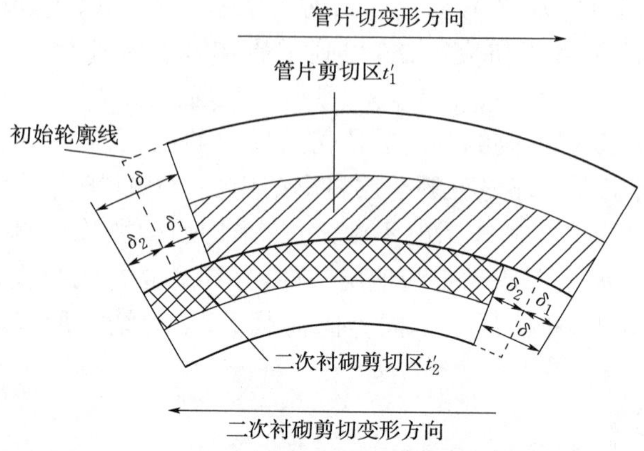

图 4.35　叠合式双层衬砌接合面剪切变形示意

结合面的剪切区是由一定厚度的管片和二次衬砌共同组合得到，分别取管片和二次衬砌厚度的一半叠加就为剪切区，通过串联弹簧刚度系数计算得到的剪切区等效刚度即为接合面剪切刚度。其解析式为

$$k_{q1}=\frac{G_1A_q}{t_1'}=\frac{2G_1A_q}{t_1} \tag{4.19}$$

$$k_{q2}=\frac{G_2A_q}{t_2'}=\frac{2G_2A_q}{t_2} \tag{4.20}$$

$$k_q=\frac{1}{\dfrac{1}{k_{q1}}+\dfrac{1}{k_{q2}}}=\frac{k_{q1}\cdot k_{q2}}{k_{q1}+k_{q2}}=\frac{2G_1\cdot G_2\cdot A_q}{G_1t_2+G_2t_1} \tag{4.21}$$

式中：G 表示剪切模量，t' 表示厚度，t 表示剪切区厚度，K 代表剪切刚度。其中下标 1 代表管片，下标 2 代表二次衬砌，下标 q 代表剪切区。另外，A_q 代表结合面剪切区的横截面面积，k_q 代表结合面剪切区的剪切刚度。

真空管道为了获得更好的气密性，在双层衬砌结构之间铺设卷材或设置其他填充材料对二次衬砌进行全包，使接合面变得相对光滑而只能传递径向压力，即为复合式衬砌结构。

此时结合面压缩区不仅包括了管片压缩区和二次衬砌压缩区，还有填充材料，其径向压缩示意图如图 4.36 所示，其刚度系数计算也必须把充填材料考虑在内。填充材料的刚度系数为

$$k_{Y3}=\frac{E_3A_Y}{t_3} \tag{4.22}$$

式中　E_3——内外衬中间夹层材料弹性模量；

t_3——内外衬中间夹层材料的厚度；

k_{Y3}——内外衬中间夹层单元的压缩刚度。

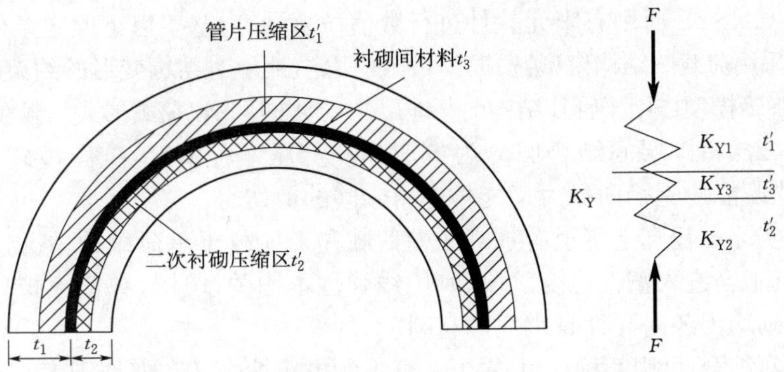

图 4.36　复合式双层衬砌接合面压缩刚度计算示意

基于串联弹簧刚度系数计算原理可得到出结合面压缩刚度解析式：

$$K_Y=\frac{1}{\dfrac{1}{K_{Y1}}+\dfrac{1}{K_{Y2}}+\dfrac{1}{K_{Y3}}}=\frac{K_{Y1}\cdot K_{Y2}\cdot K_{Y3}}{K_{Y1}\cdot K_{Y2}+K_{Y2}\cdot K_{Y3}+K_{Y3}\cdot K_{Y1}}=\frac{K_{Y1}\cdot K_{Y2}}{K_{Y1}+K_{Y2}+\dfrac{K_{Y1}\cdot K_{Y2}}{K_{Y3}}}\tag{4.23}$$

综上所述，叠合式衬砌结构接合面压缩和剪切刚度由式(4.18)和式(4.21)计算可得；对于复合式衬砌结构，本书以 10 mm 厚、压缩刚度为 10 MPa/m 为衬砌间材料的物理参数，接合面的刚度由式(4.22)计算得到。

数值模拟计算参数及模型说明如下：

(1)概述及计算假定说明

在双层衬砌结构形式下，真空管道与常规盾构隧道的受荷区别在于是否施加真空荷载，如图 4.37 所示。图中：G 为管道自重；P 为管道压差荷载；P_1 为管道顶部上覆土压力，本书后续简称为竖向荷载；P_2 为管道底部土压力，计算侧向土压力时采用水土合算；λ 为侧向压力系数；δ 为管道水平直径处的土体变形；k 为地层基床系数。图中常规的盾构隧道受力状态与真空管道无压差荷载作用时受力状态一致。故在计算真空管道结构受力时，一并计算出常规盾构隧道的受力状态，对比分析真空管道和常规隧道的力学特征区别，同时也可分析出压差荷载引起双层衬砌结构内力的增量。

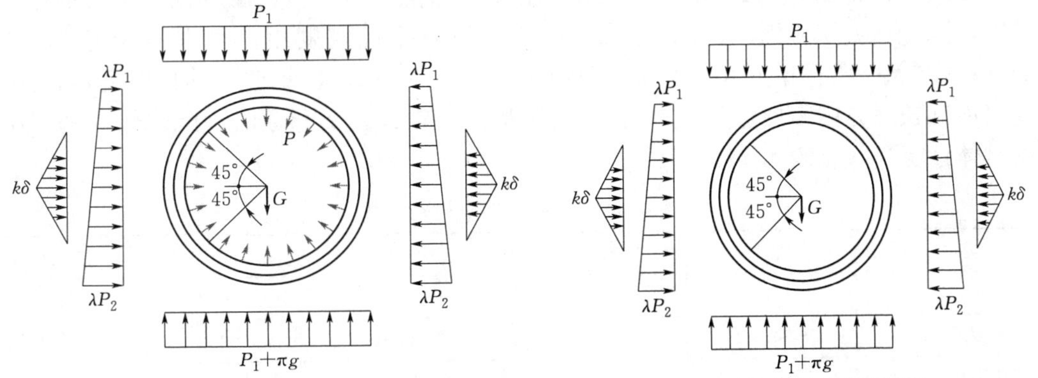

（a）真空管道荷载计算简图　　（b）盾构隧道荷载计算简图

图 4.37　荷载计算简图

本章借助 ANSYS 通用有限元软件进行数值仿真计算，基于以下假定条件：

①计算时采用荷载—结构模型：根据 Winkler 假定，地层对结构变形的约束作用，以只能受压的径向地基弹簧模型作用于管片结构上。地层的主动土压力以荷载形式加载在结构上。

②管片与二次衬砌层间结合面分为抗压和抗剪压两种情况，抗压模式仅传递径向压力，抗剪压模式既能传递径向压力又能传递衬砌间的剪切力。

③考虑到实际工程真空管道有加载压差荷载和未加载压差荷载的情况，假设材料的弹性模量不变，且不会进入塑性应变阶段，利用线弹性本构关系进行数值模拟。在材料方面，管片与二次衬砌均为各向同性且均质的材料。

④假设层间结合面刚度恒定，为便于计算不考虑压缩刚度和剪切刚度的非线性变化。

⑤计算遵循平面应变假设。

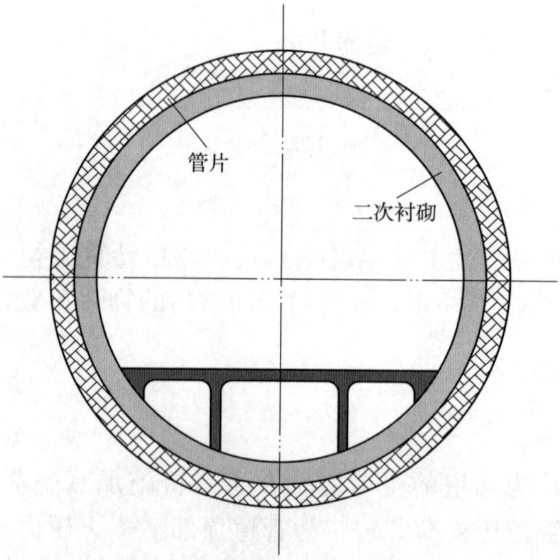

图 4.38　双层衬砌结构示意图

(2)模型的力学参数及边界条件

地层参数参照上海代表土层淤泥质黏土，侧压力系数取 0.55，地层基床系数取10 MPa/m，管道结构外径为 7 m、内径为6 m。真空管道双层衬砌结构横截面示意图如图 4.38 所示，管道横截面上监测点在环向每间隔 5°设置一个。

管道内因抽真空引起压差荷载以拉力形式作用于二次衬砌的 Shell 单元，作用于管道的压差荷载取 100 kPa。同时，李鹏飞基于实测的隧道围压压力分布规律和王道远基于实测盾构隧道土压力分布规律，规定施加在真空管道顶部的竖向荷载 P_1 取值从 100 kPa 开始，以 50 kPa 为间隔进行计算，竖向荷载最大值为 250 kPa。

在进行数值模拟时，使管片、二次衬砌具备一定厚度，且宽厚比一般稍小于 5，选择四节点、四壳厚度的 Shell43 厚壳单元，单元具有塑性、蠕变、应力刚化、大变形等特性，因此用该单元模拟管片及二次衬砌更为合适；结合面的径向压力和层间剪切力分别采用 Link10 和 Combin14 进行模拟。Link10 径向压杆单元在每个节点上有三个自由度且该单元不包括弯曲刚度，并具有应力刚化、大变形功能，其独有的双线性刚度矩阵使其仅能单向受力。Combin14 弹簧—阻尼单元在每个节点具有沿坐标系 X、Y、Z 的轴向移动自由度，轴向弹簧刚度仅沿其长度方向发挥作用，单元自身的阻尼特性在设置实参数时去除。管片和二次衬砌的具体计算参数见表 4.11。

表 4.11　管片及二次衬砌参数

类型	管片	二次衬砌	类型	管片	二次衬砌
混凝土等级	C50	C30	泊松比	0.2	0.2
弹性模量(GPa)	34.5	32.5	厚度(m)	0.3	0.2
剪切模量(GPa)	14.4	13.5	容重(kN/m³)	2 500	2 500

目前大多数双层衬砌隧道，初期支护和二次衬砌之间的防水填充材料采用隧道专用EVA防水板即可满足防水要求。但是在真空管道中对防水和气密性都提出了更高要求，因此本书采用密封性能更好的橡胶防水垫。填充材料压缩刚度的现场测试如图4.39所示，基于现场测试和工程经验，取10 mm厚、压缩刚度为10 MPa/m作为衬砌间填充材料的物理参数，以此计算复合式衬砌的压缩刚度。管片与二次衬砌结合面具体计算参数见表4.12。

（a）填充材料

（b）压缩刚度测试仪器

图4.39 填充材料压缩刚度现场测试

表4.12 结合面计算参数表

结构形式	衬砌结构刚度	量值(N/m)
叠合式衬砌	压缩刚度	3.41e[11]
	剪切刚度	1.42e[11]
复合式衬砌	压缩刚度	9.91e[9]

2. 真空管道叠合式衬砌结构力学特性

在进行双层衬砌真空管道力学特性研究之前，首先对圆形单层真空管道的力学特性进行相关的探索性研究。管道外径 D 取7 m，管道厚度取0.05D。

单层衬砌真空管道数值模拟基本假定和其他计算参数同前文所述相同。单层真空管道荷载计算图，同前文图4.37双层衬砌荷载计算图基本相同。其中，管道衬砌为单层衬砌结构；压差荷载 P 的施加方式为：在衬砌外径上，以指向圆心的压力作用。以压力的形式添加压差荷载 P，以此种方式施加压差荷载与因抽真空导致管道内外产生压差的情况更为接近。单层真空管道荷载计算中，使用的物理量含义与前文中说明相同。

在单层管道中，由于管道内抽真空使得管道内外存在压力差，管道外部空气以压力的形式作用于管道；而双层衬砌的真空管道在围岩压力及管片自重等竖向荷载的作用下使管片与二次衬砌紧密贴合，并且假定管道的密封性完全由层间填充材料和二次衬砌保证，同时考虑到后续对双层衬砌层间脱离区的研究，因此管道因抽真空引起压差荷载以拉力形式作用于二次衬砌。

通过计算得到压差荷载引起的结构轴力的增量，在管道里程方向（Z 方向）取单位长度，选取管道结构轴力增量的最大值进行分析，轴力的增量变化见表4.13。

表4.13 单层管道压差荷载作用下轴力增量

竖向荷载(kPa)	100	150	200	250
轴力增量(kN)	314.7	314.3	314.0	313.7

由表4.13可知：随着竖向荷载的变化，压差荷载引起结构轴力增量的最大值基本没有变化；单位里程长度下，单层真空管道由压差荷载引起的结构轴力的增量值约为内半径与压差荷载之积。

以本书计算假定及计算模型为基础，相关参数参考周建军在《黏土中圆形低真空隧道管片结构内力分布及其影响因素》一文中拟定的工况一，进行数值仿真计算。本书管道结构轴力计算结果与参考值管道结构轴力计算结果对照见表 4.14，其中 0°表示管道结构拱顶；180°表示管道结构拱底。

表 4.14 真空管道轴力计算结果对照

角度(°)	管道轴力(kN)		相对误差(%)	角度(°)	管道轴力(kN)		相对误差(%)
	参考值	数值仿真			参考值	数值仿真	
0	389.34	388.97	−0.10	100	571.57	538.47	−6.14
20	417.40	423.30	1.39	120	551.58	521.24	−5.82
40	473.52	484.78	2.32	140	512.87	516.34	0.67
60	537.38	537.06	−0.06	160	473.52	509.18	7.00
80	569.31	550.27	−3.46	180	459.98	501.51	8.28

由表 4.14 可得：采用本书计算模型进行数值仿真计算所得管道结构轴力数值与参考值计算所得轴力数值符合较好；在相同的工况下，最大误差出现在角度 180°即拱底处，为 8.28%，因此可以验证本书计算结果的可靠性。

在压差荷载未作用于管道之前，围压、自重等荷载，会导致原本的圆形管道结构产生变形，通常以椭圆度(即圆形横截面上最大和最小直径之差)来描述管道的变形。压差荷载作用于变形后的管道上，会引起管道结构的内力产生增量，因此先对无压差荷载作用的管道结构进行计算，其椭圆度变化见表 4.15。

表 4.15 无压差荷载作用下结构椭圆度

竖向荷载(kPa)	管片椭圆度(mm)	二次衬砌椭圆度(mm)
100	6.3	6.3
150	11.7	11.7
200	17.0	17.0
250	22.3	22.3

在平面应变假定下，管道横截面可简化为一个二维的封闭的圆环，该结构可视为超静定结构。超静定结构支座的位移会导致结构产生内力增量，并且当超静定结构处于小变形的情况下，在已经产生变形的结构上施加外荷载时，不必考虑结构已有变形对结构内力增量的影响。《盾构法隧道施工及验收规范》规定：隧道椭圆度的验收值为 0.6%的隧道外径，本书为 42 mm。表 4.15 表明：计算得到的无压差荷载作用下二次衬砌结构的椭圆度均小于规范验收值，因此可认为由于压差荷载引起管道二次衬砌内力增量对其安全性和适用性没有影响；另外，管片衬砌又会从中分担部分内力增量，故针对双层衬砌形式的真空管道，在有压差荷载作用时可不用考虑结构已有变形。

计算得到不同竖向荷载下结构内力如图 4.40 所示。

在结构内力图 4.40(b)和图 4.40(d)中，分别提取不同竖向荷载下管道及常规隧道管片和二次衬砌轴力的最值。在相同的竖向荷载作用下，将真空管道的管片和二次衬砌的轴力最大值与常规隧道轴力最大值作差，得到真空管道管片和二次衬砌相较于常规隧道轴力增量的最大值；真空管道相较于常规隧道轴力增量最小值的计算方法同理。压差荷载作用引起的结构轴力最值增量曲线，如图 4.41 所示。

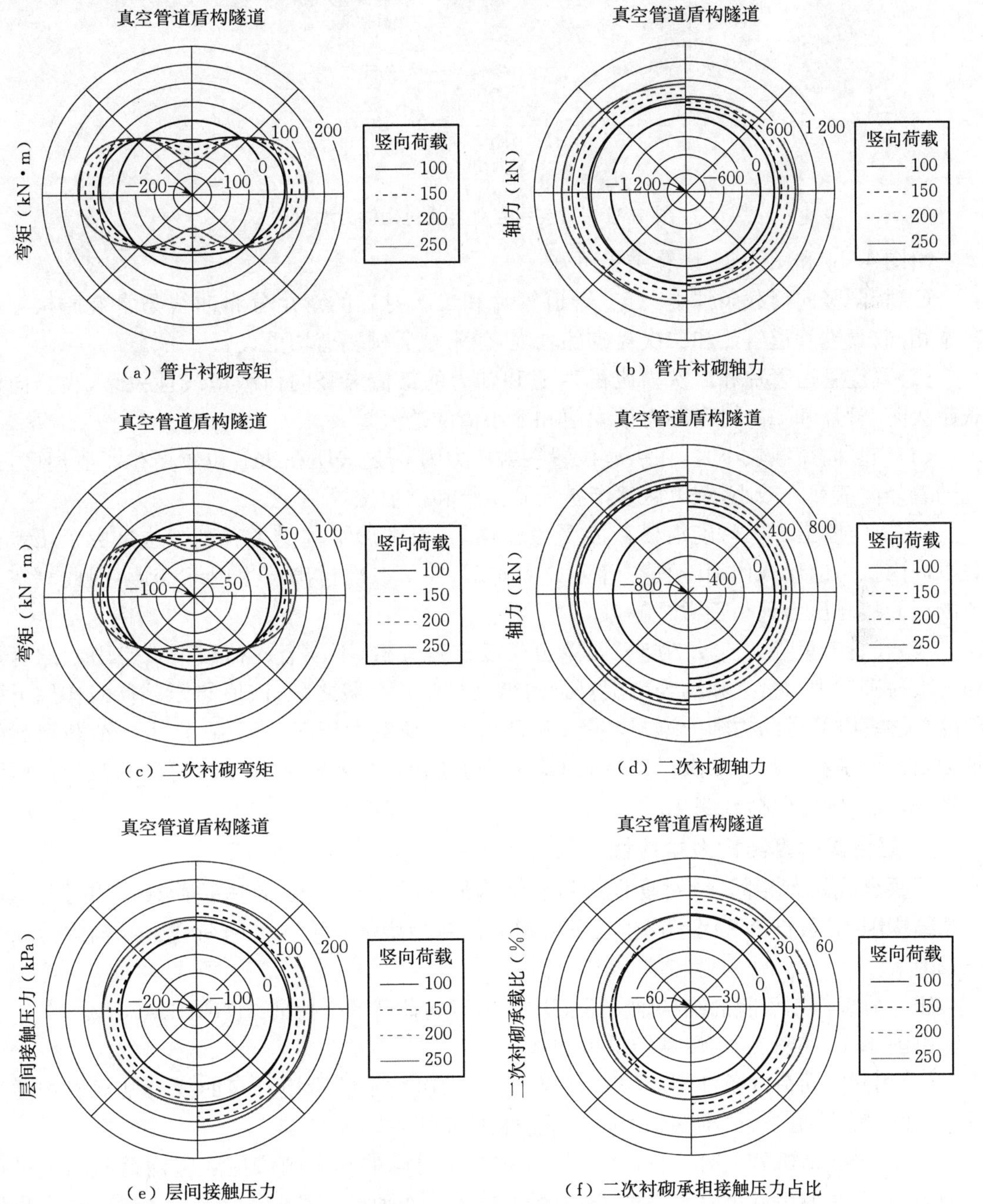

（a）管片衬砌弯矩　（b）管片衬砌轴力

（c）二次衬砌弯矩　（d）二次衬砌轴力

（e）层间接触压力　（f）二次衬砌承担接触压力占比

图 4.40　叠合式衬砌结构内力图

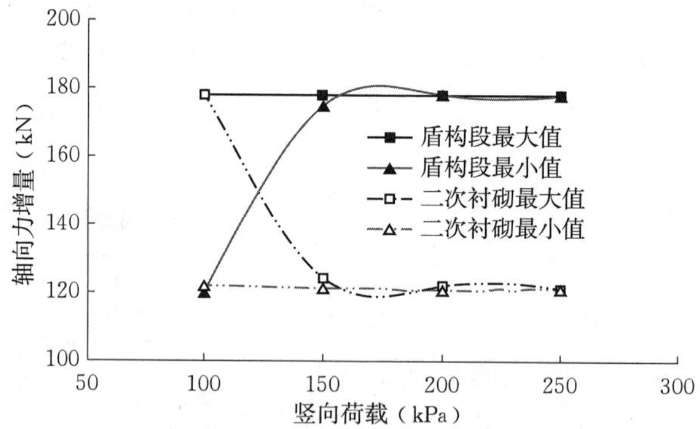

图 4.41 真空引起叠合式衬砌轴力增量

由图 4.40 和图 4.41 计算结果可知：

(1)相同竖向荷载条件下，真空管道管片和二次衬砌的弯矩分布曲线与常规盾构隧道基本相同；真空管道管片和二次衬砌的轴力，较常规盾构隧道均更大。

(2)真空管道管片和二次衬砌的弯矩和轴力的最值与竖向荷载呈线性关系，当竖向荷载越大时，管片和二次衬砌轴力最大值和最小值的差值越大。

(3)当竖向荷载较小时，在拱肩位置接触压力为 0，这表明在拱肩位置产生了脱离区，并且随着竖向荷载的减小，脱离区逐渐扩展到拱腰和拱顶位置。

(4)真空管道二次衬砌沿横截面受力较均匀，对圆形结构受力有利。这是由于压差荷载以向内拉力的形式作用于真空管道二次衬砌，使得二次衬砌产生内缩变形，因此真空管道的层间接触压力远小于常规隧道。

(5)在管道里程方向(Z 方向)取单位长度进行分析，不同竖向荷载下真空引起的管片和二次衬砌轴力增量之和约为二次衬砌内半径与压差荷载之积，该值与压差荷载作用下引起的单层真空管道结构轴力增量相等；并且当竖向荷载大于某一限值时，压差荷载引起的轴力增量分别在管片和二次衬砌断面上均布，分担比例按照管片和二次衬砌的截面抗压刚度划分，且不随竖向荷载变化。

3. 复合式衬砌结构力学特性

同叠合式衬砌相同，针对复合式衬砌结构形式的真空管道，有压差荷载作用时可不用考虑结构因围压、自重等因素产生变形而引起的弯矩增量。不同竖向荷载下结构内力如图 4.42 所示。

压差荷载作用引起的结构轴力最值增量随竖向荷载的变化曲线如图 4.43 所示。

由图 4.42 和图 4.43 计算结果可知：

(1)相同竖向荷载条件下，真空管道管片和二次衬砌的弯矩分布曲线与常规盾构隧道基本相同；管片和二次衬砌的轴力较常规盾构隧道更大。

(2)当竖向荷载较大时，真空管道管片和二次衬砌的轴力的最值随竖向荷载增大呈现递增关系，当竖向荷载增大时，管片轴力最大值和最小值的差值越大，但二次衬砌轴力最值的差值基本无变化。

(3)当竖向荷载较小时，真空管道管片和二次衬砌的接触压力在拱肩位置产生了脱离区，并且随着竖向荷载的减小脱离区逐渐发展到拱腰和拱顶位置。

(4)相同竖向荷载条件下，真空管道的层间接触压力远小于常规隧道，真空管道管片与二次衬砌接触压力值在拱顶、拱底位置较大，在拱腰位置较小，拱肩位置最小，并且真空管道二次衬砌沿横断面受力不均匀，对圆形结构受力不利。

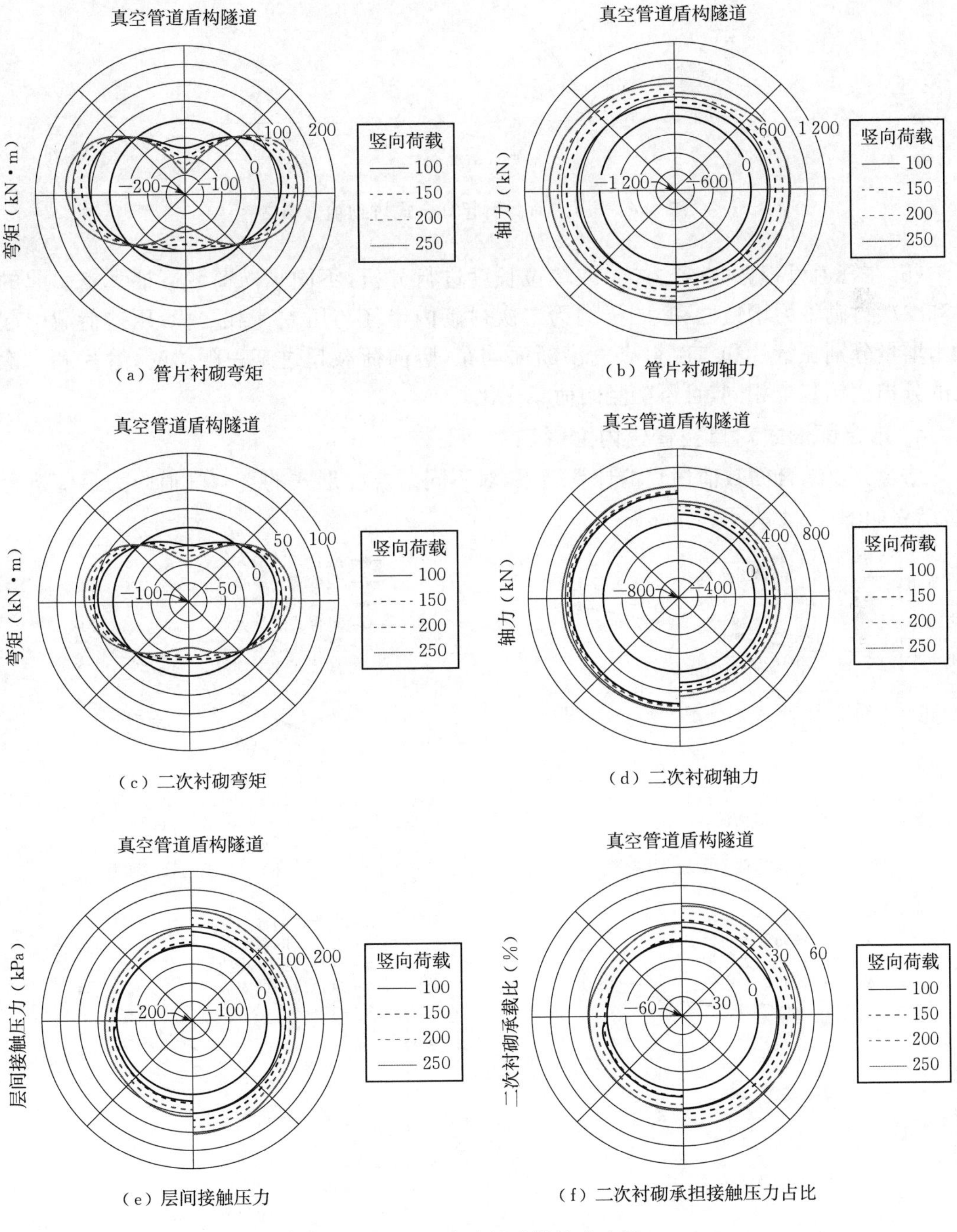

（a）管片衬砌弯矩　（b）管片衬砌轴力

（c）二次衬砌弯矩　（d）二次衬砌轴力

（e）层间接触压力　（f）二次衬砌承担接触压力占比

图 4.42　复合式衬砌结构内力图

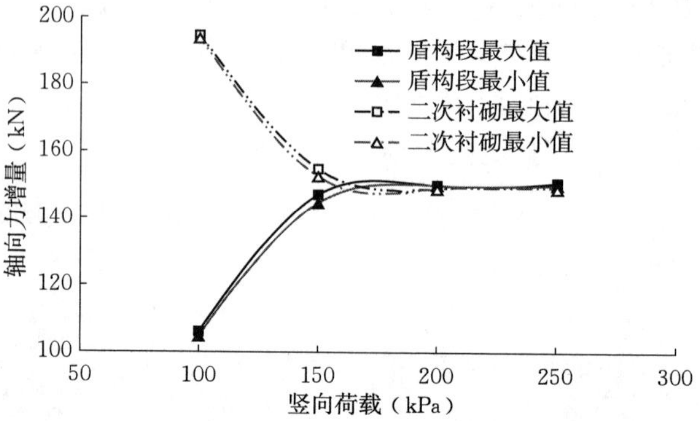

图 4.43 压差荷载引起复合式衬砌轴力增量

(5)在管道里程方向(Z 方向)取单位长度进行分析，不同竖向荷载下抽真空引起的管片和二次衬砌轴力增量之和，同样约为二次衬砌内半径与压差荷载之积；压差荷载引起的轴力增量分别在管片和二次衬砌的横断面均布，竖向荷载超过某一限值时，管片和二次衬砌的分担比例基本相同，且不随竖向荷载变化。

4. 结合面形式对真空管道内力影响

结合分析结合面数值仿真的计算结果，对不同结合面形式的真空管道内力最值进行对比，结果如图 4.44 所示。

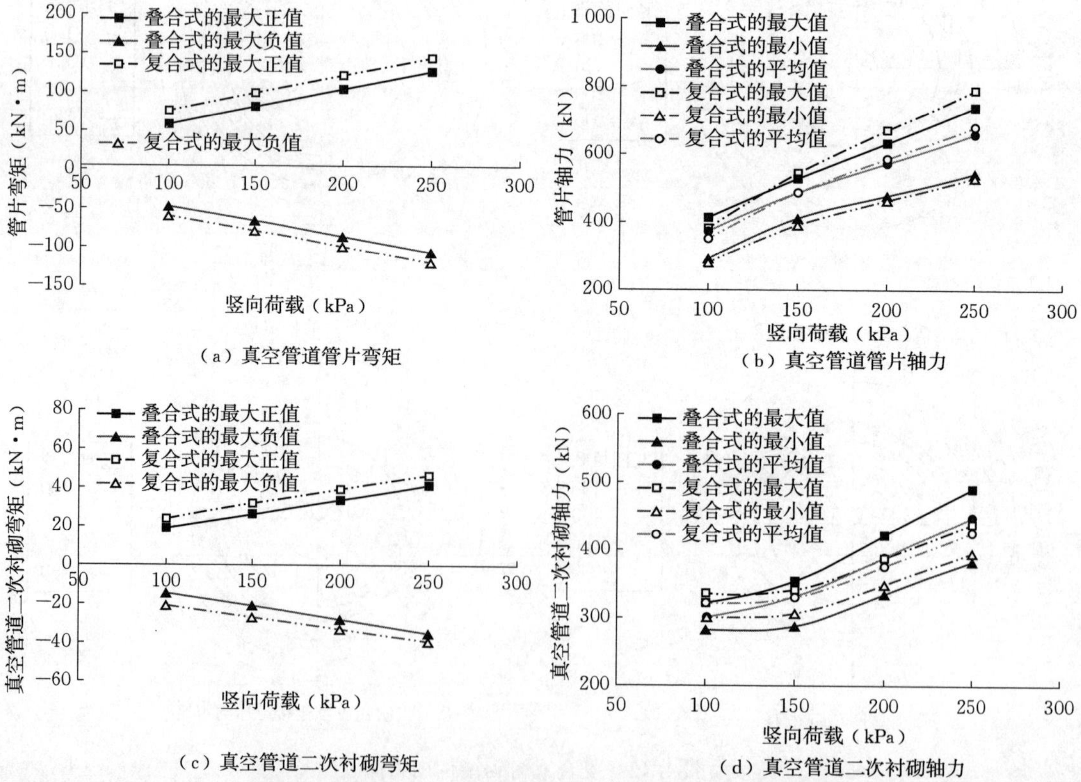

（a）真空管道管片弯矩

（b）真空管道管片轴力

（c）真空管道二次衬砌弯矩

（d）真空管道二次衬砌轴力

图 4.44 真空管道不同结合面衬砌结构内力变化曲线

通过对不同结合面形式的真空管道内力最值结果进行对比分析，可以得到不同结合面形式下，单位里程长度的二次衬砌结构横截面轴力分配比例及压差荷载作用下引起的结构内力增量，如图 4.45 和图 4.46 所示。

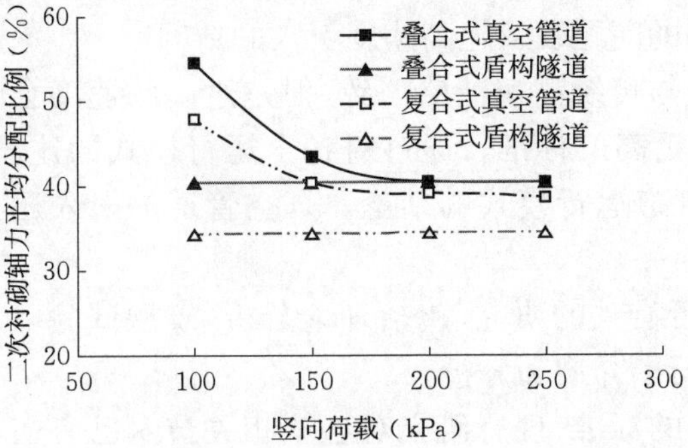

图 4.45　真空管道二次衬砌轴力平均分配比例

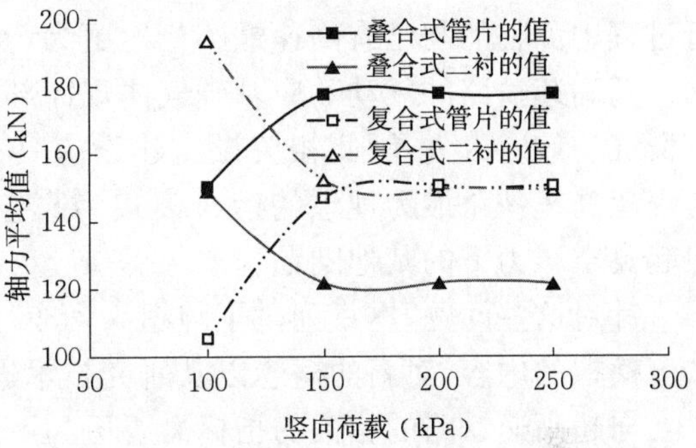

图 4.46　压差荷载作用引起的轴力平均值

叠合式结构和复合式结构结合面的不同，导致结构的受力状态存在明显差别。由图 4.44～图 4.46 计算结果可知：

(1)相同竖向荷载条件下，复合式真空管道管片、二次衬砌的弯矩量值普遍大于叠合式，且复合式真空管道横断面轴力的最大值和最小值之差比叠合式更大。这是因为复合式结构层间有填充材料存在，管片和二次衬砌之间仅径向压力得以传递，而剪切力无法传递，从而结构变形不协调，进而导致管片的弯矩和轴力的最值之差较大。

(2)相同竖向荷载条件下，复合式真空管道计算得到的管片轴力平均值大于叠合式结构，但计算得到的二次衬砌的轴力值却与之相反，叠合式真空管道二次衬砌轴力分布不均匀相较复合式衬砌结构更加凸显，轴力平均值也更大。

(3)有压差荷载作用下，当竖向荷载小于 200 kPa 时，叠合式和复合式真空管道的二次衬砌轴力分配比例均随着竖向荷载的增大而减小；当竖向荷载超过 200 kPa，叠合式真空管道的二次衬砌按照管片和二次衬砌的截面抗压刚度比例分配轴力，复合式真空管道二次衬砌轴力分配比例随竖向荷载增大继续减小，最终趋近于复合式常规盾构隧道分配比例。叠合式真空管道比复合式真空管道二次衬砌轴力分配比例大，分配比例差值随竖向荷载先减小再增大。

(4)当竖向荷载较大时(本书为 150 kPa)，压差荷载引起的叠合式真空管道的轴力增量，按照管片和二次衬砌的截面抗压刚度比例分配，而复合式真空管道的管片、二次衬砌轴力增量相等。

(5)随着竖向荷载减小，无论叠合式还是复合式真空管道，二次衬砌都会承担更多压差荷载作用产生的轴力增量，如图 4.46 所示。其原因为：以负压的形式作用于二次衬砌上的压差荷载无论何种结合面形式都会使结合面产生脱离区，层间无法有效传递径向压力，进而导致压差荷载作用产生的轴力增量会更多的分配到二次衬砌上。

4.5 小　　结

本章介绍了有关超高速铁路列车运行的研究现状，根据相关调研列举了超高速铁路运行过程中面临的与已有高速铁路相比更为苛刻的问题以及超高速度引入的新问题。

超高速铁路的气动效应基础气体规律部分与传统高速铁路一致，但是过高的速度会将不良气动效应放大，因此相关设施建设应具有更高的标准。通过对各个运行模式的比较，得出超高速铁路最为理想的运行模式为真空管道运行模式的结论。真空管道的引入还会引起真空压力下的其他问题。

针对这些问题，本章列举了与超高列车运行有关的研究，包括理论分析，模型试验以及数值模拟的内容，对新的概念以及研究技术进行了介绍和分析。

与超高速铁路的相关的指标需要更为严格的标准，现有研究对这些相关技术已有初步成果。关于超高速列车运行的相关指标，车隧阻塞比是一重要内容。合理的阻塞比选型应综合考虑减小不良气动效应的效果和控制建设运营的能耗。

为了帮助真空管道选型，提出了等阻力设计方法。分别按照原朝茂理论计算方法以及气动阻力计算方法得到的相关设计参数可以为今后超高速列车真空管道的设计参数选型提供合理依据。

5 分隔真空管道(D-ETT)车隧气动特性分析

如今,我国的高速铁路网已经较为成熟,如果沿着高铁线路再建立管道系统线路是不经济的。如果将已有的高速铁路明线线路通过隧道等结构与真空管道连接起来,在明线段实现发车加速,在管道段以巡航速度高速运行,那么运行效率将会大大提升,其工程量也相对较小。

现有真空管道多为密闭型式的管道,通过保证管道的气密性隔绝内部气体与外界压力,保证列车在一个低压的密闭环境中运行。而该型式的密闭性无法实现真空管道与明线的有效连接。基于此,本书提出了一种新的真空管道型式——分隔真空管道交通系统(divided evacuated tube transportation,D-ETT 系统)。

5.1 D-ETT 系统介绍

5.1.1 D-ETT 系统运行模式

为了实现管道内低压环境与外界常压环境的无缝连接,通过设计管道分隔门,形成明线—分级真空管道运行模式。与常规的真空管道运输系统不同,分隔真空管道交通系统(D-ETT 系统)是将管道分为几个管段,相邻管段采用分隔门防止气体相互流动。

明线—分级真空管道运行模式利用管道分隔门将管道分为多段,包括出入口管段、过渡管段以及中间管段。中间管段作为列车在真空条件下运行的主要空间;出入口管段通过分隔门开关实现管道—明线连接;当系统管道分段较多时,中间管段与出入口管段之间的部分作为过渡管段,进行常压低压环境之间的过渡。列车通过管道系统的过程中,通过合理控制管道分隔门开闭,营造密闭气体空间,保留了管道中气体的真空压力势能并实现了节能运行。

列车经过分隔真空管道运行,如将管道系统里程方向对称排布,其全过程的压力变化状况为常压—低压—常压的变化方式。若中间管段的两侧各有 n 个管段,则系统具有 $2n+1$ 个管段,存在 n 级真空度。当 $n\geqslant 2$ 时,系统存在压力过渡段。其中,单级真空管道系统示意如图 5.1 所示。

5.1.2 系统基本假定

对低压气体的问题讨论,主要关注气体的绝对压强、表压、真空度、绝对密度、相对密度,上述参数的定义分别为:

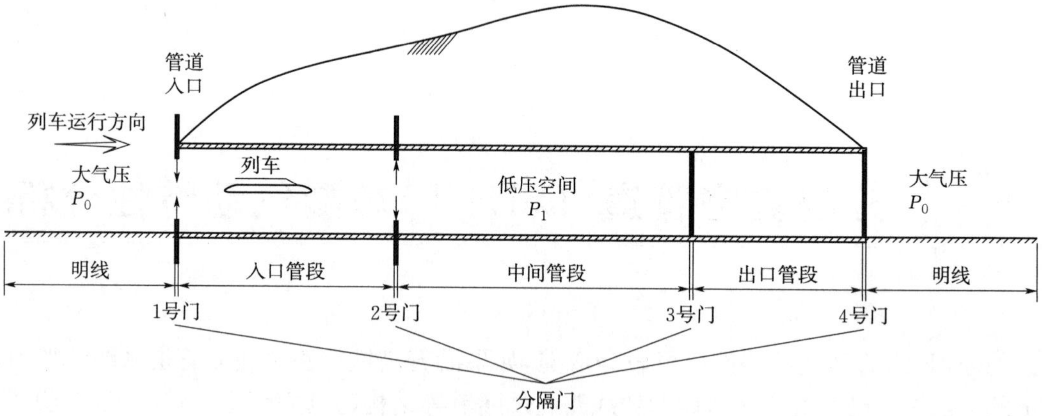

图 5.1　单级真空管道系统示意图

①绝对压强 P^{abs}：表示气体相对于绝对真空为零点起计算的压强。

②表压 P：指总绝对压力超过周围大气压力之数或液体中某一点高出大气压力的那部分压力。表压＝绝对气压—大气压(绝对值)。

③真空度：是指处于真空状态下的气体稀薄程度。当所测设备内的压强低于大气压强时，其压力测量需要真空表。从真空表所读得的数值称真空度。真空度＝大气压强－绝对压强。

④绝对密度 ρ_i：是指气体物质本身的密度，零点为绝对真空的气体密度，后简称为密度。

⑤气体相对密度 ρ^{rel}：是指某一部分气体相比大气压下的气体密度 ρ_0 的差值，相对密度 $\rho_i^{rel}=|$气体绝对密度 ρ_i-大气密度 $\rho_0|$。

对 D-ETT 系统运行过程中的气动能耗进行研究，做出的相关假定如下：

(1)管道材料及尺寸假定：假定系统管段为等厚度等截面，采用导热性良好的均质材料，各管段足够长，隔离门开启过程中，车体均能完整的处于不同的隔离段。管道横断面形状尺寸以及管片厚度在各里程段上一致。

(2)管段对称分布假定：对称分布的管道中，与入口及出口相邻第 i 个管段长度相等，$L_i=L'_i$，对称管段中气体初始绝对压强相等，$P_i^{abs}=P_i^{abs\prime}$，在外界大气压环境(绝对压强 $P_0^{abs}=101.325$ kPa，密度 $\rho_0=1.225$ kg/m^3)，其气体表压也对称相等 $P_i=P'_i$。

(3)开关门时刻假定：由于超高速运行里程较长，故可认为分隔门瞬间开关。列车行驶至各个管段中点，前后分隔门同时开关；行驶至明线相距出入口一定距离后，入口和出口分隔门分别进行开启和关闭。

(4)温度场假定：假定管道与岩层间充分传递热量。岩石温度场几乎恒定，其比热容远大于气体，故由列车摩擦、气体混合、附属设施引起的热量会被岩石材料吸收，故假定管道气体温度恒定。

(5)参数梯度变化假定：各管段的长度和内部气体初始表压为梯度分布，两相邻管道中靠近出入口的管段长度为远离者的 α 倍，对应内部气体表压之比 P_i/P_{i+1} 为 γ 倍，则有式(5.1)和式(5.2)。

$$L_i=\alpha L_{i+1}L'_i=\alpha L'_{i+1}(0<\alpha<\infty) \tag{5.1}$$

$$P_i=\gamma P_{i+1}P'_i=\gamma P'_{i+1}(0\leqslant\gamma\leqslant1) \tag{5.2}$$

对于某个特定管道系统,α、γ 取定值。相关参数如图 5.2 所示。

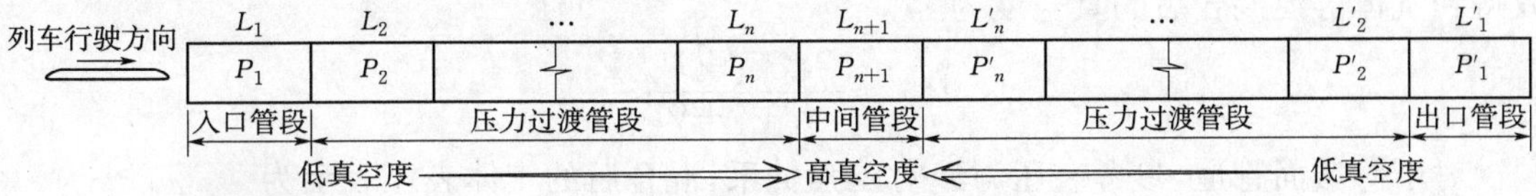

图 5.2 n 级管道系统管道相关参数

(6)分隔门开关无气体做功假定:假定分隔门通过侧向平移的方式实现开启关闭,如图 5.1 所示。两侧气体压差方向与分隔门运动方向垂直,该过程无气体做功。

(7)气密性良好假定:假定在出入口分隔门关闭时系统无漏气现象发生。

5.2 理论计算

5.2.1 系统气动能耗计算

1. 管道气体参数计算

当列车匀速经过不同管道分段时,对气动阻力影响最大的因素是管段内部气体绝对密度。根据质量守恒可得

$$\rho_i V_i=\rho_j V_j \tag{5.3}$$

对于密度分别为 ρ_1、ρ_2,体积分别为 V_1、V_2 的两部分气体,混合并达到均匀状态气体时的密度 ρ_3 为

$$\rho_3=\frac{\rho_1V_1+\rho_2V_2}{V_1+V_2} \tag{5.4}$$

不同压强气体混合为等温过程,可认为气体先进行绝热混合,再与周围环境交换热量达到温度平衡。变化前后气体绝对压强与密度的关系为

$$\frac{P_i^{\text{abs}}}{(\rho_i)^k}=\frac{P_j^{abs}}{(\rho_j)^k} \tag{5.5}$$

式(5.5)中,k 为气体比热比,对于空气绝热过程,$k=1.4$;对于等温过程 $k=1$。以相邻管段气体初始时刻 $\rho_1=\rho_0$、$\rho_2=0.5\rho_0$,$V_1=V_2=V$ 为例,按照绝热和等温两种方式计算混合均匀后的气体绝对压强 P_3^{abs} 分别为:$P_{3(\text{绝热})}^{\text{abs}}=0.738P_0$,$P_{3(\text{等温})}^{\text{abs}}=0.75P_0$。说明等温过程存在热量传导,使得混合后气体压强与完全绝热条件下有所不同。考虑到本书系统中气体围岩之间热传导,按照等温过程对气体压强进行分析。

根据理想气体状态方程,对于绝对压强为 P_1^{abs}、P_2^{abs},体积为 V_1、V_2,温度为 T_1、T_2 的气体,两部分气体混合前的参数方程为

$$\begin{cases}P_1^{\text{abs}}V_1=n_1RT_1\\P_2^{\text{abs}}V_2=n_2RT_2\end{cases} \tag{5.6}$$

式(5.6)中,n 为气体摩尔数;R 为常数,两式相加得

$$P_1^{abs}V_1+P_2^{abs}V_2=RT(n_1+n_2) \tag{5.7}$$

对于混合后(n_1+n_2)mol 气体，体积$V_3=V_1+V_2$，有

$$P_3^{abs}V_3=RT_3(n_1+n_2) \tag{5.8}$$

故得到气体等温混合后的真空度为

$$P_3^{abs}=\frac{P_1^{abs}V_1+P_2^{abs}V_2}{V_1+V_2} \tag{5.9}$$

对于等截面管道，参考表压与绝对压强关系，混合后的气体表压表示为

$$P_3=\frac{P_1L_1+P_2L_2}{L_1+L_2} \tag{5.10}$$

根据式(5.10)可以确定分级真空管道交通系统的管道气体混合过程中的气体压强分布情况，从而通过计算可得系统气动能耗。

2. 气动能耗计算

系统气动能耗包括列车气动阻力能耗以及真空压力势能损失，列车克服气动阻力做功即为气动阻力能耗；当管道开启出入口分隔门，出入口管段低压气体与大气混合，真空压力势能损失至常压段。周艳等根据管道真空泵做功情况得到维持真空度的能耗值，本书考虑到研究系统运行前后各管段中气压分布，利用运行前后管道气体真空压力势能之差计算系统真空压力势能损失。

根据真空压力势能的定义，对于断面面积为A_{tun}长度为$L_{RK/CK}$管道入口或出口段，其中气体体积为V，低压气体表压为P，真空压力势能ΔE^P表达式为

$$\Delta E^P=PV=PA_{tun}L_{RK/CK} \tag{5.11}$$

参考已有研究，考虑摩擦效应与压差效应的列车气动阻力可表示为

$$F_d=\frac{1}{2}C_d\rho Av^2 \tag{5.12}$$

式中 F_d——列车气动阻力；
A——列车横截面面积；
ρ——气体密度；
v——列车速度；
C_d——气动阻力系数。

列车通过系统的总气动阻力能耗为各个管段气动阻力能耗之和为：

$$\Delta E^F=\sum_{i=1}^{n}F_d^i\cdot L_i \tag{5.13}$$

式中，F_d^i、L_i分别为列车在各个区段内的平均气动阻力以及行驶里程，管道运行下的行驶总里程$L=\sum L_i$。

对于单级管道，无压力过渡管段，其纵剖面示意图及初始参数如图 5.3 所示。

单级管道系统的气动能耗与长度分布和中间管段初始气体环境有关，根据式(5.12)可知，管道列车周围的平均气体密度直接影响了气动阻力大小。考虑将能耗形式通过常压条件下降低效果进行评价，这里通过管道气体相对密度进行讨论，在列车运行过程行驶每一区段的车周气体的相对密度与列车行驶距离等相关参数列举见表 5.1。

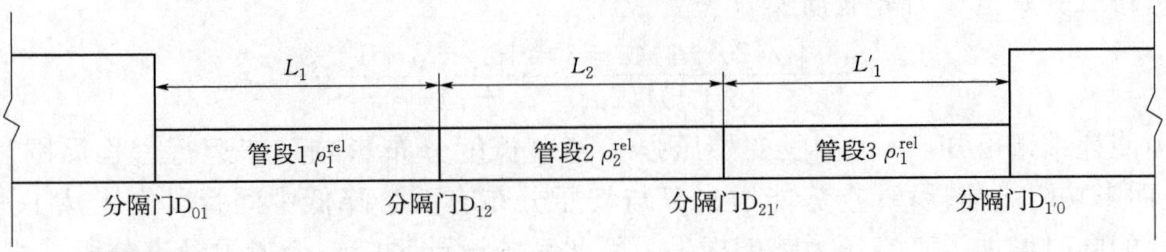

图 5.3 单级 D—ETT 系统的分隔门、管段长度以及各段管道气体初始相对密度

表 5.1 计算分段的气体密度大小

管段编号	管段气体初始相对密度绝对值	分隔门	气体相对密度绝对值（开启分隔门前）	行驶距离	气体相对密度绝对值（开启分隔门后）	行驶距离
1	0	D_{12}	0	$\frac{L_1}{2}$	$\frac{\rho_2 L_2}{L_1+L_2}$	$\frac{L_1}{2}$
2	ρ_2	D_{21}	$\frac{\rho_2 L_2}{L_1+L_2}$	$\frac{L_2}{2}$	$\frac{\rho_2 L_2^2}{(L_1+L_2)(L'_1+L_2)}$	$\frac{L_2}{2}$
1′	0	$D_{1'0}$	$\frac{\rho_2 L_2^2}{(L_1+L_2)(L'_1+L_2)}$	$\frac{L'_1}{2}$	0	$\frac{L'_1}{2}$

阻力能耗表达式为

$$\Delta E^{F}=g(\alpha)=\frac{1}{2}C_{d}\rho_0 v^2 AL\left\{1-\frac{\rho_2}{\rho_0}\left[\frac{1}{2}+\frac{1}{2(1+\alpha)}\right]\frac{1}{(2\alpha+1)}\right\} \tag{5.14}$$

式中：ρ_0 为常压大气的绝对密度；ρ_2^{ref} 为 2 号管段气体初始相对密度；L 为管道总长度。

与等效常压隧道相比，通过真空环境实现的阻力能耗降低率表示为

$$\eta_d=\frac{\rho_2}{\rho_0^{abs}}\left[\frac{1}{2}+\frac{1}{2(1+\alpha)}\right]\frac{1}{(2\alpha+1)} \tag{5.15}$$

系统压力势能分别在列车本次驶出和下次驶入过程损失。根据初始中间管道气体表压 P_2 可知列车运行后的出入口管道段表压，从而得到列车第一次通过单级真空管道过程中在出入口段的真空势能损失分别为

$$\text{出口段：}\Delta E^{P}=\frac{|P_2|L_2^2}{(L_1+L_2)(L'_1+L_2)}\cdot L'_1\cdot A_{tun} \tag{5.16}$$

$$\text{入口段：}\Delta E^{P}=\frac{|P_2|L_2}{L_1+L_2}\cdot L_1\cdot A_{tun} \tag{5.17}$$

设中间管段气体初始时刻的相对密度相比常压大气密度为：$\rho_2^{rel}=\lambda\rho_0$，根据等温变化公式，初始时刻该段管道空间内气体的表压绝对值与绝对大气压关系为：$|P_2|=\lambda\rho_0^{abs}$，则单级管道系统真空压力势能损失为

$$\Delta E^{P}=\left[\frac{\lambda P_0^{abs}}{(\alpha+1)^2}+\frac{\lambda P_0^{abs}}{\alpha+1}\right]\cdot\frac{\alpha}{2\alpha+1}LA_{tun} \tag{5.18}$$

二级管道系统引入了过渡管段，其气动阻力能耗降低率为

$$\eta_d=\frac{\alpha\lambda\gamma(3\alpha+2)}{2(2\alpha^2+2\alpha+1)(\alpha+1)}+\frac{\lambda(\alpha\gamma+\alpha+1)(\alpha^2+4\alpha+2)}{2(2\alpha^2+2\alpha+1)(\alpha+1)^3} \tag{5.19}$$

同理可得二级真空压力势能损失为

$$\Delta E^{\mathrm{P}}=\frac{\alpha^{2}\lambda[\gamma(2\alpha+1)(\alpha+1)^{2}+\alpha\gamma+\alpha+1]}{(\alpha+1)^{4}(2\alpha^{2}+2\alpha+1)}P_{0}^{\mathrm{abs}}LA_{\mathrm{tun}} \tag{5.20}$$

由能耗结果可知，中间管段初始压强和管道长度分布影响列车运行过程周围气体压强，从而影响阻力能耗；真空势能损失只与气压分布有关。降低中间管段气压减小气动阻力能耗的同时增加了真空压力势能损失。因此系统设计时应综合考虑管道分段方式、低压气体分布以及管道的尺寸等因素。

3. 管道参数对系统气动能耗影响分析

多级管道中，当系统级数 $n>2$ 时，管道分隔门开关过程将会更加复杂，因此本书针对单级和二级管道系统不同参数对气动能耗的影响进行探讨。

假设管道总里程为 50 km，参考现有高铁隧道阻塞比以及列车气动阻力相关数据，选取 3 种阻塞比条件，相关参数见表 5.2。

表 5.2 不同阻塞比条件下系统参数

隧道内净空 (m^2)	车辆横截面积 (m^2)	阻塞比	气动阻力系数	温度 (K)	大气压强 (kPa)	大气密度 (g/m^3)
27	11.4	0.42	3.39	273.15	101.325	1.247
41	11.4	0.28	2.29	273.15	101.325	1.247
76	11.4	0.15	1.65	273.15	101.325	1.247

(1)长度比对气动能耗的影响

列车以 800 km/h 匀速通过管道系统，当中间管段气体表压为 −50.6 kPa，中间管道作为运行的主要空间，故取 $\alpha\leqslant0.4$，并假设二级管道系统压力比 $\gamma=0.5$，得到系统总气动能耗随长度比 α 变化规律如图 5.4 所示。长度变化过程中，真空势能损失占总气动能耗之比如图 5.5 所示。

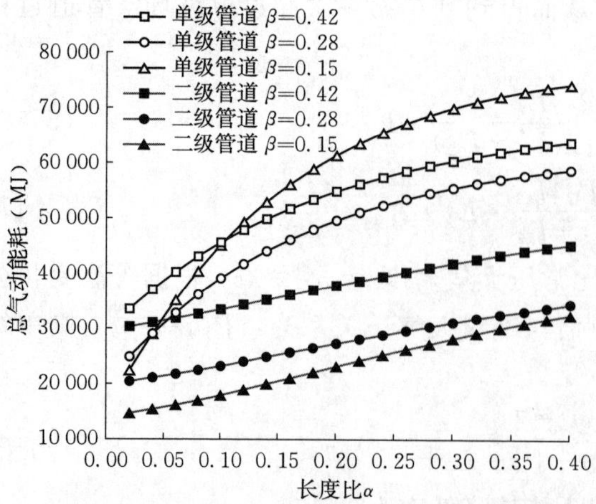

图 5.4 总气动能耗—长度比变化关系

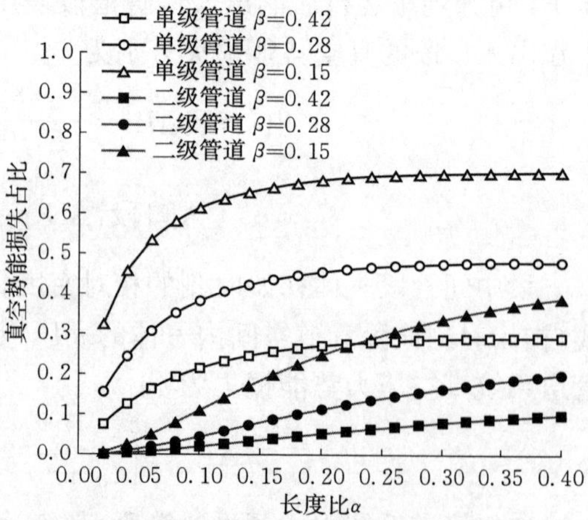

图 5.5 真空势能损失—长度比关系

列车通过系统过程中，中间管段的低压气体通过与两侧管段混合，最后将真空压力势能排至外界。与单级管道相比，二级管道由于具有压力过渡管段，列车周围气体经过多次混合增压，至出入口段的气体压强接近大气压，故 E^{P} 较小。

图 5.4 曲线的切线斜率大小代表能耗关于长度比变化的敏感度。参考图 5.5 结果，单级管道存在较大的真空势能损失，根据 $\Delta E^{P}=PA_{tun}L$，在出入口管段高真空度和大断面条件下，长度比增加，总能耗快速增加。二级管道能耗大部分为阻力能耗，故主要受到阻塞比的影响，气动能耗随长度比增加近似为线性变化。在小长度比时，大断面单级管道阻力和真空能耗均较小，总能耗甚至低于二级管道。

综上，设计过渡管段与减小管段长度比可降低系统气动能耗。

(2)压力比对气动能耗的影响

对二级管道系统选取不同压力比 γ，系统气动能耗随压力比 γ 的变化规律如图 5.6 所示。

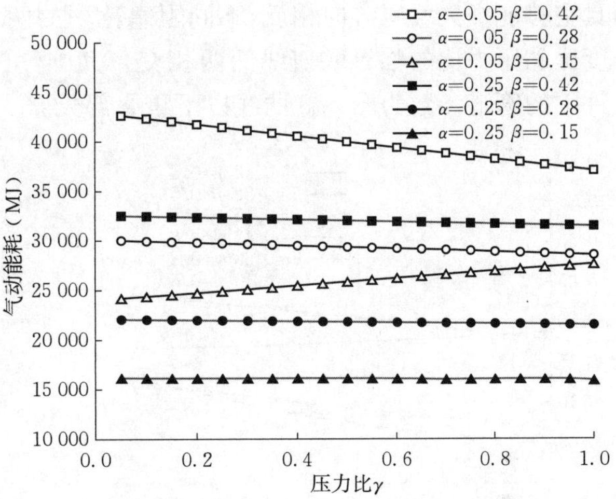

图 5.6 气动能耗随压力比变化关系

当系统出入口和过渡管段较短时，存在较小体积低压气体与外界大气混合，故损失的真空压力势能较小，且几乎不受表压比的影响。此时列车运行的绝大部分区段位于中间管段，提升中间管段比例使列车在低阻状态下行驶路程较长，气动能耗较小。故系统主要通过控制分段形式降低气动能耗。

当系统采用较大的长度比 α，出入口管段气体体积较大，受到压力比 γ 的影响，出入口管段的压力势能损失在系统气动能耗中占比较大。

当系统采用较大阻塞比 β，系统的真空压力势能损失较小，增加管段压力比 γ 降低了在总能耗中占比较高的阻力能耗，从而降低总气动能耗；反之当阻塞比较小，气动阻力能耗较小，γ 的增加引起占比较多的真空压力势能损失增加，从而增加总气动能耗。故不同阻塞比下，气动能耗关于压力比的变化规律不同。

5.2.2 系统参数设计

1. 设计标准

为分析列车行驶在分级真空管道系统相比等效常压隧道的节能效果，现选取时速 800 km高速列车通过 50 km 长的分级管道系统，并采用相同时速下列车通过等长标准单线常压隧道的气动阻力能耗 $E^{F}_{open-air}$ 为基准，在一定的节能效果下对分隔真空管道参数进行设计。

当列车在单线标准高速铁路隧道下，阻力系数大小为 1.70，通过全里程的气动阻力能耗为：3.036×10^{4} MJ。

当列车通过管道系统的能耗 E_{tube} 相比常压标准隧道断面的气动能耗降低率为 η，其表达式为。

$$\eta=\frac{E_{open-air}^{F}-E_{tube}}{E_{open-air}^{F}} \tag{5.21}$$

可采用特定的气动能耗降低率为标准选取分级真空管道系统参数。

2. 管道参数选取

假设二级管道系统初始时刻中间管段绝对压强为 1.013 kPa(1%个大气压)，得到气动能耗降低率为 $\eta=80\%$、$\eta=50\%$ 条件下的系统长度比、压力比如图 5.7 所示。

由图 5.7 可知，管道长度比、压力比、阻塞比共同控制气动总能耗。由于阻力能耗降低与真空势能损失增减方向相反，不同阻塞比下的两种能耗关于 α、γ 变化的敏感度不同，故长度比和压力比的临界取值线两两相交。其中，可同时满足阻塞比较大、适中和较小通用条件下的管道参数为图 5.8 曲线以下重叠部分。

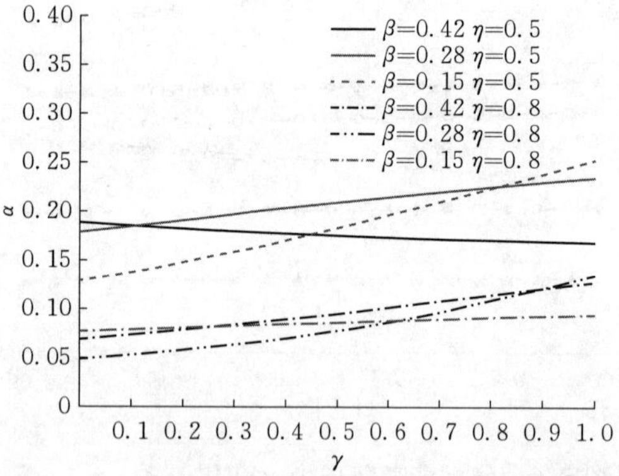

图 5.7 不同气动能耗降低率下管道参数

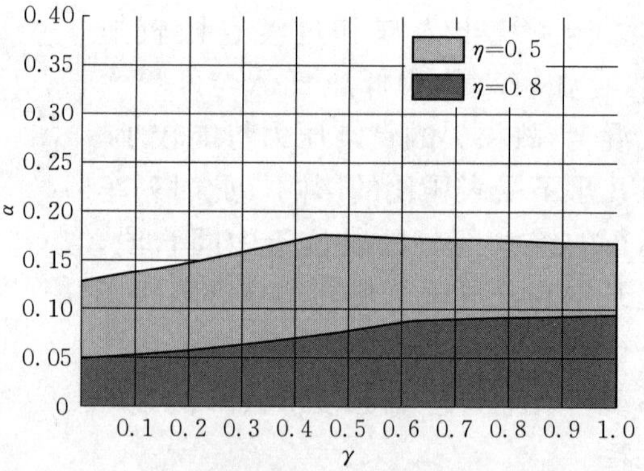

图 5.8 不同阻塞比下合理参数选取范围

当合理配置分级管道参数，降低的气动阻力能耗不仅可以抵消真空势能损失，并可在此基础上降低绝大部分常压隧道运行的气动阻力能耗。然而考虑到列车长度和开关门时间，出入口管段存在最小长度的限制，需综合考虑进行系统分段设计。

3. 等真空压力势能条件下系统能耗

提升分级管道系统内部气体真空压力势能可以降低列车气动阻力能耗，同时也会增加压力势能损失。为了比较单级和二级管道系统运营过程的气动能耗大小关系，根据前述分析，取相同断面总长度均为 L 的单级管道和二级管道共两种等初始真空势能的工况，计算得到其阻力能耗降低率和真空势能损失率，结果见表 5.3。

表 5.3 不同系统级数管道节能效果

长度形式	管道级数	长度比	压力比	中间管段表压(kPa)	气体初始真空压力势能	阻力能耗降低率(%)	真空势能损失率(%)
等长	单级	1	—	60.795	$0.2P_{abs\,0}LA_{tun}$	15.00	75.00
	二级	1	0.5	50.600	$0.2P_{abs\,0}LA_{tun}$	17.19	26.56

续上表

长度形式	管道级数	长度比	压力比	中间管段表压(kPa)	气体初始真空压力势能	阻力能耗降低率(%)	真空势能损失率(%)
不等长	单级	0.5	—	67.550	$0.333P_{abs\,0}LA_{tun}$	27.78	55.56
	二级	0.5	0.5	−50.600	$0.333P_{abs\,0}LA_{tun}$	27.87	11.85
	单级	0.143	—	−72.346	$0.615P_{abs\,0}LA_{tun}$	36.46	3.02
	二级	0.143	0.5	78.830	$0.615P_{abs\,0}LA_{tun}$	42.60	1.44

相同初始真空压力势能下，长度比较小的二级管道系统在减小气动阻力和维持气体低压效果方面优于其他方案。由此得到分级真空管道系统推荐参数方案见表 5.4。

表 5.4 系统参数推荐值

管道级数	列车截面积(m^2)	隧道净空(m^2)	阻塞比	长度比
2	11.4	27	0.42	0.111 7
压力比	**最小管段长度(km)**	**系统里程长度(km)**	**气动能耗(MJ)**	**能耗降低率(%)**
0.5	1	100	1.044×10^4	72.3

5.3 单真空段 D-ETT 系统气动特性数值验证

针对 D-ETT 系统的气动特性，前文在理论分析角度得到了列车运行阻力能耗的公式以及相关结论。为了验证前文得到的 D-ETT 系统相关气动特性，下面选取最简单的系统工况——单真空段 D-ETT 系统进行数值验证。运用流体计算软件 Fluent，模拟列车运行的全过程，得到该过程中的管道内部气体环境以及列车所受的气动阻力，从而得到列车的气动阻力能耗。

5.3.1 气动阻力能耗特性验证

1. 紊流模型选取

对于气动阻力能耗的数值模拟，重要的是确定列车的气动阻力和管道内部的气体压力环境。采用的 LES 模型模拟的气动阻力系数已经和日本高速铁路实测结果相一致，说明了该方法计算高速列车气动阻力的合理性。D-ETT 系统的列车经过系统全程与列车由明线经过隧道驶出至明线的规律一致。

因此，这里对 D-ETT 系统管道列车的气动效应研究采用 LES 模型。

2. 数值模拟设置

在本小节，列车行驶经过单真空管段 D-ETT 系统的数值模拟方法选用 LES 湍流模型。

1)管道和列车参数设置

D-ETT 系统的数值模型如图 5.9 所示，其中包括明线段和管道段。

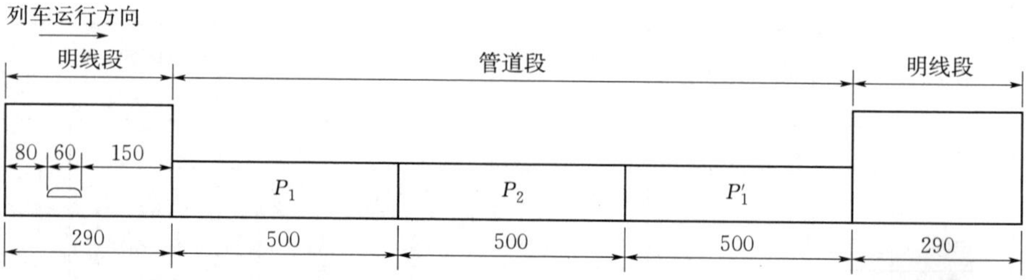

图 5.9 D-ETT 系统数值模型(单位:m)

在 D-ETT 系统数值模型中,管道全长为 1 500 m,管道分隔门将整个管道等分为三段。模型横截面的形状与前文研究阻力系数的模型一致,隧道净空面积 100 m²。中间的真空管道内气压为大气压的一半($P_2=0.5P_0$)。

D-ETT 系统隧道截面形式如图 5.10 所示。

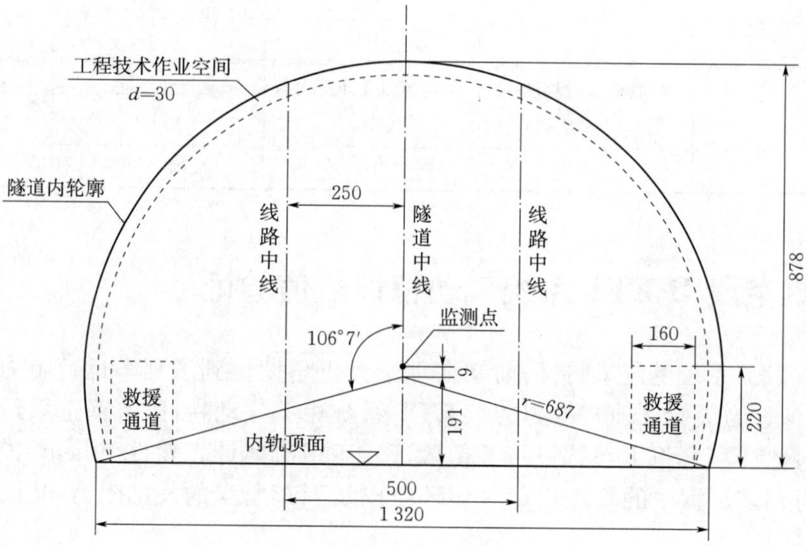

图 5.10 隧道横截面以及监测点位置(单位:cm)

D-ETT 系统数值模型采用与阻力系数模型相同的车辆制式,则该种运行方式的阻塞比为 0.116。根据前文的计算结果可知,模拟工况的气动阻力系数为 0.71。

在该种 D-ETT 运行模式中,相关参数见表 5.5。

表 5.5 D-ETT 系统的参数

列车运行速度(m/s)	隧道内净空面积(m^2)	列车横截面积(m^2)	阻塞比	气动阻力系数	大气压力大小(Pa)	大气压气体密度(kg/m^3)	中间管段的真空度(Pa)	初始温度(K)
138.9	100	11.6	0.116	0.71	1.01×10^5	1.225	5.005×10^4	300

2)D-ETT 系统的数值模拟实现

D-ETT 系统管道被 4 道分隔门等分为三段。在初始阶段，所有的分隔门都是关闭的。在列车起始时刻，车头距第一道分隔门(管道入口)为 150 m。对于列车明线行驶的工况，当列车距离管道入口分隔门 100 m 时，入口分隔门打开使列车驶入管道。对于列车行驶在管道中，当车头距前方分隔门 200 m 远的时刻，前方分隔门开启，车后方分隔门相应关闭。

模型用边界变化的方式来实现分隔门的开关。

在单真空段的 D-ETT 系统中，管道的 4 扇静态分隔门，它们应作为 WALL 边界隔断气体，从而形成不同的压力区。在数值模型中，相应的在列车后方建立四套动态分隔门，初始时刻设置为 INTERIOR 内部域。分隔门随着列车运行至相应静止的位置停止，并在列车经过后的规定时间关闭。随着列车的运行，当某一分隔门需要开启，其边界将会从 WALL 边界转换为 INTERIOR，以实现分隔门的开启。静止门将会转变为动态门以实现分隔门的开启。

数值模拟的列车运行过程如下：

(1)初始时刻，列车于明线运行，列车后方的分隔门随列车一起运动。

(2)当列车到达管道入口分隔门区域，在分隔门开启时刻，后方分隔门的边界变为 INTERIOR 边界并与列车一起运动。

(3)当列车后方分隔门到达车前方分隔门规定的位置，在列车驶过该分隔门位置后，列车后方分隔门将会停留在该位置。

(4)当列车进入管道，于管道中运行时，伴随车前方静态隔离门的开启，管道入口分隔门相应关闭，车后方分隔门边界将转变为 INTERIOR 边界并随着列车移动。最初停在管道入口位置的分隔门将转变为 WALL 边界。

(5)当车后方的动态分隔门穿过初始静态分隔门位置，其中一组分隔门将会停留在该位置，其边界将会在该位置分隔门关闭时刻转变为 WALL，从而模拟分隔门关闭。模型中的 4 组分隔门依次随着列车运动，其边界条件将会在门开启时刻变为 INTERIOR 边界。

按照这种方式，可以根据数值方法模拟列车经过 D-ETT 系统的全过程。过程如图 5.11所示，并将该运行方式下的 D-ETT 系统运行关键时刻列于表 5.6。

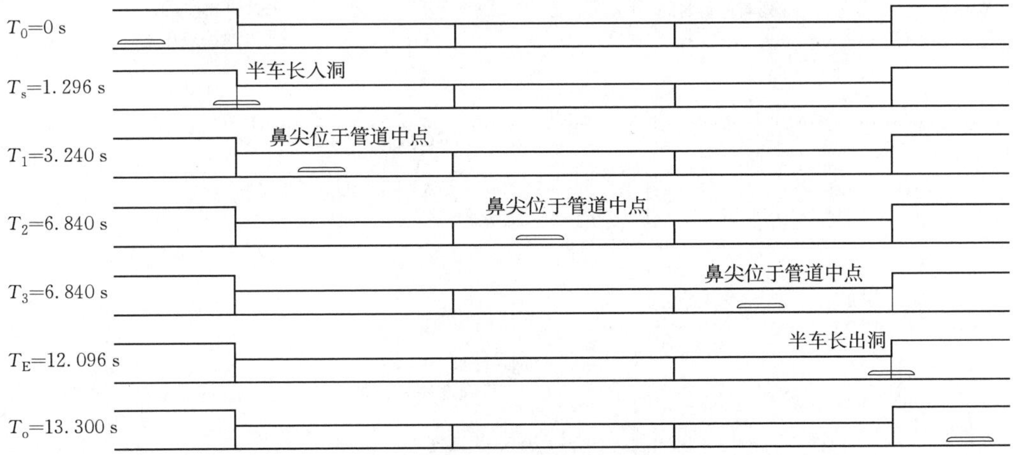

图 5.11 仿真工况中的 D-ETT 分隔门开闭状态

表 5.6　列车经过 D-ETT 系统的关键时刻

模型动态行为	符号	时刻(s)	模型动态行为	符号	时刻(s)
列车于明线开始运行	—	0	$D_{1'0}$开启 $D_{21'}$关闭	T_3	10.44
半车体进入管道入口	T_S	1.296	半车体驶出管道出口	T_E	12.096
D_{12}开启 D_{01}关闭	T_1	3.24	列车于明线停止运行	—	13.3
$D_{21'}$开启 D_{12}关闭	T_2	6.84			

3. 监测面与监测点设置

在数值模拟过程中，需要使用监测点得到分隔门开启前后管道不同位置的气体压力变化。在里程方向上，管道中每 100 m 设立一个监测点，同时为了方便监测分隔门两端的气体变化情况，同时考虑到 500 m 和 1 000 m 位置分隔门的存在，额外加入两个测点分别距管道入口 490 m 和 990 m。

在管道横截面上，测点位置设立于隧道中线高于轨顶 2 m 位置，如图 5.6 所示。整个车体被设置为监测面以记录列车气动阻力大小，从而得到运行全程的气动阻力能耗。

5.3.2　D-ETT 系统分析结果

1. 压力波动结果

正如高速列车穿过隧道过程，当列车高速通过 D-ETT 系统时，也会引起强烈的气动效应。D-ETT 系统管道中的压力波动情况如图 5.12 所示。

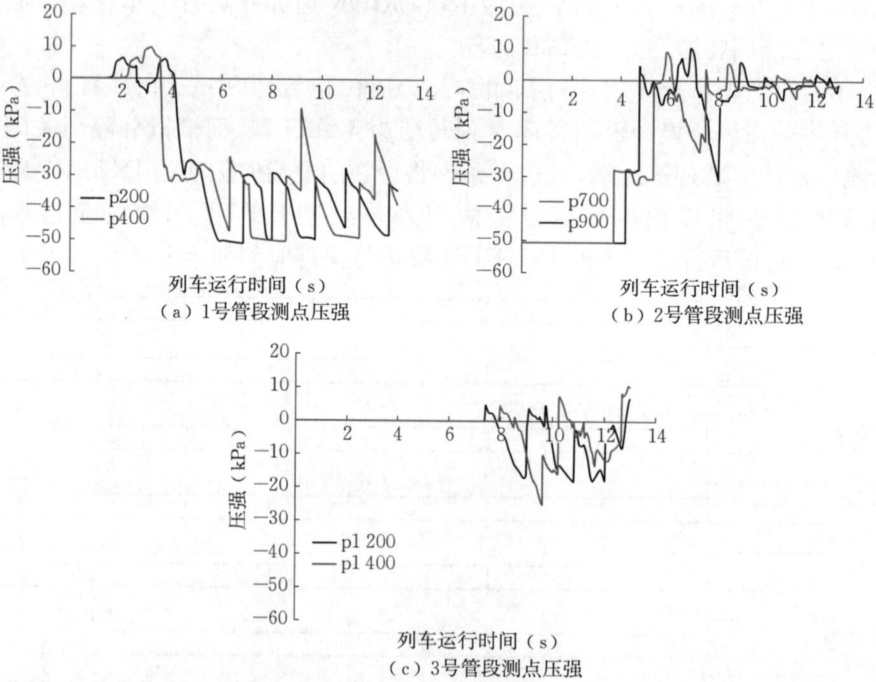

图 5.12　管道内气体压力波动情况

图 5.12 显示出，D-ETT 系统各个管段的气体压强剧烈震荡。实际上，造成震荡的原因不仅是列车进入隧道时产生的压缩波传播以及反射的结果，还是相邻管段不同压力气体瞬间混合产生的压力混合波影响的结果。

将各个测点的压力波动曲线绘制于管道相应位置，将管道入口 0～1 000 m 区段的压力波传播路径绘制于图 5.11 中。这种方式可以清晰地反映由于列车进入隧道和开关门对压力波的传播规律的影响。图 5.13 同时反映了压力波在管道中的传播、混合以及反射。

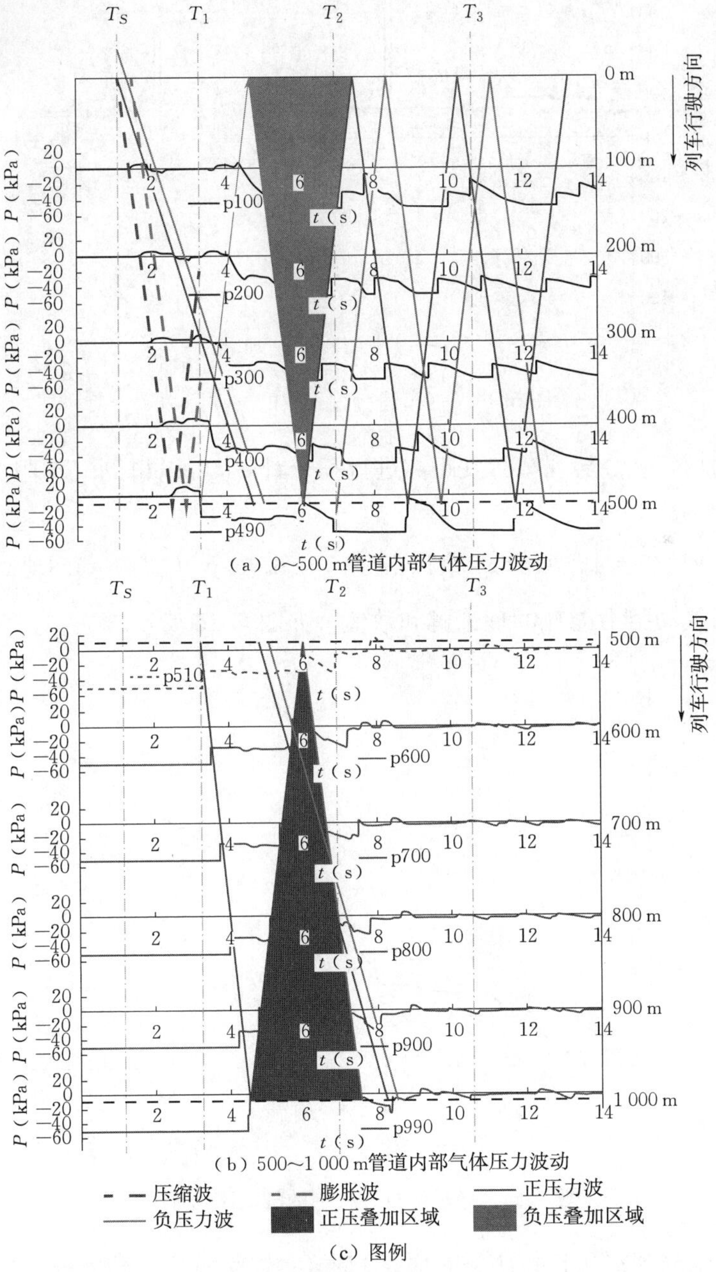

图 5.13　D-ETT 系统波的传播

2. 气动阻力及阻力能耗结果

通过对车体气动阻力的监测,得到列车穿过管道全过程的气动阻力曲线,如图 5.14 所示。根据之前得到的气动阻力系数曲线,气动阻力理论值同样在图 5.14 中表示,使得 D-ETT 系统列车气动阻力的理论结果与数值结果做到实时对比。

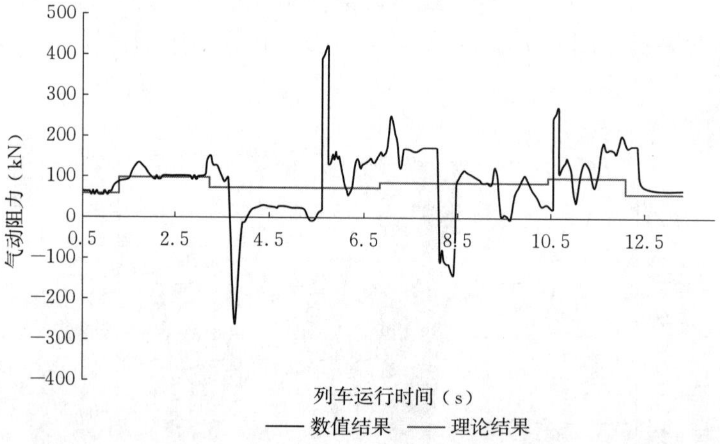

图 5.14　列车运行过程中的气动阻力

通过对阻力值 $F_d(t)$ 与列车行驶距离进行积分计算,可以得到气动阻力能耗 $W^F(t)$ 大小如式 5.22 所示。

$$W^F(t)=\int F_d(t)\mathrm{d}z=\int F_d(t)\cdot V\cdot \mathrm{d}t=\sum F_d(t)\cdot V\cdot \Delta t \tag{5.22}$$

由此得到的气动阻力能耗的理论解和数值解如图 5.15 所示。

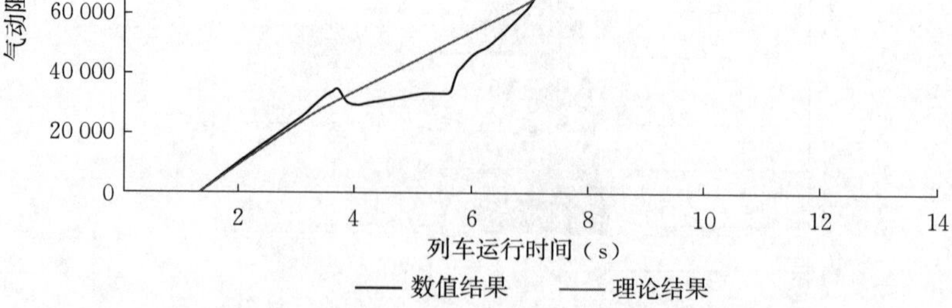

图 5.15　列车运行过程中的气动阻力能耗

与图 5.3 所示的列车运行轨迹相对应,按照前文叙述的数值模型分隔门开闭规则,可以得到列车位于不同阶段的运行长度,各段长度见表 5.7。

表 5.7　各阶段列车运行长度

计算段	长度(m)	计算段	长度(m)
ΔL_{01}	270	$\Delta L_{21'}$	500
ΔL_{12}	500	$\Delta L_{1'0}$	230

由此可以求得列车运行各段真空度大小为

$$\Delta P_{01}=\Delta P_{1'0}=0$$

$$\Delta P_{12}=\frac{P_2L_2}{(L_1+L_2)}=0.25P_0^{abs} \tag{5.23}$$

$$\Delta P_{21'}=\frac{P_2L_2L_2}{(L_1+L_2)(L_1'+L_2)}=0.125P_0^{abs}$$

参考公式(5.13),得到常压隧道的气动阻力大小以及与数值模型工况相对应的气动阻力能耗 ΔE^F 为

$$(0.5V^2C_d\cdot A_{tr}\rho_0)=0.5\times138.9^2\times0.71\times11.6\times1.225=97.33\times10^3(\text{N}) \tag{5.24}$$

$$\Delta E^F=97.33\times10^3\times[270+500\times(1-0.25)+500\times(1-0.125)+230]=127.75\times10^6(\text{J}) \tag{5.25}$$

理论分析的气动阻力能耗值与数值模拟结果具有较好的一致性,比较二者结果,理论能耗 127.75 MJ 与数值能耗 134.448 MJ 十分接近,相对误差 4.98%。

虽然数值模拟中的气动阻力曲率与理论分析有较大差异,但其能耗结果基本一致,说明用理论分析方法评价列车在 D-ETT 系统中运行的能耗是可靠的。

常压管道运行的气动阻力能耗如式(5.26),在此基础上根据数值结果,可以得到能耗降低率大小如式(5.27)。

$$\Delta E_0^F(L=1\,500\text{ m},P_2=P_0^{abs},\beta=0.116,v=138.9\text{m/s})=146\text{ MJ} \tag{5.26}$$

$$\eta=(\Delta E_0^F-\Delta E^F)/\Delta E_0^F=8.59\% \tag{5.27}$$

与列车通过常压管道相比,D-ETT 系统能耗降低率为 8.59%。与图 5.4 结果相对照,对于三等分单真空段管道,最大能耗降低率为 25%。进一步调整分段长度以及分隔门开关时间,能耗降低率结果将会更加理想。

5.4　D-ETT 系统的舒适性设计

5.4.1　D-ETT 系统舒适性研究方法

对于 D-ETT 系统,由图 5.12 各个测点的压力监测结果,得到各个管段内气体的压强变化极为剧烈,其最大压强与最小压强之间的差值可以达到 50.6kPa(0.5 个标准大气压)以上,此外,D-ETT 系统的相邻管段之间的不同真空度气体在开门瞬间混合,并产生压缩波以及膨胀波,与超高速铁路隧道内部的气体环境相比,D-ETT 系统内部的压力环境更为复杂,因此,需要对 D-ETT 系统的舒适性进行研究。

列车运行速度取 500 km/h 的工况,上一小节已经绘制出了列车运行时产生的压缩波、膨胀波的传播反射情况。记录高速列车不同位置的车外压强大小,选择列车车厢外部面作

为压强监测面。当得到前一时刻车内外压强大小以及车辆密封指数，可以通过车外压强大小按照式(5.28)计算车内压强在下一时刻的变化情况。

车内压强在下一时间段的计算表达式为

$$P_{内(i+1)}=P_{内i}+(P_{内(i+1)}-P_{内i})(1-e^{-C_0\Delta t}) \tag{5.28}$$

式中 $P_{外i}$，$P_{内i}$——i 时刻的列车内外的压强大小；

C_0——列车密封指数的倒数，即 $C_0=1/\tau$，τ 为列车车辆密封指数；

Δt——列车两时刻之间的时间差，即气体泄漏时间。

(1)根据车内压强对车辆各部分的压强计算每 3 s 时程下的车内压强差值大小，得到内部的压强指标。

(2)参考超高速运行过程中的压力指标条件，进行密封指数的选取，在选择的密封指数下计算此时的车内压强大小，重复(3)过程，直至满足压力指标要求。

参考第 2 章表 2.2 中，高速列车运行时压力舒适度标准，即瞬变压力为 2.0 kPa/3 s。

5.4.2 D-ETT 系统舒适性计算结果

假定列车不密封，列车车体的压强如图 5.16 所示。在 3.8 s、5.7 s 左右位置列车车体的气压变化最为剧烈，此时为列车车体与膨胀波相遇以及远离膨胀波，如密封指数较小，列车难以满足舒适度标准。

得到了不同密封指数条件下，D-ETT 系统列车的舒适性指标。由于 D-ETT 系统运行前后车体周围的气压差值高达数十千帕，需要较大的密封指数方可满足舒适度标准。因此，这里选取密封指数分别为 10 s、20 s、30 s 三种情况，绘制出各个密封指数下的列车内部气压随时间的变化情况，如图 5.17 所示。

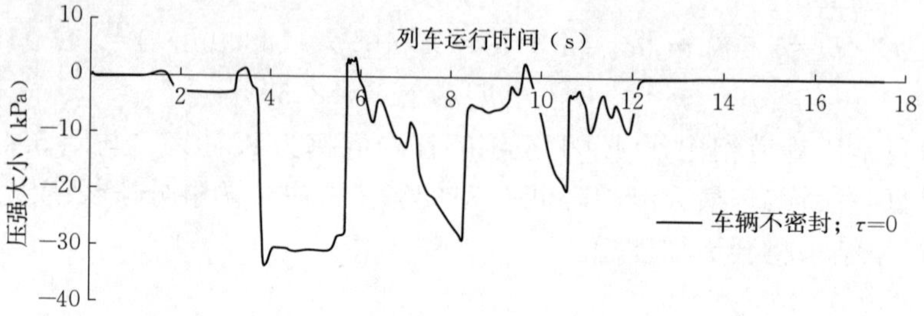

图 5.16 D-ETT 系统下车体监测点压强时程曲线

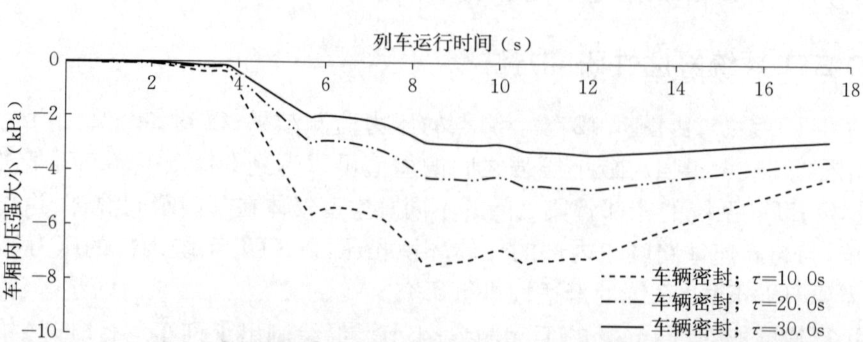

图 5.17 不同密封指数下列车内部压强时程曲线

现有的高速铁路隧道舒适度标准均按照 3 s 内的压强差不大于某一标准值计算,D-ETT 系统舒适性同样采用该种方法。取不同的列车密封指数,计算得到的每 3 s 内的列车内部最大压强与最小压强之差,瞬变压力随列车密封指数的变化规律如图 5.17 所示,可根据相关结果对列车密封指数进行选型,如表 5.8 和图 5.18 所示。

表 5.8　不同密封指数下压强指标分布情况

列车密封指数 τ(s)	瞬变压力(kPa/3 s)	列车密封指数 τ(s)	瞬变压力(kPa/3 s)
0	36.781	15	4.217
1	25.636	20	3.228
3	15.539	25	2.615
6	9.356	30	2.198
10	6.075	35	1.895

最后得到在该工况下的 D-ETT 系统列车密封指数大于 33 时,车辆内部瞬变压力方可满足 2 kPa/3s 的要求。相比常规的超高速列车通过隧道的舒适性结果,D-ETT 系统列车需要较高的密封指数。

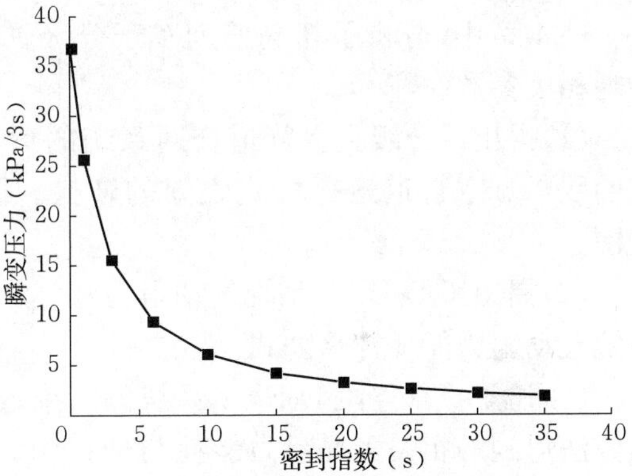

图 5.18　不同列车密封指数下车内瞬变压力变化规律

由表 5.8 可知:

当列车采用 10 以上的密封指数,就可以降低大部分的车厢内压力,设立密封与敞开式车厢对于降低内部气压变化差别极大。

随着列车车厢的密封指数的提高,车厢内压强变化的速度减慢,体现在图 5.16 上为曲线变化的斜率减小,当密封指数较高时,在列车出洞之后,还需要较长的时间恢复到常压状态,但保证了列车舒适度。

在列车回归明线进行乘客上下车时,如果车辆的密封指数极好,在内外压差较大的情况下直接打开车厢,舒适度较差的情况仍会发生。因此,如果能够合理控制车体充放气,调控车内压强变化,如在列车驶出管道后,能够对车厢内充气,有相关的仪表监测,使得车内气压与与外界的压力相平衡,此后列车减速进站,车厢内外无压差,方便了乘客下车。这种方式对于 D-ETT 系统设计是比较理想的。

随着车厢的密封指数增大,压强差的指标有所减小,减小的速率随密封指数增加而变缓,这说明在密闭性较好的情况下,若想进一步提高车体的密闭性,就需要更为严苛的密闭工艺来实现,车体提高隔绝压力变化的能力是有限的,因此对于 D-ETT 系统,在降低阻力节省能耗的同时,如何设计压力舒适度,同样作为系统设计的关键问题之一,需要和其他评价指标共同考虑,综合设计。

5.4.3　D-ETT 系统舒适性结论

根据计算结果,对于单真空管段的 D-ETT 系统,当中间真空管道的绝对压强为50.6 kPa,

列车在 D-ETT 系统中运行，车内的压力舒适性相比常规的超高速铁路磁浮列车自明线通过隧道的情况相比，其舒适度较差。

D-ETT 舒适性差的原因在于分隔真空管道各个管段之间的压强相差较大，高达数十千帕，这种压强在管道分隔门打开后瞬间变化，形成正压波和负压波。此外，列车以超高速向波的位置传播，使得列车运行过程中车厢周围的压强变化极快。因此，保证列车具有极好的密封性，是解决 D-ETT 系统列车内部的舒适性差的途径之一。

对 D-ETT 系统管道分段进一步设计，如果能够使管道实现多级变压，也就是使管道入口位置的低真空度到中间管段的高真空度之间进行多级变压，那么在其他因素相同的情况下，通过多次变压，将管段分隔门两侧的气体压差设置的足够小，那么真空度变化将会十分缓和，这对提升管道列车行车舒适度是非常有利的。

5.5 小　　结

在本章中，分析了超高速列车于分级真空管道交通系统的运行模式，得到了气动阻力能耗相关参数。

(1)提出了分级真空管道交通系统的运行模式。通过控制管道分隔门的开关，可以实现明线与真空管道运行模式之间的转换。D-ETT 系统可以进一步扩展真空管道的适用范围。

(2)提出了 D-ETT 系统气动阻力及气动阻力能耗的分析方法，给出了单真空段 D-ETT 系统气动阻力能耗计算公式。

(3)建立单真空段 D-ETT 系统的三维数值模型，得到了气动阻力和能耗大小。通过数值方法得到的相关工况阻力能耗与理论值相对比，二者相互对照，证明了数值和理论求解方法的正确性。

(4)分析了 D-ETT 系统的压力震荡情况，该结果可对研究管道压力波传播规律提供帮助。与常规高速铁路隧道的规律相比，D-ETT 系统压力震荡的幅度更大，因此需要着重进行研究。

(5)分析了 D-ETT 系统车厢内部的压力舒适度，与常规的高速铁路进入隧道工况相比，D-ETT 系统为满足压力舒适度条件所采取的措施更为苛刻。因此在考虑 D-ETT 系统的安全性高效性以及节能方法的同时，还应该将乘坐人员的舒适度作为一项重要的设计研究指标。

参考文献

[1]铁道部工程设计鉴定中心．高速铁路隧道[M]．北京：中国铁道出版社，2006.

[2]高波，王英学．高速铁路隧道设计[M]．北京：中国铁道出版社，2010：59-84.

[3]王建宇．列车通过隧道时诱发的空气动力学问题和高速铁路隧道设计参数[J]．世界隧道，1995(1)：3-13.

[4]王建宇，万晓燕，吴剑．高速铁路隧道内瞬变气压和乘车舒适度准则[J]．现代隧道技术，2008(2)：1-5.

[5]王英学，高波，赵文成，等．缓冲结构对列车突入隧道时的瞬变压力的影响[J]．铁道工程学报，2004，(1)：94-98.

[6]王英学，骆建军，李伦贵，等．高速列车模型试验装置及相似特征分析[J]．西南交通大学学报，2004，39(1)：20-24.

[7]王英学，高波，赵文成，等．高速列车进出隧道空气动力学特征模型实验分析[J]．流体力学实验与测量，2004，18(3)：73-78.

[8]王英学，高波，杨奎，等．隧道阻塞比对列车进入隧道产生的气动效应的影响[J]．实验流体力学，2006，20(4)：30-32.

[9]王英学，高波，陆振华，等．隧道中部存在车站时列车会车气动效应数值分析[J]．空气动力学学报，2009，27(3)：369-372.

[10]王英学，高波，郑长青，等．高速列车进入隧道产生的微气压波实验研究，实验流体力学，2006，20(1)：5-8.

[11]骆建军．高速列车进入隧道产生压缩波的数值模拟及试验研究[D]．西南交通大学，2003.

[12]赵文成．高速铁路隧道缓冲结构的理论和试验研究[D]．西南交通大学，2004.

[13]赵文成，高波，骆建军．高速列车通过隧道的三维数值模拟[J]．中国铁道科学，2003，24(5)：96-100.

[14]HOWE M S，iida M，MAEDA T，et al. Rapid calculation of the compression wave generated by a train entering a tunnel with a vented hood[J]. Journal of Sound & Vibration，2006，297：267-292.

[15]HOWE M S. Review of the theory of the compression wave generated when a high-speed train enters a tunnel[J]. Proceedings of the Institution of Mechanical Engineers Part F Journal of Rail & Rapid Transit，1999，213(2)：89-104.

[16]HOWE M S. Prolongation of the rise time of the compression wave generated by a high-speed train entering a tunnel[J]. Prolongation of the Rise Time of the Compression Wave Generated by A High Speed Train Entering A Tunnel Researchgate，1999，(1983)：863-878.

[17]王悦新，刘启琛，何树第．降低高速铁路隧道空气动力效应的工程对策[J]．铁道建筑 1994(2)：10-13.

[18]周继宏．高速铁路隧道出口的微压波辐射[J]．世界隧道，1996(4)：62-67.

[19]小沢智．トンネル出口微気压波の研究[R]．日本国有铁路铁道技术研究所，1979，9.

[20]YAMAMOTO A，OZAWA S ，MAEDA T，et al. Reduction of micro-pressure wave radiated from tunnel exit by sid branches in tunnel. [C] 1983RTRI Research Report No. 1250，Railway Technical Research Institute，Japan National Railways，Japan(in Japanese).

[21]MASHIMO S, IWAMOTO K, AOKI T, et al. Characteristics of compression wave generated by a high-speed train entering tunnel, Engineering Sciences Reports, Kyushu University, Japan, 1997, 18(4), 297-302.
[22]OZAWA S, MAEDA T, MATSUMURA T, et al. Distortion of compression wave during propagation along Shinkansen Tunnel[C]. Proc. 8th International Symposium on aerodynamics and Ventilation on Vehicle tunnels. , Livepool, UK, 1994, 211-226, BHR Group.
[23]VARDY A E, BROWN J M B. Friction-dependent wave front evolution[C]. Proc. 8th International Conference on Pressure Surges, the Hague, The Netherland, 2000, 337-349, BHR Group.
[24]OZAWA S, MURATA K, MAEDA T. Effect of ballasted track on distortion of pressure wave in tunnel and emission of micro-pressure wave[C]. Proc. 9th International Symposium on aerodynamics and Ventilation on Vehicle tunnels. , Aosta, Italy, 1997, 935-947, BHR Group.
[25]Determination of railway tunnel cross-sectional areas on the basis of aerodynamic considerations. 2nd edition, February, 2005, UIC CODE 779-11.
[26]TIELKES T, KALTENBACH H J, HIEKE M, et al. Measures to Counteract Micro-pressure Waves Radiating from Tunnel Exits of DB's New Nuremberg-Ingolstadt High-Speed Line[J]. Noise and Vibration Mitigation. NNFM 99. 2008:40-47.
[27]李绵辉. 轨道交通隧道初始压缩波洞内传播及微气压波特征的研究[D]. 兰州交通大学,2020.
[28]段修平,杨永刚,王绍军,等. 高速列车隧道会车空气阻力数值模拟研究[J]. 应用力学学报,2020,37(3):1099－1105＋1393.
[29]蔡军爽,张洁,刘堂红. 基于 DES 的高速列车气动阻力分布特性研究[J]. 铁道科学与工程学报,2014,11(5):64-69.
[30]杜俊涛,田爱琴,聂双双,等. 高速列车阻力、升力与头部外形参数映射关系研究[J]. 铁道科学与工程学报,2016,13(6):1017-1024.
[31]张斌. 大涡模拟滤波网格分析及网格自适应控制研究与应用[D]. 上海:上海交通大学,2011.
[32]李雪松. 基于可压缩流方法的大涡模拟及其工程化应用[D]. 北京:中国科学院研究院,2006.
[33]赵勇,唐国荣,倪光斌,等. 我国高速铁路隧道主要技术标准和关键技术[J]. 铁道经济研究,2006(6):25-29.
[34]马伟斌,张千里,程爱君,等. 高速铁路隧道洞口微气压波影响因素与变化规律研究[J]. 铁道学报,2013,35(5):97-102.
[35]骆建军,王梦恕,高波. 高速列车穿越有竖井隧道流场的特性研究[J]. 计算力学学报,2006(4):464-469.
[36]耿烽. 轨道道床影响高速铁路隧道出口微压波数值探讨[J]. 南京工程学院学报(自然科学版),2008(1):16-20.
[37]黄志祥,陈立,蒋科林. 高速列车减小空气阻力措施的风洞试验研究[J]. 铁道学报,2012,34(4):16-21.
[38]梅元贵,周朝晖. 高速列车通过隧道时诱发车厢内压力波动的数值分析[J]. 铁道学报. 2005,27(5).
[39]GLOKLE H P. High speed train tests with ICE/V passing through tunnels and the effect of sealed coaches on passenger comfort[C]. 6th International Symposium on the Aerodynamics and Ventilation of Vehicle Tunnels , BHRA, 1988:23-44.
[40]张师帅. 计算流体动力学及其应用:CFD 软件的原理和应用[M]. 武汉:华中科技大学出版社,2011.
[41]李人宪. 有限体积法基础[M]. 北京:国防工业出版社,2005.
[42]王福军. 计算流体力学分析:CFD 软件原理和应用[M]. 北京:国防工业出版社,2005.

[43]高品贤,余南阳,雷波．隧道空气压力波浅水槽拖动模型试验的实时检测[J]．铁道学报,2000(3):43-46.
[44]POPE C W. The Simulation of Flows in Railway Tunnels using a 1/25 Scale Moving Model Facility Aerodynamics and Ventilation of Vehicle Tunnels. 1991:709-737.
[45]王伟．高速列车动模型试验系统建模及测控技术研究[D]．中南大学,2007.
[46]WANG Y X,REN W Q,HE J,et al. Analysis of aerodynamic load-ing properties on hood of high-speed railway tunnel[J]. Perspectives in Science,2016,7:323-328.
[47]杨永刚,杜云超,梅元贵．单列高速列车通过隧道空气阻力特性数值模拟研究[J]．铁道科学与工程学报,2018,15(11):2755-2763.
[48] RAGHUNATHAN R S, KIM H D, SETOGUCHI T. Aerodynamics of high-speed railway train [J]. Progress in Aerospace Sciences,2002,38(6).
[49]熊嘉阳,邓自刚．高速磁悬浮轨道交通研究进展[J]．交通运输工程学报,2021,21(1):177-198.
[50]马大猷．现代声学理论基础 [M]．北京:科学出版社,2002. 11-17
[51]金学易,陈文英．隧道通风及隧道空气动力学[M]．北京:中国铁道出版社．1983.
[52]周艳,刘海龙,贾文广,等．基于压差的真空管道交通系统运行能耗的分析[J]．真空科学与技术学报,2016,36(11):1301-1305.
[53]沈志云．关于我国发展真空管道高速交通的思考[J]．西南交通大学学报,2005(2):133-137.
[54]刘加利,张继业,张卫华．真空管道高速列车气动特性分析[J]．机械工程学报,2013,49(22):137-143.
[55]骆阳,王英学,任文强．基于空气阻力等效的超高速列车真空管道参数设计[J]．隧道建设(中英文),2021,41(S01):345-351.
[56]张耀平．真空管道运输:真空产业发展的新机遇[J]．真空,2006(2):56-59.
[57]刘加利,张继业,张卫华．真空管道高速列车气动阻力及系统参数设计[J]．真空科学与技术学报,2014,34(1):10-15.
[58]周晓．真空管道运输高速列车空气阻力数值仿真[D]．西南交通大学,2008.
[59]周晓,张殿业,张耀平．真空管道中阻塞比对列车空气阻力影响的数值研究[J]．真空科学与技术学报,2008(6):535-538.
[60]周艳,贾文广,王凯,等．基于超高速真空管道交通系统运行能耗的研究[J]．真空科学与技术学报,2017,37(2):131-136.
[61]王海洋．真空管道交通系统高速运行时的气动特性和能耗分析[D]．长沙:湖南大学,2018.
[62]何德禄．真空管道车辆抽吸系统减阻机理与能耗分析[D]．长沙:湖南大学,2019.
[63]张俊博,李红梅,王俊彪,等．低真空管道磁悬浮列车温度场数值计算[J]．真空科学与技术学报,2021,41(5):448-455.
[64]CHEN Z W,LIU T H,JIANG Z H,et al. Comparative analysis of the effect of different nose lengths on train aerodynamic performance under crosswind[J]. Journal of Fluids and Structures,2018(78):69-85.
[65]LI X B,CHEN G W,XIONG Z,et al. Dynamic analysis of the flow fields around single- and double-unit trains[J]. Journal of Wind Engineering & Industrial Aerodynamics,2019(188):136-150.
[66]NIU J Q,SUI Y Y,CAO Q J,et al. Numerical study on the impact of Mach number on the coupling effect of aerodynamic heating and aerodynamic pressure caused by a tube train[J]. Journal of Wind Engineering & Industrial Aerodynamics 2019(190):100-111.
[67] OSTER D , KUMADA M, ZHANG Y. Evacuated Tube Transport Technologies (ET3) tm: a maximum value global transportation network for passengers and cargo [J]. Journal of Modern

Transportation,2011,19(1):42-50.
[68]邓自刚,张勇,王博,等. 真空管道运输系统发展现状及展望[J]. 西南交通大学学报,2019,54(5):1063-1072.
[69]梁敏飞,张哲,李策,等. 盾构隧道双层衬砌结构三维力学分析模型及验证[J]. 岩土工程学报,2019,41(5):892-899.
[70]何川,郭瑞,肖明清,等. 铁路盾构隧道单、双层衬砌纵向力学性能的模型试验研究[J]. 中国铁道科学,2013,34(3):40-46.
[71]周济民. 水下盾构法隧道双层衬砌结构力学特性[D]. 西南交通大学,2012.
[72]于清洋. 盾构隧道双层衬砌结构横向相互作用机理研究[D]. 西南交通大学,2016.
[73]赵德安,雷晓燕,Swobod G. 单、双层衬砌隧道的非线性有限元分析[J]. 中国公路学报,2003,16(1):62-67.
[74]晏启祥,程曦,何川,等. 水压条件下盾构隧道双层衬砌力学特性分析[J]. 铁道工程学报,2010,(9):55-59.
[75]姚超凡,晏启祥,何川,等. 一种改进的盾构隧道双层衬砌分析模型及其应用研究[J]. 岩石力学与工程学报,2014,33(1):80-89.
[76]中华人民共和国住房和城乡建设部. 盾构法隧道施工及验收规范:GB 50446—2017[S]. 北京:中国建筑工业出版社,2017.